Karl Christ

POMPEIUS

In der von schweren inneren Krisen gekennzeichneten Epoche der späten Römischen Republik gedeihen wie in einem Treibhaus in rascher Folge hervorragende Einzelpersönlichkeiten, die jedoch – jede auf ihre Art – alle zum Ende der alten Staatsform beitragen. Nach seinen Werken über *Caesar* und *Sulla* legte Karl Christ auch diese Biographie des *Pompeius Magnus* vor und schloss damit seine eindrucksvolle Trilogie über die Totengräber der Römischen Republik ab.

In der scharf konturierten Darstellung wird deutlich, daß die Karriere des Pompeius von früher Jugend an durch jene militärischen Herausforderungen geprägt ist, mit denen sich Rom in Italien und den Provinzen konfrontiert sieht. Nach dem Tod seines Vaters stellt er sich mit einer großen, aus eigenen Mitteln finanzierten Truppe in den Dienst Sullas und beweist sich rasch als glänzender Heerführer. Militärische, aber auch diplomatische Erfolge kennzeichnen den weiteren Lebensweg des Pompeius, lassen aber auch zugleich sein gespaltenes Verhältnis zum römischen Senat deutlich werden. Spätestens mit der Gründung des Ersten Triumvirats – gemeinsam mit Julius Caesar und dem schwerreichen Crassus – wird unübersehbar, daß Pompeius nicht mehr durch eine Institution der Republik zu kontrollieren ist. In Caesar aber trifft Pompeius auf jenen Mann, der sein Schicksal werden soll. Mögen ihre Interessenkonflikte auch für einige Jahre noch zum Ausgleich gebracht werden können, so ist doch die finale Konfrontation zwischen beiden letztlich unausweichlich.

Wie all seine Biographien beschließt Karl Christ auch diesen Band mit einem Überblick über die Rezeptionsgeschichte des Protagonisten.

Karl Christ (1923–2008) lehrte als Professor für Alte Geschichte an der Universität Marburg/Lahn. Seine Publikationen über Krise und Untergang der Römischen Republik haben wissenschaftliche Maßstäbe gesetzt. Im Verlag C.H.Beck sind von demselben Autor lieferbar: *Hellas* (1999); *Die römische Kaiserzeit* ([5]2018, Beck Wissen); *Geschichte der römischen Kaiserzeit* ([6]2010, Beck's Historische Bibliothek); *Sulla. Eine römische Karriere* ([4]2011); *Der andere Stauffenberg. Der Historiker und Dichter Alexander von Stauffenberg* (2008).

Karl Christ

POMPEIUS

Der Feldherr Roms

Eine Biographie

C. H. Beck

Mit 6 Abbildungen und 4 Karten

Die erste Auflage dieses Buches erschien
2004 in gebundener Form.

2. Auflage. 2019
Unveränderter Nachdruck

Wilhelmstraße 9, 80801 München, info@beck.de

www.chbeck.de
Satz: Fotosatz Amann, Memmingen
Druck und Bindung: Druckerei C.H.Beck, Nördlingen
Umschlagmotiv: Portraitbüste des Cn. Pompeius Magnus,
Ny Carlsberg Glyptothek, akg-images; Photo derselben
Portraitbüste im Profil, privat.
Umschlaggestaltung: Fritz Lüdtke, Studio 59, München
Gedruckt auf säurefreiem, alterungsbeständigem Papier
Printed in Germany
ISBN 978 3 406 74315 3

verantwortungsbewusst produziert
www.chbeck.de/nachhaltig
produktsicherheit.beck.de

INHALT

VORWORT

Gnaeus Pompeius Magnus (106–48 v. Chr.) wurde zuerst als junger Befehlshaber einer Bürgerkriegsarmee, als ehrgeiziger Imperator, der Alexander den Großen nachahmen wollte, von seinen erfolgreichen Truppen in Nordafrika als «Magnus» («der Große») akklamiert, dann von dem Diktator Sulla mit demselben Beinamen begrüßt und ausgezeichnet, einem Beinamen, den er schließlich nach weiteren Erfolgen als Feldherr des römischen Senats in Spanien auch selbst in seinen Namen aufnahm.

Doch obwohl ihm lange Zeit die Sympathien der römischen Bürger galten, hat ihm die Neuzeit «historische Größe», etwa nach den Kriterien Jacob Burckhardts, versagt. Trotz «aller Vehemenz und unleugbaren historischen Wichtigkeit» ist er nach dem Urteil des klassischen Kulturhistorikers nicht zu den «großen Männern der … historischen Weltbewegung» zu zählen. Für diese sind vielmehr «die Koinzidenz des Allgemeinen und des Besondern, des Verharrenden und der Bewegung in Einer Persönlichkeit» bezeichnend, deren «Wesen ein wahres Mysterium der Weltgeschichte» bleibt. (Weltgeschichtliche Betrachtungen. Tübingen 1949, 278 f.) Mehr noch: Für Theodor Mommsen war Pompeius «ein Beispiel falscher Größe, wie die Geschichte kein zweites kennt.» (Römische Geschichte. III. Berlin 1904[9], 436)

Inmitten dieser Dialektik umstrittener Größe bleibt jedoch festzuhalten, daß Pompeius, dessen Leben durch die großen Bürgerkriege des 1. Jahrhunderts v. Chr. geprägt wurde, einer der bedeutendsten Organisatoren Roms und des Imperiums, ein glänzender Admiral und durchaus bewährter Feldherr gewesen ist, bis er schließlich Caesar erlag. Seine Leistungen, seine Grenzen, seine Persönlichkeit angemessen zu vermitteln, nicht zuletzt den Wandel seines Bildes in Antike wie Neuzeit aufzuzeigen ist das Ziel dieses Buches, das als Mittelstück eine Trilogie führender Gestalten der späten Römischen Republik abschließt, welche zuvor durch Monographien über Caesar (1994) und Sulla (2002) begonnen worden war.

DANK

Die Anregung zu dieser Pompeius-Biographie geht auf den Leiter des altertumswissenschaftlichen Lektorats im C. H. Beck Verlag, Stefan von der Lahr, zurück. Angesichts der begrenzten Möglichkeiten des Verfassers war die Realisierung des Projekts nur dank vielfältiger Hilfe möglich: in Marburg wiederum durch die bereitwillige Unterstützung des Kollegen Volker Losemann, in München durch die vorbildliche Zusammenarbeit mit dem kompetenten Lektorat. Neben der umfassenden und akribischen Betreuung durch dessen Verantwortlichen und seine Mitarbeiterin, Frau Andrea Morgan, sind hier vor allem Rene Pfeilschifter zu nennen, der die Außenkorrektur übernahm, sowie Frau Maike Specht, die das Register erstellte. Ihnen allen gilt mein aufrichtiger Dank.

Marburg Karl Christ

I. DER ZERFALL DER RÖMISCHEN REPUBLIK

Königtum und unbegrenzte Alleinherrschaft, in welcher Form und unter welchem Titel auch immer, waren in der politischen Ideologie Roms gleichsam tabuisiert. Die Republik blieb in ihrem Selbstverständnis von Anfang an extrem antimonarchisch geprägt. Begründet wurde diese Haltung durch die Eigeninteressen der Führungsschicht wie der entscheidenden politischen Institution des Senates, dem es gelungen war, auch die Gesamtheit der römischen Bürgerschaft auf diese Überzeugung festzulegen.

In der Konsequenz ergaben sich daraus die für die Übernahme der Staatsämter (der Quaestur, der Ädilität, der Prätur und des Konsulats) bindenden Prinzipien der Kollegialität und der Annuität. Das heißt, die Magistraturen wurden von mindestens zwei gleichberechtigten Personen und jeweils nur für die Dauer eines Jahres bekleidet. In Kriegen, Notfällen und für besondere Aufgaben konnte dieses System durch die wiederum zeitlich oder auftragsgemäß begrenzte Diktatur ergänzt werden.

Diese staatsrechtlichen Grundstrukturen bewährten sich seit dem Ende der Ständekämpfe (367 v.Chr.) im italischen Bereich durchaus. Die Regelungen konnten indessen nicht mehr genügen, als die Radien der römischen Politik und Kriegführung immer weiter wurden. Rasche Wiederholungen der Führungsämter, speziell die Iterationen des Konsulats, und längerfristige Kommandos (Imperien), vor allem für bestimmte Kriegsschauplätze, markieren die Insuffizienz der alten Normen.

Gerade die erfolgreiche Expansion des römischen Machtbereiches und die Konsequenzen der imperialistischen Politik der Republik sollten am Ende die römische Verfassung völlig verändern und schließlich im Principat des Augustus zu einer römischen Sonderform der Monarchie führen, die den Erfordernissen des Imperium Romanum entsprach. Im Rahmen dieses problem- und spannungsreichen Prozesses kommt der Persönlichkeit des Pompeius Magnus eine besondere Bedeutung zu.

Roms Kampf gegen Karthago hatte eine vielfältige Entwicklung ausgelöst. Zur Forcierung machtpolitischer Impulse traten die Rückwirkungen neuer Konstellationen, nicht zuletzt im wirtschaftlichen und gesellschaftlichen Bereich, aber auch grundlegender Veränderungen in der Mentalität der Führungsschicht wie des Heeres und der Bürgerschaft. Die teilweise nicht sogleich erkennbaren Wechselbeziehungen zwischen den verschiedenen sektoralen Erscheinungen und Problemen schlugen sich zwar in unterschiedlichen Krisenbündeln nieder. Ihre entscheidende Akzentuierung erhielten sie jedoch durch die imperialistischen Triebkräfte und militärpolitischen Veränderungen im Rahmen der Erweiterung und Konsolidierung des römischen Imperiums.

Der folgende kurze Überblick über die äußeren und inneren Umwandlungen in der späten Römischen Republik setzt daher auch bewußt mit einer Skizze der *außen- und machtpolitischen Vorgänge* ein, um dann von dieser Basis aus die gleichzeitigen inneren Phänomene zu vermitteln. Denn die Faszination der Epoche liegt darin, daß sich die tiefgreifenden Umwälzungen in nahezu sämtlichen Bereichen der römischen Gesellschaft wie des römischen Staates und seines Machtbereiches in einem längeren Prozeß vollzogen, dessen Ziel und Resultat zunächst keineswegs erkennbar waren.

In einer ersten Phase seiner machtpolitischen Dynamik, die mit den Punischen Kriegen (1.: 264–241; 2.: 218–201; 3.: 149–146 v. Chr.) identisch ist, war Rom zur Vormacht des gesamten westlichen Mittelmeers und zugleich zur führenden Seemacht dieses Raumes aufgestiegen. Nacheinander sind dabei Sizilien, Sardinien und Korsika (um 237 v. Chr.), aber auch Teile Spaniens (197 v. Chr.) und Nordafrikas (146 v. Chr.) in römische Provinzialverwaltung überführt worden, wobei sich freilich die Behauptung der Macht auf der Iberischen Halbinsel als eine schwere und langwierige Belastung erweisen sollte.

In einer zweiten Phase des Prozesses ist dann der hellenistische Osten in den Mittelpunkt der römischen Expansion gerückt. Auf den Plan gerufen durch den Vertrag Philipps V. von Makedonien mit Hannibal (215 v. Chr.) und durch Hilferufe römischer Verbündeter, wurde die Großmacht des Westens dabei immer tiefer in die machtpolitischen Auseinandersetzungen der hellenistischen Welt verstrickt. Nach den entscheidenden Siegen über den makedonischen Herrscher (197 v. Chr.) und über den Seleukiden Antiochos III. (189 v. Chr.) war der Weg frei für die Errichtung einer Oberherrschaft auch über diesen Großraum.

Doch anders als im Westen annektierte Rom hier die unterworfenen Gebiete nicht, es richtete keine Provinzialverwaltung ein und zeigte keine kontinuierliche Präsenz. Wie bereits im Falle Nordafrikas, wählte es die Methoden indirekter Beherrschung durch die Unterstützung abhängiger Verbündeter, die Delegation von Gesandtschaften, die Roms Willen durchsetzten, durch Entscheidungen von Fall zu Fall, die zwar eine Paralysierung der hellenistischen Mächte, jedoch keine konsolidierten Verhältnisse herbeiführen konnten. Exemplarisch erwies sich dies in der Seeräuberfrage. Erst als das Königreich Pergamon durch Erbschaft an Rom gelangte und als 129 v. Chr. die römische Provinz Asia eingerichtet wurde, gewann Roms Einsatz in Kleinasien eine neue Qualität.

In einer dritten Phase römischer Machtpolitik lagen dann der Norden und Nordwesten Italiens im Brennpunkt der Aktivitäten. Hier stand die Imperialmacht zunächst in der Defensive. Der alte römisch-keltische Gegensatz war durch Kelteneinfälle in den Norden Italiens während der zwanziger Jahre des 3. Jahrhunderts v. Chr. sowie durch die Mobilisierung keltischer Stämme für Hannibal gegen Rom neu belebt worden. Den Höhepunkt der Bedrohungen bildeten dann die Invasionen germanischer Gruppen gegen Ende des 2. Jahrhunderts v. Chr. Erst unter Marius und später unter Caesar setzten dort wirkungsvolle römische Gegenmaßnahmen ein.

Es dürfte einleuchten, daß dieser Expansionsprozeß in seinen langfristigen militärischen Operationen mit der Heeresstruktur und den Normen der klassischen Römischen Republik nicht zu bewältigen war. Einschneidende Veränderungen sowohl der Rekrutierungsbasis und der Dienstzeit als auch der Dauer der Kommandogewalt der Befehlshaber wurden unvermeidlich. An die Stelle einer jeweils nur kurzfristig eingesetzten Miliz römischer Vollbürger, deren Kommandeure jährlich wechselten, trat schließlich seit dem 2. Jahrhundert v. Chr. ein langfristig dienendes Berufsheer, das notwendig zur «Heeresgefolgschaft» ebenfalls langfristig fungierender Oberbefehlshaber werden mußte.

Hatte zuvor die Institution der Klientel, das Wechselverhältnis zwischen den Angehörigen der Oberschichten und den von ihnen abhängigen ärmeren Bürgern, soziale Spannungen gemildert, so trat fortan an deren Stelle die existentielle Bindung der Heeresklientel mit ihren elementaren gegenseitigen Abhängigkeiten, eine Bindung, die zugleich langfristig zum entscheidenden politischen Machtfaktor im Staate werden mußte. Die meist mit den Reformen des Marius (seit 107 v. Chr.) identifizierten, systematischen Innovationen leiteten eine neue Epoche der römischen Militärgeschichte ein; für die Entwicklungen der späten Römischen Republik kommt ihnen grundlegende Bedeutung zu.

In unserem Zusammenhang sind dabei besonders zwei Konsequenzen der neuen Strukturen hervorzuheben: Die relativ rasch ausgeweiteten Dimensionen des Imperiums erlaubten zugleich hervorragenden Einzelpersönlichkeiten ein Handeln in neuen Maßstäben, eine kontinuierliche persönliche Machtbildung. Diese rief freilich stets sogleich die Gegenkräfte einer durch Jahrhunderte hindurch verfestigten politischen Tradition hervor, die erst in langen und verlustreichen Bürgerkriegen gebrochen werden konnte und selbst danach noch lange Zeit virulent war.

Parallel zur Ausweitung des Imperiums kam es gleichzeitig auch zur Verflechtung innen- und außenpolitischer Auseinandersetzungen, wie sie vor allem der von Sallust beschriebene «Jugurthinische Krieg» (111–105 v. Chr.) dokumentiert. Insbesondere seit Sullas Konsulat (88 v. Chr.) und dem innenpolitischen Ringen um den Oberbefehl im Krieg gegen Mithridates VI. von Pontus zeigte sich dann, daß die Bürgerkriege der späten Republik imperiale Ausmaße annahmen. Sie blieben während des 1. Jahrhunderts v. Chr. nicht mehr auf Italien beschränkt, sondern sollten nun den gesamten mediterranen Raum erfassen.

Auch die Veränderungen in *Wirtschaft, Gesellschaft und Innenpolitik* sind stets im Zusammenhang zu sehen. Den Ausgangspunkt bilden hier die schweren Schädigungen und Verluste

Italiens durch den hannibalischen Krieg. Die Ausplünderung des Landes, die Vernichtung ganzer Siedlungen und weiträumiger Anbauflächen hatten zu einem Ausmaß an Zerstörung geführt, das eine bloße Rekonstruktion der Vorkriegsverhältnisse nicht mehr zuließ. Besonders gravierend wirkte sich dabei die tiefgreifende Umschichtung der Bevölkerung aus: Während nun verarmte Bauern in grosser Zahl nach Rom flohen, um dort bessere Lebensbedingungen zu finden, wurden Zehntausende ehemaliger Kriegsgefangener als Sklaven nach Italien verbracht, wo sie vor allem im landwirtschaftlichen Bereich eingesetzt wurden.

An die Stelle der kleinen Parzellen einer Subsistenzwirtschaft freien Bauerntums traten jetzt großräumigere Wirtschaftseinheiten einer rational organisierten, auf Sklaverei fußenden Villen- und Weidewirtschaft, wie sie nur von reicheren Grundbesitzern betrieben werden konnte. Die Lage der Sklaven war gewiß in den Sektoren ihres jeweiligen Einsatzes völlig verschieden: relativ erträglich bei Haus- und Handwerkssklaven, noch besser bei ausgesprochenen Spezialisten und Vertrauten, am schlechtesten bei den Konzentrationen in Agrarwirtschaft und Bergbau. Die großen Eruptionen der Sklavenkriege (1. Sizilischer 136–132; 2. Sizilischer 104–100; Spartacusaufstand 73–71 v. Chr. – um nur die wichtigsten zu nennen) dokumentieren die Gefahren, die sich aus diesem Unruhepotential ergeben konnten.

Parallel zu jenem Prozeß profitierten reichere Bürger, vor allem Angehörige der oberen Stände, von Intensivierung und Ausweitung der Geldwirtschaft, des Fernhandels, der Kapitalgeschäfte vielfältigster Art, von Aktivitäten, welche zu einer weiteren Differenzierung der Gesellschaftsstruktur sowie zu einer extremen Polarisierung innerhalb der römischen Bürgerschaft führen sollten. Charakteristisch ist dabei insbesondere die Stärkung der überwiegend ökonomisch interessierten, politisch zunächst jedoch weniger engagierten Ritterschaft, die innerhalb der Republik zunehmend an Bedeutung gewann.

Die Schlüsselstellung im gesellschaftlichen wie im politischen Gefüge nahm jedoch nach wie vor die senatorische Führungsschicht ein. Roms Behauptung im 2. Punischen Krieg war nicht zuletzt ihr Verdienst, ihre Stellung dadurch gestärkt, ihre Geschlossenheit zunächst beeindruckend. Während des ganzen 2. Jahrhunderts v. Chr. gelang es nur wenigen sozialen Aufsteigern (*homines novi*), in ihre Reihen einzudringen.

Doch zu den traditionellen Rivalitäten der einzelnen Adelsgeschlechter und deren Verbindungen traten während der zweiten Hälfte des Jahrhunderts die schärferen Profilierungen von Optimaten und Popularen hinzu. Als Optimaten bezeichneten sich dabei speziell traditionalistische Politiker mit primär konservativen Interessen; Popularen wurden jene Senatoren benannt, die als Anwälte der gesamten freien Bürgerschaft auftraten, indessen nicht selten – gestützt auf das Volkstribunat und dessen verfassungsmäßige Kompetenzen – mit inneren Reformen zugleich auch persönlichen Einfluß erstrebten, wie zum Beispiel die Gracchen und Marius.

Zu Beginn des 1. Jahrhunderts v. Chr. wurde die Römische Republik somit durch eine ganze Reihe von Krisenherden und ungelösten Konflikten belastet, die auch die innere Politik bestimmen sollten: Im agrarpolitischen Bereich waren inzwischen die Reformen um eine angemessene Nutzung des Gemeindelandes ausgelaufen, die Kolonisation stagnierte, vor allem konnte die Anerkennung der Bundesgenossen als römische Bürger nach wie vor nicht durchgesetzt werden. Gerade hier kam es deshalb im Bundesgenossenkrieg (91–88 v. Chr.) zu ersten gefährlichen Eruptionen, in die Pompeius' Vater ebenso verwickelt wurde wie Sulla.

Außenpolitisch galt es damals, ebenso den römischen Machtbereich zu stabilisieren wie die Administration der beherrschten Gebiete zu verbessern. Prekär und ungelöst blieben vor allem die Spannungen zwischen den Feldherrn und dem Senat. Besaßen die Heerführer während der Feldzüge umfassende Kompetenzen, so blieben sie nach wie vor gezwungen, nach dem Abschluß der Kampfhandlungen die Billigung ihrer Anordnungen durch den Senat einzuholen sowie eine angemessene Versorgung ihrer Truppen, etwa durch die Zuweisung von Siedlerstellen, zu erbitten. Die hier angelegten Konflikte belasteten Marius wie Pompeius; lediglich der Diktator Sulla war stark genug, unverzüglich eine angemessene Versorgung durchzusetzen.

Hatte der Bundesgenossenkrieg die inneren Gegensätze noch einmal vorübergehend verdeckt, so bestanden doch die alten Fronten zwischen Optimaten und Popularen fort. Dazu traten Ehrgeiz und Machtansprüche älterer wie jüngerer Politiker, die in dem Ringen zwischen Marius und Sulla kulminierten und von Anfang an auch Pompeius in ihren Bann zogen. Die skizzierten Jahrzehnte immer neuer Erschütterungen hatten so zuletzt die ausgewogene Einheit der klassischen Republik aufgelöst; Partialinteressen begannen zu dominieren. Es war nur noch eine Frage der Zeit, bis die durch die inneren Unruhen und Bürgerkriege entfesselten militärischen Verbände auch die politischen Entscheidungen herbeiführen sollten.

II. DER VATER

Gnaeus Pompeius gehörte einem relativ spät aufgestiegenen plebejischen Geschlecht an. In dem mit ihm nicht direkt verwandten Q. Pompeius, einem rhetorisch hervorragenden Mann, hatte es im Jahre 141 v. Chr. seinen ersten Konsul gestellt, einen sozialen Aufsteiger, der zehn Jahre später auch noch als Censor wirkte. Unter den direkten Vorfahren des Gnaeus wurde dagegen erst sein Großvater Sextus Pompeius bekannt, der 118 v. Chr. als Statthalter in Makedonien amtierte und dabei in Auseinandersetzungen mit keltischen Stämmen den Tod fand.

Schärferes Profil gewinnt in der Überlieferung jedoch dessen Sohn Cn. Pompeius Strabo (= der «Schieler»), der Vater Pompeius' des Großen. Auch er hatte sich wie Sextus zuerst in Prozessen engagiert und war wie dieser Statthalter von Makedonien geworden. Doch erst im Bundesgenossenkrieg trat er im Raum von Picenum hervor, wo er wahrscheinlich über größeren Grundbesitz und eine zahlreiche Klientel verfügte.

Die Region Picenum liegt nordöstlich von Rom; sie erstreckt sich einerseits zwischen Ancona und Hadria (Atri) am Adriatischen Meer, andererseits bis zu den Apenninen. Ihre damals rund 360 000 Einwohner waren erst 268 v. Chr. von Rom völlig unterworfen worden; in der Antike wurde das Gebiet vor allem durch seine Öl- und Weinproduktion wie durch seinen Obstbau bekannt. Im Rahmen des römischen Herrschaftsbereiches nahm Picenum dann durch seine Verbindungen zum Ager Gallicus wie zur Gallia Cispadana im Norden Italiens eine wichtige geographische Funktion ein. Sein Hauptort war Asculum (Ascoli Piceno), das im Bundesgenossenkrieg zu einem Zentrum des Kampfes gegen Rom werden sollte.

Jene Erhebung war nach dem Scheitern der Reformen und nach der Ermordung des idealistischen Volkstribunen M. Livius Drusus im Jahre 91 v. Chr. ausgebrochen, als der Senat eine Besserstellung der längst unterprivilegierten römischen Bundesgenossen verhindert hatte. Nachdem eine Senatsgesandtschaft die Bürger von Asculum durch drastische Forderungen provoziert hatte, wurden dort alle Römer erschlagen, ein Akt, der zum Fanal für die Erhebung sämtlicher Verbündeter Roms in Italien und damit zum Beginn einer besonders gefährlichen und erbitterten militärischen Auseinandersetzung wurde.

Im Verlauf dieser Kämpfe wirkte Strabo im Jahre 90 v. Chr. als Legat des Konsuls P. Rutilius Lupus, des Oberbefehlshabers der römischen Nordarmee. Er wurde dort in wechselvolle und verlustreiche Kämpfe um Asculum verwickelt, mußte mehrere Niederlagen hinnehmen und auf die Kolonie Firmum (Fermo) zurückgehen. Doch schließlich konnte er die Aufständischen, die T. Lafrenius führte, vernichtend schlagen – ein Sieg, der für alle römischen Kräfte vor allem in psychologischer Hinsicht von großer Bedeutung war. Während Strabo die Belagerung von Asculum wieder aufnahm und seine Armee inzwischen auf etwa 75 000 Mann verstärken konnte, wurde er für das Jahr 89 v. Chr. zum Konsul und damit nun selbst zum Oberbefehlshaber der nördlichen Heeresgruppe gewählt.

Die Kämpfe um Asculum spitzten sich bald weiter zu. Entsatzheere aufständischer Marser (aus dem Gebiet um den Fuciner See), Picenter und Kräfte der Vestiner (aus dem oberen Aternustal) wurden zurückgeschlagen, Strabo von seinen

Truppen zum Imperator ausgerufen. Nachdem seine Verhandlungen mit dem Anführer der Marser, P. Vettius Scato, gescheitert waren, gelang ihm schließlich im Herbst des Jahres 89 v. Chr. die Einnahme der ausgehungerten Stadt.

Nach den erbitterten Kämpfen ging Strabo mit rücksichtsloser Härte gegen die Besiegten vor, diskreditierte seinen Erfolg jedoch vor allem dadurch, daß er die Beute nicht dem römischen Staatsschatz zuführte, sondern für sich selbst in Anspruch nahm.

In den Zusammenhang jener Ereignisse gehört eine auf den 17. November 89 v. Chr. datierte Bronzeinschrift (Dessau, Inscriptiones Latinae Selectae 8888), mit welcher 30 spanischen Reitern für ihre Verdienste das römische Bürgerrecht verliehen wurde. Unter den dort genannten Mitgliedern des Kriegsrates wird auch Strabos Sohn, der spätere Cn. Pompeius Magnus, aufgeführt. Das Jahr endete dann mit Strabos Triumph am 25. Dezember 89 v. Chr., zugleich dem Höhepunkt seiner Karriere.

Während Strabos Leistungen in seinem Konsulat so in Rom durchaus anerkannt wurden, verwickelte ihn die Folgezeit in die sehr komplexen Wirren des nun ausbrechenden Bürgerkrieges. Im Epochenjahr 88 v. Chr. amtierten L. Cornelius Sulla, der spätere Diktator, und Q. Pompeius Rufus, der in keiner engeren verwandtschaftlichen Beziehung zu Strabo stand, als Konsuln. Die scharfen inneren Auseinandersetzungen setzten über der Frage ein, ob jene römischen Bundesgenossen, denen inzwischen das römische Bürgerrecht zugestanden worden war, nur einer begrenzten Anzahl von Stimmbezirken (*tribus*) zugewiesen werden sollten oder ob sie auf alle bestehenden 35 Einheiten zu verteilen wären. Im ersten Fall hätte die scheinbar nur organisatorische Frage zu einer evidenten Unterprivilegierung der neuen Bürger geführt.

Initiator der großzügigeren Lösung war der Volkstribun P. Sulpicius Rufus. Der Konflikt eskalierte, als Marius auf dessen Seite trat und den Oberbefehl in dem bevorstehenden Krieg gegen Mithridates VI. erhalten sollte, der zuvor bereits dem Konsul Sulla übertragen worden war. Sulla, der sich im Bundesgenossenkrieg wie Strabo als Befehlshaber ausgezeichnet hatte, stand damals mit seinen Legionen vor Nola (nordöstlich des Vesuvs) und verstand es, diese Heeresgefolgschaft für seine Person und seine Sache zu mobilisieren. Entscheidend war dabei sein Argument, daß Marius wohl nicht diese Verbände, sondern eigene Truppenteile in dem bevorstehenden Krieg einsetzen würde, einem Krieg, von dem man sich allgemein eine große Beute erhoffte.

So brach in Sullas erstem Marsch auf Rom der Sturm los. Die Stadt wurde mit Gewalt eingenommen, der Tribun, Marius und zehn weitere Exponenten der Gegenseite geächtet, Sulpicius auch bald ergriffen und getötet, Marius in eine verzweifelte und würdelose Flucht getrieben. Doch da für Sulla der Mithridateskrieg Vorrang besaß, war an eine dauerhafte Beendigung der Wirren mit den Mitteln der Politik nicht zu denken. Schon die Wahl der Konsuln für das Jahr 87 v. Chr., aus der Cinna und Cn. Octavius erfolgreich hervorgingen, ließ eine Fortsetzung der inneren Streitigkeiten erwarten.

Strabos Wirken stand 88 v. Chr. im Schatten dieser Vorgänge. Als Prokonsul setzte er zunächst die Niederwerfung der letzten Widerstandsnester bei den Marsern, Marrucinern (südlich des Aternus) und anderen Gruppen fort, ging dann jedoch auch zur Neuordnung von Administration und Gemeinderechten sowie zur Ansiedlung seiner Veteranen über. Seine Aktivität konnte zwar seine Macht wie sein Ansehen noch weiter steigern, mußte freilich aber auch im Senat Mißtrauen und Bedenken erregen. Schließlich wurde Strabo in

Rom mit einer jedoch bald niedergeschlagenen Anklage überzogen, gegen Ausklang des Jahres dann aber in seinem Kommando abgelöst. Der Konsul Pompeius Rufus sollte seine Armee übernehmen.

Mochte Strabo nach dieser Entscheidung auch noch so reserviert erscheinen, er übergab sein Kommando korrekt. Doch schon am folgenden Tag wurde Pompeius Rufus während eines Opfers erschlagen, so daß Strabo erneut den Oberbefehl übernehmen konnte. Es war naheliegend, daß ihm die Verantwortung für diesen Mord unterstellt wurde, nicht zuletzt deswegen, weil er die Täter lediglich mit einer Verwarnung rügte; daß er die Tat veranlaßt hatte, ließ sich aber nicht beweisen. Da sich in Rom inzwischen die Bürgerkriegssituation weiter verschärfte, blieb dem Senat keine andere Wahl, als das fait accompli hinzunehmen.

Der Konsul Cinna hatte inzwischen seine Anhänger zu einem neuen Marsch auf Rom veranlaßt. Dessen Kollege Octavius und der Senat suchten verzweifelt, die Hauptstadt mit allen verfügbaren Kräften gegen diesen Angriff zu verteidigen und forderten deshalb auch Strabo mit seinem Heer zum Eingreifen auf. Doch offensichtlich war Strabo in jener Situation weiterhin in erster Linie an der Festigung und am Ausbau seiner eigenen Position gelegen. Daraus resultierte seine für die meisten undurchschaubare und scheinbar unentschiedene Politik während der folgenden Monate.

Denn Strabo gehorchte zwar den Anordnungen des Senats und ließ seine Armee am Collinischen Tor, im Nordosten der Stadt, ein Lager errichten, das heißt in jenem Raum, in welchem fünf Jahre später die Entscheidung des Bürgerkriegs zwischen Sulla und dessen Gegnern fallen sollte. Doch im übrigen taktierte er hinhaltend, ließ sich auf Verhandlungen mit Cinna ein und verhinderte damit die rechtzeitige Zerschlagung der Angreifer, die inzwischen immer stärkeren Zulauf erhielten.

Offensichtlich strebte Strabo auch jetzt noch ein neues Konsulat an, suchte seine eigenständige Haltung durch Verhandlungsaktivitäten zu festigen und hielt sich und seine Truppen in den folgenden wechselvollen Kämpfen weithin zurück. Welche Ziele er am Ende konkret erstrebte, ist nicht eindeutig auszumachen.

Wenn Angaben Plutarchs (Pompeius, 3) zutreffen, verbreitete sich in Strabos Armee Unzufriedenheit, die wohl von Cinna geschürt wurde. Doch ein geplantes Attentat gegen Strabo und dessen Sohn konnte durch diesen verhindert, eine Meuterei bis auf das Überlaufen von 800 Mann niedergeschlagen werden. Die Schwierigkeiten dürften fortbestanden haben. Doch dann wurde Strabo von einer grassierenden Seuche infiziert und starb. Dies ist jedenfalls wahrscheinlicher als andere Angaben der Überlieferung, nach denen er von einem Blitz erschlagen wurde.

Strabo war zuletzt weithin verhaßt: So wurde während seines Leichenzuges der Körper des Toten von der Bahre gerissen und von einer aufgebrachten Menge durch den Schmutz gezogen, bis Angehörige der Führungsschicht eingriffen und weitere Entehrungen verhinderten. Es verwundert nicht, daß das Urteil der Überlieferung über Pompeius Strabo zumeist negativ blieb.

Wie schwer die Vorwürfe von Grausamkeit, Härte, Habgier, Treulosigkeit und persönlichem Machtstreben in einer Bürgerkriegssituation wiegen, ist umstritten. Nicht bestreitbar sind hingegen die außerordentlichen militärischen und organisatorischen Qualifikationen Strabos. Es erscheint für ihn charakteristisch, daß er einerseits bewußt und kontinuierlich eine selbständige Führungsposition anstrebte, andererseits jedoch auf deren staatsrechtlicher Legalisierung beharrte. Kennzeichnend ist daneben auch sein Wille, im militärischen wie im politischen Bereich zu vermitteln und Kompromisse zu erzielen, sei es gegenüber den aufständischen Bundesgenossen, sei es gegenüber Cinna.

In all dem sind die gemeinsamen Züge mit seinem Sohn Magnus evident, ja man kann sagen, daß bei keiner der großen Revolutionspersönlichkeiten des 1. Jahrhunderts v. Chr. – weder bei Marius noch bei Sulla oder bei Caesar – so enge Vater-Sohn-Verbindungen vorliegen wie bei Strabo und Magnus.

Strabo hatte eine Nichte des bekannten Dichters Lucilius, Lucilia, geheiratet, die ihm am 29. September 106 v. Chr. den Sohn Gnaeus, den späteren Magnus, schenkte. Dieser wurde somit im selben Jahr wie Cicero geboren, war ein wenig jünger als Crassus und sechs Jahre älter als Caesar. Über Gnaeus' Jugend ist, wie bei so vielen römischen Persönlichkeiten, nur sehr wenig bekannt, mit Sicherheit ist lediglich zu erschließen, daß er mit griechischer Sprache und Bildung vertraut war.

Schon mit 17 Jahren diente er in der Armee seines Vaters, nahm zwischen 89 und 87 v. Chr. an dessen Feldzügen teil, wo er, wie bereits erwähnt wurde, auch dem Kriegsrat Strabos angehörte. Es ist wohl nicht zuviel gesagt, daß ihn die Erlebnisse und Erfahrungen jener Jahre sowohl in politischer als auch in miltärischer Hinsicht tief geprägt haben.

Hatte er zunächst von Macht und Einfluß seines Vaters profitiert, so wandte sich das Blatt nach dessen Tode und nach dem Sieg Cinnas und der Marianer. Der stadtrömische Besitz der Familie wurde damals geplündert; der junge Pompeius dürfte sich inzwischen in den Schutz der Familienklientel in Picenum begeben haben, wo er sich sicher fühlen konnte. Doch die Gegner seines Vaters vergaßen nichts. Sie griffen nun die alten Vorwürfe wegen der Beuteunterschlagung wieder auf und strengten zu Beginn des Jahres 86 v. Chr. gegen den Erben einen Prozeß an, in dem die Herkunft des Vermögens geklärt werden sollte.

Die Einzelheiten jenes offensichtlich politisch motivierten Verfahrens sind nicht bekannt, doch gelang es Pompeius, angesehene Persönlichkeiten für die Verteidigung seiner Sache zu gewinnen: Sowohl Cn. Papirius Carbo, einer der führenden Männer der Marianer, und der ebenfalls allgemein respektierte L. Marcius Philippus als auch der hervorragende Redner Q. Hortensius traten wirkungsvoll für ihn ein. Es kam hinzu, daß Pompeius die Sympathien des Gerichtsvorsitzenden P. Antistius erwarb, der ihm wenig später seine Tochter Antistia vermählte. Der Ausgang des Verfahrens war danach nicht zweifelhaft.

Pompeius dürfte in den folgenden Jahren die Entwicklung von Sullas Operationen im Osten und die weitere Zuspitzung des Bürgerkrieges aufmerksam verfolgt haben, ohne sich vorschnell festzulegen. Einzelheiten über seine Beziehung zu Cinna sind nicht bekannt. Jedenfalls hielt er sich im Jahre 84 v. Chr. einige Zeit in dessen Lager in Ancona auf, als Cinna eine Offensive gegen Sullas Streitkräfte in Illyrien vorbereitete, die sich dort zur Invasion Italiens bereitstellten. Daß Pompeius dann bei Cinnas Ermordung durch meuternde Soldaten die Hand im Spiel hatte, ist nicht zu beweisen. Er kehrte jedenfalls nach Picenum zurück und wartete dort den Verlauf des weiteren Geschehens ab.

III. UNTER SULLA

Als L. Cornelius Sulla im Frühjahr 83 v. Chr. mit etwa 40 000 Mann in Brundisium landete, begann die letzte und entscheidende Phase des großen Bürgerkrieges. Die Nachfolger Cinnas hatten inzwischen ein Massenheer von rund 100 000 Mann aufgeboten, das von den Konsuln des Jahres 83 v. Chr., C. Norbanus und L. Cornelius Scipio Asiagenus, sowie dem Prokonsul Papirius Carbo, dem Verteidiger des Pompeius, befehligt wurde. Es sollte sich rasch erweisen, daß die Kooperation dieser Heerführer zu wünschen übrig ließ, während sich Sullas einheitliche Leitung seiner Armee bewährte. Dies, obwohl sich auch ihm eine ganze Reihe fähiger Aristokraten anschloß, die selbständige Kommandos übernehmen konnten, so der Vetter seiner Frau Caecilia Metella, der Prokonsul Q. Caecilius Metellus Pius, und M. Licinius Crassus, der spätere Triumvir.

Ebenso wesentlich waren die Unterschiede in Qualität und Motivation der beiden Heere. Das Massenheer der legalen Staatsleitung der Republik reichte an Kampfkraft nicht entfernt an die erfahrene, in den Kämpfen vieler Jahre zusammengewachsene Heeresklientel Sullas heran, für die nun alles auf dem Spiele stand. Dieser Gegensatz sollte sich erst ein Jahr später auflösen, als Zehntausende aufständischer und entschlossener Samniten und Lukaner gegen Sulla zu den Waffen griffen und ihm einen erbitterten Widerstand leisteten. Zunächst allerdings konnte er nur wenig behindert bis in den Raum von Capua vorstoßen und in den ersten

Treffen immer wieder ganze Verbände von Überläufern an sich ziehen.

Unterdessen hatte Cn. Pompeius eine der wichtigsten Entscheidungen seines Lebens getroffen und sie sogleich mit allen Konsequenzen realisiert. Seine Eindrücke in Ancona und Sullas erste Erfolge in Italien ließen in ihm den Entschluß reifen, auf dessen Seite zu treten und für ihn in seiner picentischen Heimat aus den Klienten und alten Veteranen seines Vaters sowie aus weiteren Freiwilligen eine eigene Legion aufzustellen. Das Vorgehen des damals 23jährigen war revolutionär, erwies sich aber schon bald als erfolgreich.

Erstmals zeigten sich dort die herausragenden organisatorischen Fähigkeiten des offensichtlich beliebten und auch vertrauenswürdigen jungen Befehlshabers, dem nun nicht wenige seiner alten Kameraden aus Strabos Armee folgten. Seine Basis war zunächst die im Norden Picenums liegende Stadt Auximum (Osimo). Während Anhänger Carbos vertrieben oder erschlagen wurden, festigte sich Pompeius' Stellung rasch. In den üblichen Formen ließ er ein Rekrutierungsverfahren durchführen, ernannte Offiziere und Unterführer, so daß aus dem zunächst tumultuarischen Verband seiner Anhänger bald eine durchgegliederte und disziplinierte Legion entstand.

Auf der Gegenseite waren die Aktivitäten des jungen Pompeius zunächst unterschätzt worden. Als sich der Zustrom zu ihm immer weiter verstärkte, sollte dem freilich Einhalt geboten werden. Nun wurden L. Iunius Brutus Damasippus, C. Coelius Caldus und C. Carrinas gegen ihn in Marsch gesetzt, um die Insurgenten umfassend zu schlagen. Doch Pompeius riß jetzt seinerseits die Initiative an sich und griff als erstes die Abteilung des Brutus an. Demonstrativ exponierte er sich dabei, attackierte persönlich den ersten keltischen Reiter, der sich ihm näherte, durch einen Lanzenstoß, der diesen niederriß. Durch diesen wagemutigen Angriff des gegnerischen Kavallerieführers gerieten die übrigen keltischen Reiter in Panik und rissen selbst die Infanterie des Brutus mit sich in die Flucht.

Mit seinem Sieg über Brutus hatte Pompeius die Pläne der Gegenseite so sehr verwirrt, daß sich nun auch die beiden anderen Kampfgruppen zurückzogen und ihm den Weg nach Süden freigaben. Der Zulauf zu seiner Armee wurde jetzt immer stärker, so daß er sie bald auf drei Legionen erweitern konnte. Er hatte damit gleichsam eine zweite Front gegen die legale Regierung aufgebaut, deren Bedeutung nicht mehr zu unterschätzen war.

Gleichzeitig konnte auch Sulla seinen Vormarsch nach Norden fortsetzen. Nach Erfolgen über die Konsuln Norbanus und Scipio, die vom massenhaften Überlaufen von deren Truppen begleitet waren, mußte Scipio den Versuch abbrechen, selbst gegen Pompeius vorzugehen. Wohl im Gebiet der Paeligner (am Mittellauf des Aternus) kam es daraufhin zum Zusammentreffen Sullas mit Pompeius, über das Plutarch einen lebendigen Bericht gibt:

«Als Pompeius erfuhr, daß er (sc. Sulla) nahe war, befahl er den Offizieren, die Truppen sich waffnen und ordnen zu lassen, um dem Oberfeldherrn so stattlich und glänzend wie möglich vor Augen zu kommen. Denn er erhoffte sich große Ehren von ihm; aber noch größere wurden ihm zuteil. Denn als Sulla ihn herankommen und das Heer in Parade aufmarschiert sah, ausgezeichnet durch gut aussehende Männer, von Stolz geschwellt und frohgemut wegen seiner Siege, da sprang er vom Pferd, und da er, wie natürlich, als Imperator angeredet wurde, da begrüßte er auch seinerseits den Pompeius als Imperator, da doch kein Mensch erwartet hätte, daß er einem jungen Manne, der noch nicht einmal dem Senat angehörte, diesen

Titel zuteil werden lassen würde, um den er mit Männern wie Scipio und (dem jungen) Marius Krieg führte.» (Pompeius, 8,2 ff. – Übersetzung auch im Folgenden: K. Ziegler)

Die Bedeutung und die Konsequenzen dieser Szene sind oft behandelt worden, obwohl Sullas Verhalten wohl eher einem impulsiven Akt entsprang. Staatsrechtlich besaß Sulla naturgemäß keine Legitimation, seinem jungen Partner den höchsten militärischen Rang der Römischen Republik zu verleihen, einen Rang, der üblicherweise durch Akklamation siegreicher Truppen auf dem Schlachtfeld zuerkannt wurde. Denn faktisch bedeutete die Auszeichnung mit diesem Titel nichts Geringeres, als daß Pompeius von dem Oberbefehlshaber der Bürgerkriegspartei, der er sich nun angeschlossen hatte, der Rang eines selbständigen Befehlshabers zugebilligt wurde.

Es spricht alles dafür, daß Sulla von der Initiative und den Erfolgen des jungen Pompeius tief beeindruckt war und für ihn Sympathien empfand, die lange anhielten. Pompeius dagegen konnte sich bestätigt und in seiner Selbständigkeit gestärkt sehen. Ein Grundzug seines Wesens hatte sich daher weiter vertieft. Er konnte stolz darauf sein, daß er innerhalb eines Jahres zu einem der wichtigsten Befehlshaber auf Sullas Seite geworden war. Und er hatte erstmals jene volle Anerkennung seiner Leistungen erhalten, die er stets benötigte.

Im Jahre 82 v. Chr. mußte dann die Entscheidung des Bürgerkrieges heranreifen. Bei Sullas Gegnern war nun schon zum dritten Mal Cn. Papirius Carbo zum Konsul gewählt worden, zusammen mit ihm der erst 27jährige Sohn des Marius, C. Marius. Beide fungierten zugleich als Oberbefehlshaber auf den verschiedenen Kriegsschauplätzen, Carbo im Norden, Marius im Süden, wo bald der Brennpunkt der Kämpfe lag.

Nach einer Niederlage bei Sacriportus (in Latium am Oberlauf des Tolerus, in der Gegend von Signia) mußte sich Marius nach Praeneste (Palestrina) zurückziehen, das sogleich von den Truppen Sullas eingeschlossen wurde. Doch die weitere Entscheidung wurde dramatisch, als eine starke samnitisch-lukanische Armee, angeblich etwa 70 000 Mann, unter dem Kommando des Samniten Pontius Telesinus und des Lukaners Marcus Lamponius gegen Praeneste vorstieß, um Marius zu befreien.

Sulla selbst war inzwischen bis nach Etrurien vorgerückt und operierte dort zusammen mit mehreren seiner Kampfgruppen gegen das unterdessen wesentlich verstärkte Massenaufgebot Carbos. Im Rahmen dieser nördlichen Heeresgruppe, deren Aktivitäten zumeist im Schatten der Vorgänge im Süden und vor Rom liegen, errang Pompeius der Reihe nach wesentliche Erfolge.

Die Einnahme der Kolonie Sena Gallica, nördlich von Picenum, die er plündern ließ, ein zusammen mit Crassus errungener Sieg über Carrinas bei Spoletium, die Zerschlagung eines 8-Legionen-Heeres unter C. Marcius und weiterer, nach Süden fliehender Verbände Carbos, der inzwischen seine Sache verloren gab, markieren Pompeius' wichtigste Stationen. Zu den Endkämpfen vor Rom und Praeneste, die Sulla für sich entscheiden konnte, kam er nun zwar zu spät, doch an seiner erneuten, herausragenden militärischen Bewährung konnte kein Zweifel bestehen.

Dies hat auch Sulla in demonstrativer Weise gewürdigt. Er wollte seinen erfolgreichen Schützling jetzt mit seiner eigenen Familie verbinden. Deshalb nötigte er Pompeius, sich von seiner Frau Antistia zu trennen, und zwang seine Stieftochter Aemilia, die Tochter seiner Gattin Caecilia Metella aus deren erster Ehe mit dem *princeps senatus* – der als erster zu allen Fragen im Senat sprechen durfte – M. Aemilius Scaurus, sich von ihrem Gatten M'. Acilius Glabrio scheiden zu lassen, obwohl sie von ihm ein Kind erwartete. Doch die politische Ehe dauerte nur kurze Zeit; Aemilia starb schon bald nach der erzwungenen Hochzeit.

Sullas Plan war damit gescheitert, doch Pompeius gehörte fortan zum engsten Kreis seiner Vertrauten. Dies sollte sich erneut dadurch erweisen, daß Sulla für ihn im Senat ein proprätorisches Imperium erwirkte, das diesen mit der Vertreibung der Popularen aus Sizilien und der Rückgewinnung der Insel beauftragte. Das Kommando war für beide Seiten bedeutsam. Für Sulla, weil eine Verhinderung der Getreidezufuhr aus Sizilien neue Unruhen auslösen konnte, für Pompeius, weil er damit erstmals eine offizielle, staatsrechtlich korrekte Amtsposition erlangte.

Die Lage auf Sizilien blieb zunächst unklar, da die Insel neben Afrika und Spanien zu einem Hauptzufluchtsort der Gegner Sullas geworden war. Auch Carbo, der zuerst nach Afrika flüchtete, suchte dort wieder Fuß zu fassen, wurde jedoch nach Kossyra (Pantelleria) zurückgedrängt. Vor allem aber räumte der Prätor M. Perperna Veiento, der dort auf Carbos Seite befehligte, die Insel, ohne Widerstand zu leisten, als die Verbände des Pompeius eindrangen. Ein neuer gegnerischer Vorstoß auf Lilybaion scheiterte, Carbo geriet in Gefangenschaft, als er nach Ägypten weiterfliehen wollte. Offensichtlich beherrschte Pompeius bereits die Gewässer um Sizilien, das nun vollständig in seiner Hand lag – ein unerwartet schneller, umfassender Erfolg.

Delikat war für Pompeius der Fall von Carbo und dessen Stab. Er konnte nicht vergessen haben, daß ihn der angesehene, dreimalige Konsul wenige Jahre zuvor erfolgreich verteidigt hatte, doch andererseits stand dessen Name mit an der

Spitze von Sullas erster Proskriptionsliste. Nach Lage der Dinge hatte Pompeius keine Wahl. Während Carbos Gefolge nach der Gefangennahme sofort hingerichtet wurde, erhielt der Konsular ein Gerichtsverfahren, in dem er zum Tode verurteilt wurde. Wie bei den getöteten Proskribierten üblich, wurde sein Kopf an Sulla gesandt. Daß Pompeius diese Behandlung seines ehemaligen Gönners weithin schwere Vorwürfe eintrug, mußte er hinnehmen.

Im übrigen war sein Verhalten auf Sizilien sowohl durch äußerste Härte gegenüber führenden Exponenten der Gegenseite als auch durch großzügige Milde gegenüber bloßen Mitläufern gekennzeichnet, somit durch eine – im Unterschied zu Sulla – bemerkenswerte Differenzierung, von der auch die sizilischen Städte profitierten. Weitere Aktivitäten sind nur in Umrissen bekannt, so, daß das Gerichtswesen wieder in Gang gesetzt, die Sikelioten vor Übergriffen seiner Truppen geschützt, zwischen Messana und dem äußersten Südosten der Insel eine Straße, die Via Pompeia, angelegt wurde. Von anderen Maßnahmen zur Rekonstruktion der administrativen und ökonomischen Situation auf der Insel ist er durch einen von Sulla mitgeteilten Senatsbeschluß gehindert worden, der ihm nun auch die Rückgewinnung Nordafrikas übertrug.

In Nordafrika hatte unterdessen Cn. Domitius Ahenobarbus, der ebenso wie Caesar mit einer Tochter Cinnas verheiratet war, die Führung der letzten Anhänger Carbos übernommen. Der junge Aristokrat war dabei nur deshalb zu einer gewissen Gefahr geworden, weil er von den Thronstreitigkeiten in Numidien profitierte. Dort hatte Hiarbas den von Rom anerkannten König Hiempsal vertrieben und dem Domitius eine Heeresabteilung von immerhin 27 000 Mann zugeführt.

Pompeius wollte daher keine Risiken eingehen und bewährte sich einmal mehr als effizienter Organisator: Er ließ für die Invasion in Nordafrika eine Transportflotte von rund 800 Schiffen und weiteren 120 Kriegsschiffen zusammenbringen, mit deren Hilfe sechs Legionen samt allem erforderlichen Gerät teils bei Utica, teils bei Karthago gelandet wurden.

Der Eindruck dieser Demonstration war so stark, daß sogleich 7000 Gegner zu ihm überliefen. Der Rest der feindlichen Truppen wurde in einem einzigen Gefecht zersprengt, ihr Lager genommen, Pompeius zum Imperator ausgerufen, Domitius hingerichtet. Mit Hilfe der Unterstützung des mauretanischen Königs Bogud konnte schließlich auch Hiarbas gestellt und getötet, Hiempsal wieder in seine Herrschaft eingesetzt werden. Innerhalb von nur 40 Tagen hatte Pompeius seine Aufgabe gelöst.

Nachdem er sich einige Zeit mit Löwen- und Elefantenjagd unterhalten hatte, kehrte Pompeius nach Utica zurück. Er hoffte nun auf den Befehl zur geschlossenen Rückführung seiner Armee und vor allem auf die Zuerkennung eines Triumphes, zwar nicht über die Gegner im Bürgerkrieg, wohl aber über den Usurpator Hiarbas. Statt dessen erhielt er einen Befehl Sullas, fünf seiner Legionen sofort zu entlassen, die sechste aber seinem Nachfolger in Nordafrika zu übergeben, einen Befehl, der eine offene Empörung seiner Truppen auslöste.

Denn sie sahen sich nun um die üblichen materiellen Zuwendungen ihres Feldherrn geprellt, drohten mit Gehorsamsverweigerung und übten auf Pompeius stärksten direkten Druck aus. Dieser suchte seinerseits, so sehr ihm die Unruhe nützen mochte, demonstrativ die Disziplin aufrechtzuerhalten. Ansonsten bleibt das Wechselspiel der Vorgänge im einzelnen undurchsichtig.

Sulla befürchtete zunächst eine offene Rebellion und damit eine neue Phase des Bürgerkrieges. Doch als er nähere Nachrichten über die Lage erhielt, gestattete er schließlich die geschlossene Rückkehr des Verbandes und verstand sich sogar dazu, Pompeius vor den Toren Roms in Gegenwart einer großen, begeisterten Menschenmenge zu begrüßen. Erneut glaubte er, es genüge, wenn er seinen jungen Feldherrn durch eine ehrenvolle Anrede auszeichnen würde. Da Pompeius schon in Nordafrika von seinen Soldaten als Magnus akklamiert worden war, ein Beiname, der selbstverständlich an Pompeius' Vorbild und Idol Alexander den Großen erinnern sollte, griff auch Sulla diesen Namen auf und ließ Pompeius durch seine Umgebung ebenso bezeichnen.

Doch für Pompeius war dies längst nicht genug. Er beharrte kompromißlos auf der Zuerkennung eines Triumphes, eine staatsrechtliche Frage, die zu einem Politikum ersten Ranges werden sollte. Mochte Sulla damit argumentieren, daß Pompeius alle Voraussetzungen für eine solche höchste militärische Ehrung fehlten: Er hatte keine hohe Magistratur bekleidet, gehörte nicht dem Senat an, erfüllte die Altersbedingung nicht. Mochte er darauf hinweisen, daß auch dem älteren Scipio Africanus im 2. Punischen Krieg ein Triumph aus denselben Gründen nicht zuteil werden konnte – Pompeius blieb bei seiner Forderung und erdreistete sich sogar dazu, Sulla darauf aufmerksam zu machen, daß die aufgehende Sonne über mehr Verehrer verfüge als die untergehende (Plutarch, Pompeius, 14,4).

Die Situation schien sich noch weiter zu komplizieren, als sich in der Zwischenzeit der Unmut der Truppen des Pompeius artikulierte, weil sie die ihnen gewährten Geldgeschenke im Vergleich mit der Beute für den Staatsschatz für zu gering hielten. Doch erneut bewährte sich Pompeius als kompromißloser Wahrer der Disziplin, so daß schließlich auch Sulla und zuletzt selbst der Senat nachgaben und ihm widerwillig den Triumph konzedierten.

Sullas Haltung, welche die Normen des Diktators für sein neues, eben erst geschaffenes staatsrechtliches System durchbrach, ist schwer zu verstehen. Dies um so weniger, als er ein Jahr zuvor bei einem durchaus vergleichbaren Fall mit brutalster Härte vorgegangen war. Damals hatte sich der Ritter Q. Lucretius Ofella, ein Mann, der sich Sulla bei dessen Rückkehr in Brundisium angeschlossen und sich als Leiter der Belagerung von Praeneste hervorragend bewährt hatte, gegen Sullas Widerstand um das Konsulat des Jahres 80 v. Chr. beworben und war daraufhin auf Sullas Befehl ermordet worden. Jetzt verstieß wiederum ein Ritter gegen Sullas Ordnung – und dieser kapitulierte.

Es mag sein, daß Sulla damals schon an die Niederlegung der Diktatur dachte, daß er angesichts der wachsenden Probleme und Schwierigkeiten, die seiner Politik entgegenstanden, allmählich resignierte und einen neuen großen innenpolitischen Konflikt scheute – er hat Pompeius sein Verhalten nie verziehen.

Der Triumph selbst, der dann endlich am 12. März 79 v. Chr. stattfand, sollte nach Pompeius' Vorstellungen in jeder Hinsicht Aufsehen erregen. Als genüge es ihm nicht, daß in ihm erstmals in der römischen Geschichte ein 27jähriger Ritter triumphierte, wollte er seinen Triumphwagen auch noch durch vier Elefanten statt durch vier Pferde ziehen lassen. Doch durch diese Megalomanie wurde er zum Gespött, als sich herausstellte, daß ein so breites Gefährt die Triumphpforte nicht passieren konnte.

Auch während der letzten Monate von Sullas Leben legte der Triumphator eine provozierende Selbständigkeit an den Tag. Weiterhin dachte er nicht daran, alle Wünsche Sullas und der sullanischen Führungsgruppe zu respektieren. Als sich bei den Konsulwahlen für das Jahr 78 v. Chr. auch M. Aemilius

Lepidus bewarb, eine nicht gerade integre Figur, die sich bereits damals von Sulla abgesetzt hatte und mit allen Mitteln populare Interessen zu erfüllen versprach, fand er bei Pompeius tatkräftige Unterstützung und wurde denn auch vor Sullas Favoriten Q. Catulus gewählt. Wenn Sulla damals bei einer Begegnung mit Pompeius diesem zurief, daß er nun selbst seinem Gegner das Schwert in die Hand gegeben habe, so sollte sich dies nur zu bald als richtig erweisen.

Die Entfremdung zwischen dem ehemaligen Diktator und seinem Schützling hielt an. Pompeius wurde in Sullas Testament demonstrativ übergangen. Doch er bewies seinem alten Förderer dennoch Respekt und Dankbarkeit. Als es um die Frage der Beisetzung Sullas ging, setzte er zusammen mit dem Konsul Q. Catulus und gegen Lepidus' Willen das erste offizielle «Staatsbegräbnis» der Römischen Republik durch, das noch einmal die alte Armee des Diktators und dessen Anhängerschaft vereinigte.

Die persönlichen Beziehungen zwischen Pompeius und Sulla erstreckten sich lediglich über den Zeitraum zwischen 83 und 78 v. Chr. Im Aufbau einer Heeresgefolgschaft hatte Pompeius damals zuerst einen persönlichen revolutionären Einsatz gewagt. Er zeigte Dynamik, Entschlossenheit sowie höchste organisatorische und militärische Fähigkeiten, wagte den Bruch mit allen legalen Autoritäten und riß durch seine Tapferkeit im Nahkampf auch seine Verbände zu größten Anstrengungen mit. Aber es war nicht seine Sache, für die er sich hier exponiert hatte, sondern jene Sullas.

Für Sulla, der im Jahre 83 v. Chr. nach seiner Landung in Italien seinen Gegnern rein zahlenmäßig weit unterlegen war, bildete die Heeresabteilung, die ihm der junge Befehlshaber präsentierte und unterstellte, immerhin das mit Abstand stärkste Kontingent, das sich ihm damals anschloß, eine unschätzbare Verstärkung für die kommenden Kämpfe. Es ist verständlich, daß er sich für Pompeius begeisterte, um so mehr, als sich dieser in den folgenden Auseinandersetzungen sowohl in Italien als auch in Sizilien und Nordafrika glänzend bewährte. Es ist auch verständlich, daß er den jungen Befehlshaber deshalb eng an sich heranzog, ihn förderte und dessen Stellung verrechtlichte.

Pompeius brauchte seinerseits die Autorität des Diktators über sich. Denn dieser besaß, was ihm fehlte: Selbstsicherheit und Rücksichtslosigkeit, aus allen inneren und äußeren Gegensätzen die Konsequenzen zu ziehen und das Wagnis einzugehen, die eigene Sache absolut zu setzen. Pompeius handelte dagegen in der Regel nie auf sich allein gestellt. Er benötigte für seinen Handlungsrahmen die Aufträge und das Einvernehmen mit Sulla, dem Senat, seinen Mittriumvirn und wiederum dem Senat. Vor Schritten wie Sullas Märschen auf Rom oder Caesars Überschreiten des Rubikon wäre er zurückgeschreckt.

Gleichwohl war Pompeius nicht nur der Agent fremder Entscheidungen, er leistete keinen blinden Gehorsam, sondern war stets auf die kompromißlose Anerkennung seiner Interessen und auf die hypertrophe Befriedigung seines maßlosen Ehrgeizes bedacht. Diese Polarisierung mußte mit Notwendigkeit zum Konflikt mit Sulla führen, der vielleicht ihm gegenüber zuerst zu großzügig war, jedoch auch weiter auf seine Unterstützung angewiesen blieb und seine Forderungen daher wider besseres Wissen erfüllte. Wie Pompeius' Anschluß an Lepidus zeigt, hat er sich nie völlig mit dem sullanischen System und dessen Trägern identifiziert. Er konnte später zwar mit Metellus Pius und Crassus kooperieren, sich aber ebenso von Lucullus distanzieren und sich mit dem popularen Caesar verbünden.

Trotz seiner wachsenden Distanz zu Sulla seit den Vorgängen des Jahres 80 v. Chr. blieb Pompeius stets im Banne von dessen Persönlichkeit und Leistungen. Dies sollte sich vor allem im Jahre 49 v. Chr. erweisen, als er Sullas Strategie nachahmen wollte und daran scheiterte. Doch schon vorher hatte er sich immer wieder mit den Folgen von Sullas Handeln – oder Nicht-Handeln – zu befassen, dies in Italien wie in Spanien, im Krieg gegen die Seeräuber wie in jenem gegen Mithridates VI. Er blieb sein Leben lang in Sullas Schatten.

Dabei waren die Gegensätze zwischen den beiden Männern unübersehbar. Systematischen Terror wie Sulla konnte Pompeius nicht ausüben, an eine umfassende Reform der römischen Verfassung zu denken lag ihm völlig fern. Im Unterschied zur unbekümmerten aristokratischen Lebensform Sullas blieb er stets traditionellem bürgerlichem Stil verhaftet. Sieht man von seiner Koketterie mit der Alexander-Pose ab, so verzichtete er auf ideologische Überhöhungen ebenso wie auf Selbstdarstellungen in neuen Formen und mit monarchischer Tendenz. Seine Münzprägung belegt dies eindeutig. Alles in allem aber blieb Sulla, der Felix und Epaphróditos, auf jeden Fall die stärkere Persönlichkeit.

IV. FELDHERR DES SENATS

Schon bald nach Sullas Tod zu Beginn des Jahres 78 v. Chr. brach in Italien eine neue Krise aus. Sie wurde durch einen Aufstand enteigneter Bürger in Faesulae (Fiesole) ausgelöst, die gegen die auf ihrem einstigen Besitz angesiedelten Veteranen Sullas vorgingen. Der Senat hielt den Vorfall für so gravierend, daß er beide Konsuln, M. Aemilius Lepidus und Q. Lutatius Catulus, an der Spitze eines Heereskontingents zur Niederschlagung der Erhebung entsandte. Doch rasch zeigte sich, daß der opportunistische Lepidus, der sich hier profilieren konnte, mit den Aufständischen gemeinsame Sache machte, den Gehorsam verweigerte und gegen Rom vorging. Dort wurde mit einem *senatus consultum ultimum* der Staatsnotstand ausgerufen, Catulus mit dem Schutz der Stadt beauftragt und in der gefährlichen Situation einmal mehr auf Pompeius zurückgegriffen.

Dies war deshalb erforderlich, weil Lepidus inzwischen für die ihm übertragene Provinz Gallia ulterior durch M. Iunius Brutus, den Vater des Caesarmörders, ein Heer aufstellen ließ, das nun Pompeius schon in seinen ersten Ansätzen zerschlagen sollte. Tatsächlich konnte er diesen Auftrag in kürzester Zeit erledigen. Mit eilig zusammengerafften Kräften schloß er Brutus in Mutina (Modena) ein, das bald kapitulierte.

Der Erfolg erhielt allerdings einen bitteren Beigeschmack, weil Pompeius den Brutus, der sich ihm ergeben hatte und dem freier Abzug zugebilligt worden war, durch einen ihm nachgesandten Mörder töten ließ, was auch immer seine Beweggründe dafür gewesen sind. Pompeius' Verhalten liegt jedenfalls auf einer Linie mit seinem Verhalten gegen Carbo und Domitius, als er die führenden Gegner ebenso zum Tode verurteilt hatte.

Catulus hatte inzwischen die von Lepidus gegen Rom geführten Kräfte zurückgeworfen. Gemeinsam mit dem von Norden heraneilenden Pompeius konnte er Lepidus, der immerhin noch über einen größeren Verband verfügte, nach Sardinien abdrängen. Vom dortigen Statthalter mehrfach besiegt, ist der schwer Erkrankte bald darauf gestorben. Sein wichtigster Unterfeldherr M. Perperna führte jedoch den Rest des Heeres noch im Jahre 77 v. Chr. nach Spanien, wo er die letzte Bastion der Sullagegner unter Sertorius verstärkte.

Der 123 v. Chr. im samnischen Nursia (Norcia) geborene *Q. Sertorius*, einer der hervorragendsten Soldaten Roms, wie Pompeius aus ritterlicher Familie stammend, hatte sich unter Marius im Kimbernkrieg ebenso bewährt wie danach fünf Jahre lang in Spanien, wobei er sich ausgedehnte Kenntnisse des Landes erwarb. Im Bundesgenossenkrieg verlor er ein Auge, trat später auf Cinnas Seite und warf nach der Einnahme Roms 4000 terrorisierende Sklaven nieder. Wohl um 85 v. Chr. zum Prätor ernannt, zeichnete er sich erneut in den Kämpfen gegen Sulla aus, ging dann jedoch als Statthalter nach Spanien.

Der von Sulla Geächtete ist dort freilich schon bald von Sullas Repräsentantem C. Annius vertrieben worden. Nach wechselvollen Kämpfen und Abenteuern vor den spanischen Küsten, wo er mit den kilikischen Seeräubern Kontakte aufnahm, und einem Einfall in Mauretanien brachte das Jahr 80 v. Chr. die Wende in seinem Leben. Damals gewannen lusitanische Gesandte den inzwischen hochgeachteten militärischen Führer für ihren Freiheitskampf gegen Rom, in dem er sich wiederum hervorragend schlug. Der Reihe nach wurden römische Befehlshaber besiegt, Sertorius konnte seinen Machtbereich immer weiter ausdehnen. Längst wurde er in Rom mit Hannibal verglichen. Man rechnete mit einem Vorstoß des Sertorius nach Südgallien oder sogar nach Italien.

Sertorius war deshalb so gefährlich geworden, weil er die verschiedensten Formen der Kriegführung beherrschte und zugleich seine Anhänger, ob Lusitaner, Keltiberer oder Römer, durch den Stil seiner Menschenführung für sich einnahm, ja begeisterte. In offenen Feldschlachten der Massenheere bewährte er sich ebenso wie in allen Arten des Guerillakampfes. Ob in der Anwendung von Kriegslisten, die den Gegner in überraschende Fallen lockten, unvermuteten Angriffen, systematischer Blockade der Versorgungswege, Auflösung und erneuter Versammlung großer Kampfverbände – Sertorius entwickelte sich zu einem überragenden, persönlich nie geschlagenen Oberbefehlshaber, der in der Antike zu Recht in eine Reihe mit Caesar und Pompeius gestellt wurde.

Angesichts neuer Erfolge des Sertorius im Jahre 77 v. Chr. sah sich der Senat zum Handeln gezwungen. Entgegen der Weisung des Catulus hatte Pompeius auch diesmal sein Heer nicht entlassen, sondern dazu benutzt, eine Pression auf die Senatoren auszuüben. Während er selbst einen neuen Oberbefehl gegen Sertorius begehrte, lehnte eine starke Opposition im Senat eine solche Lösung, ein neues Glied in der Reihe der außerordentlichen Imperien, kategorisch ab.

Doch schließlich gelang es einer Gruppe um L. Philippus durchzusetzen, daß dem 29jährigen ein prokonsulares Imperium verliehen wurde, das mit der Statthalterschaft über die Provinz Hispania citerior identisch war, während Sullas alter Mitstreiter Q. Metellus Pius auch weiterhin die Hispania ulterior verwalten sollte, das hieß, zugleich im Südosten der Pyrenäenhalbinsel den Kampf gegen Sertorius zu leiten hatte.

Pompeius begann sofort mit umfassenden Vorbereitungen für den neuen Einsatz. Es spricht für sein Ansehen, daß er in der Lage war, innerhalb von 40 Tagen eine Armee von immerhin 30 000 Infanteristen und 10 000 Kavalleristen aufzustellen und sogleich den Marsch durch die Alpen anzutreten. Von Susa aus zog sein Heer über den Mont Genèvre nach Brigantium (Briançon) und von dort aus weiter in den Raum von Narbo (Narbonne). Da die Unruhen in Spanien inzwischen bereits auch das südliche Gallien erfaßt hatten, mußte er dort zuerst die Lage konsolidieren. Gleichzeitig wurden Kontakte mit den Stämmen der Pyrenäen und Nordspaniens aufgenommen, um den weiteren Vormarsch zu sichern.

Im Frühjahr 76 v. Chr. stieß Pompeius dann längs der spanischen Ostküste nach Süden vor. Im Vordergrund stand dabei wohl die Absicht, Sertorius an einer Offensive über die Inseln nach Italien zu hindern sowie den eigenen Nachschub über See zu erleichtern. Der Angriff glückte und Pompeius erreichte schließlich die von Sertorius belagerte Stadt Lauro im Norden von Valencia. Pompeius war zuversichtlich, seinen großen Gegner schon jetzt schlagen zu können; Lauro verteidigte sich weiterhin tatkräftig.

Da gelang es Sertorius, den gesamten, reich ausgestatteten Troß des Pompeius in einen Hinterhalt zu locken und anschließend auch noch eine dort eingreifende pompeianische Legion niederzuwerfen – Verluste, die so schwer wogen, daß sich Pompeius über den Ebro nach Norden zurückziehen mußte. Noch schwerer wog freilich, daß Sertorius nun Lauro einnehmen und brandschatzen konnte, eine Katastrophe, die Pompeius sein Prestige kostete.

Nach einigen kleineren Unternehmungen während des Winters, die wohl primär der Festigung von Disziplin und Kampfkraft dienten, zugleich aber auch die Präsenz der neuen

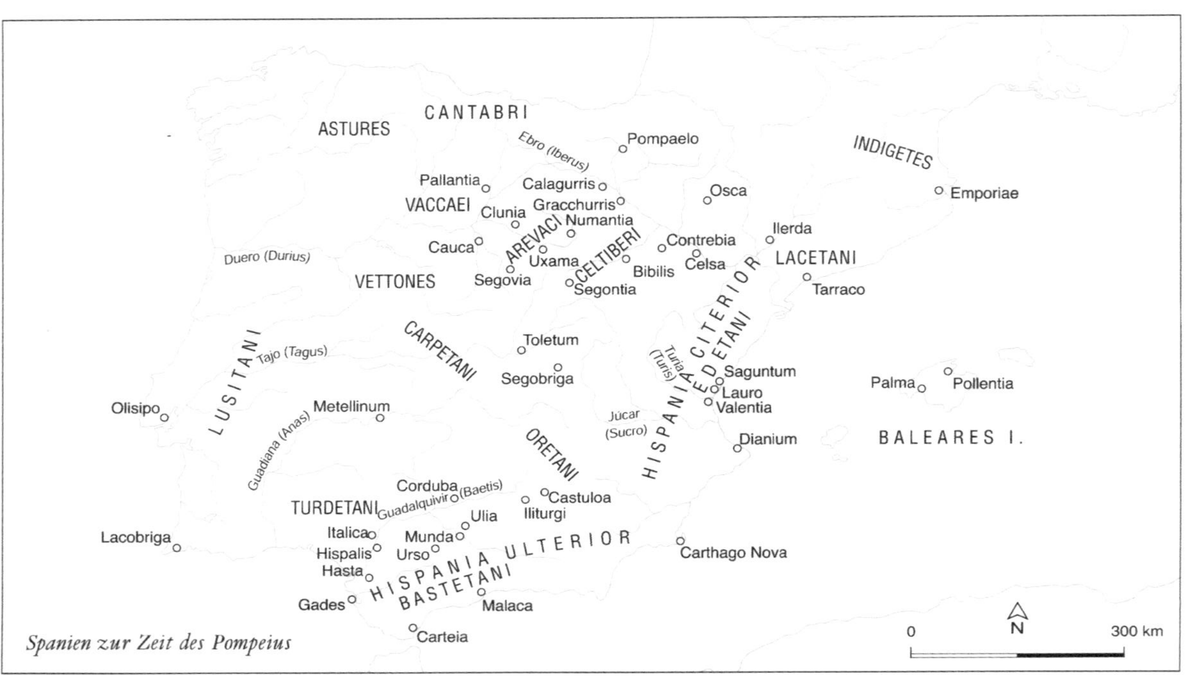

Spanien zur Zeit des Pompeius

römischen Armee südlich der Pyrenäen zeigten, wiederholte Pompeius im Frühjahr 75 v. Chr. seine Offensive an der ostspanischen Küste. Dabei war insbesondere die Kooperation mit der Heeresgruppe des Metellus Pius wesentlich intensiver geplant als im Vorjahr, eine Kooperation, welche sich auch in der Folgezeit bewähren sollte. Pompeius wurde damals wiederholt durch rechtzeitige Parallelangriffe des äußerst besonnenen Metellus aus prekären Situationen gerettet, obwohl die beträchtlichen Leistungen des Aristokraten dann später von jenen des Pompeius völlig verdunkelt wurden.

Wenn das Zusammenwirken der beiden römischen Heere nicht schon in jenem Jahr befriedigen konnte, so hat dies allein Pompeius zu verantworten. Nachdem ihm die Besetzung von Valencia geglückt war, wagte er es, ohne die Ankunft der Armee des Metellus abzuwarten, Sertorius am Sucro anzugreifen. Das Ergebnis war eine schwere Niederlage. Der verwundete Pompeius entging nur deshalb dem Tod, weil er sein reich geschmücktes Pferd auf der Flucht preisgab und damit die Verfolger ablenkte.

Besessen vom Ehrgeiz, allein zu siegen, hatte Pompeius die Verstärkung durch das Heer der Hispania ulterior, das bereits in nächster Nähe stand, nicht abgewartet. Durch diese kurzsichtige Entscheidung löste Pompeius eine Katastrophe aus, die um so schwerer wiegt, weil sie durchaus vermeidbar gewesen wäre. Seinen großen Gegner Sertorius hatte er erneut unterschätzt. Es war zwar eine schöne Geste, daß er beim Zusammentreffen mit dem Kollegen Metellus vor diesem die Fasces senken ließ, doch die Folgen seines blinden Offensivdrangs waren damit nicht rückgängig zu machen.

Das Geschehen dominierte nun Sertorius, der bald darauf Pompeius im Raume von Sagunt noch einmal schlagen konnte und zudem auch Valencia wiedergewann. Die römischen Armeen gingen hinter den Ebro zurück; einzelne Vorstöße in das spanische Hochland zeitigten nur begrenzte Wirkung. Sertorius aber näherte sich dem Zenit seiner Macht. Er konnte inzwischen aus der wachsenden Zahl der zu ihm geflüchteten Marianer einen eigenen Senat mit rund 300 Mitgliedern bilden und eigene Quaestoren und Prätoren ernennen. Dazu wurde in Osca (Huesca) eine Schule für die Kinder iberischer Adliger errichtet, die angeblich für spätere Führungsstellen ausgebildet werden sollten, gleichzeitig jedoch wertvolle Geiseln für ihn waren. Ferner gelang ihm die Festigung seiner Beziehungen zu den Seeräubern und zu Mithridates VI. von Pontos, der im Jahre 74 v. Chr. schließlich in dieser Konstellation auch den 3. Mithridatischen Krieg eröffnete.

Wie verzweifelt Pompeius selbst die damalige kritische Lage auf dem spanischen Kriegsschauplatz sah, zeigt am klarsten sein dramatischer, bei Sallust überlieferter Brief an den römischen Senat:

«Darum mahne und bitte ich Euch, dies zu beherzigen und mich nicht zu zwingen, aus Not mir selbst zu helfen. Das diesseitige Spanien, soweit es nicht in der Hand des Feindes ist, haben wir oder Sertorius bis zum völligen Ruin verwüstet mit Ausnahme der Seestädte, die uns darüber hinaus noch Kosten und Lasten verursachen. Gallien unterhielt im vergangenen Jahr noch des Metellus Heer mit Sold und Lebensmitteln, und jetzt kann es wegen Mißernten kaum mehr leben. Ich aber habe nicht nur mein Vermögen, sondern auch meinen Kredit erschöpft. Ihr allein seid noch übrig: Helft Ihr nicht, wird – gegen meinen Willen, aber nach meiner Voraussage – das Heer und mit ihm der ganze spanische Krieg von hier nach Italien übersetzen.» (Historien IV, 8 ff. – Übersetzung W. Schöne)

Der Senat konnte sich diesem Appell nicht verschließen. Vor allem der alte Sullaner und Konsul L. Lucullus setzte sich tatkräftig dafür ein, daß Pompeius die erforderliche Unterstützung erhielt – und dies, obwohl er mit Pompeius verfeindet war und selbst einem Kommando im neuen Mithridatischen Krieg entgegensah. Nachdem er zwei weitere Legionen und offensichtlich größere Geldmittel erhalten hatte, konnte Pompeius wieder aktiv werden. Er zog dabei die Lehren aus dem bisherigen Kriegsverlauf und entschloß sich nun zu einer völlig neuen Strategie.

Er vermied künftig alle offenen Feldschlachten und konzentrierte sich auf die Vorstöße kleinerer Kampfgruppen in das spanische Hochland, wobei gleichzeitig größere Siedlungen angegriffen und bei härterem Widerstand zerstört wurden. Da Sertorius die Vielzahl dieser Angriffe nicht verhindern und seine Verbündeten nicht in jedem Falle schützen konnte, bröckelte seine Macht mehr und mehr ab. Im einzelnen verliefen die Aktionen zunächst noch durchaus wechselvoll. So wurde Cauca (Coca) eingenommen, doch vor Calagurris im oberen Ebrotal sind Pompeius und Metellus zurückgeworfen worden.

Auf längere Sicht nahm jedoch die Zahl der römischen Unternehmungen, inzwischen auch zur See, deutlich zu, während auf der Seite des Sertorius die Spannungen immer größer wurden, schließlich 72 v. Chr. zu einem Putsch Perpernas führten, in dem Sertorius ermordet wurde. An der militärischen Lage änderte sich dadurch freilich nichts. Perperna wurde aber bald danach von Pompeius besiegt, gefangengenommen und hingerichtet. In Einzelaktionen sind schließlich auch die letzten keltiberischen Widerstandsnester ausgeräumt worden; Metellus hatte sich längst in seine Provinz zurückgezogen und Pompeius den Schlußakt überlassen.

Trotz des erbärmlichen Endes hat die Gestalt des Q. Sertorius in Antike wie Neuzeit die verdiente Bewunderung gefunden. Sallust rühmte ihn ebenso wie Plutarch, Niebuhr wie Mommsen. Sie haben dabei nicht nur den großen Feldherrn gefeiert, dessen Siege Rom so lange in Atem hielten, sondern auch die ganze Persönlichkeit jenes Mannes, dem die weichen Züge nicht fehlten, einer ritterlichen Gestalt von beispielloser moralischer Integrität. Am tiefsten war von ihm der Klassiker unserer Geschichtsschreibung fasziniert, dessen Epilog hier nicht fehlen darf:

«So endigte einer der größten, wenn nicht der größte Mann, den Rom bisher hervorgebracht, ein Mann, der unter glücklicheren Umständen vielleicht der Regenerator seines Vaterlandes geworden sein würde, durch den Verrat der elenden Emigrantenbande, die er gegen die Heimat zu führen verdammt war. Die Geschichte liebt die Coriolane nicht; auch mit diesem hochherzigsten, genialsten, bedauernswertesten unter allen hat sie keine Ausnahme gemacht.» (Th. Mommsen, Römische Geschichte. III. Berlin 1904[9], 37)

So sehr dies alles zutrifft, es bleibt zu berücksichtigen, daß die politischen Ziele der Anhänger des Sertorius auf die Dauer nicht zur Deckung zu bringen waren. Während für seine lusitanischen und keltiberischen Gefolgsleute stets die Freiheit und Unabhängigkeit ihres Landes Priorität besaßen, stand für die alten Marianer immer der Kampf gegen die Erben Sullas im Vordergrund. Die Vorstellung eines «iberisch-römischen» Sertoriusreiches, wie sie der einst führende deutsche Erforscher des antiken Spanien, Adolf Schulten, konzipierte, läßt sich nicht beweisen. Dagegen zeigt das Geschehen in Spanien beispielhaft und in großem Maßstab, welche Konsequenzen der römische Bürgerkrieg in imperialem Rahmen ausgelöst hatte.

Pompeius mußte während der sechs Jahre seines Spanien-Kommandos zunächst Niederlage um Niederlage hinnehmen und setzte sich erst gegen Ende der Kämpfe durch den Übergang zum vielseitigen Kleinkrieg durch. Der Sertoriuskrieg war ohne Zweifel eine der härtesten Auseinandersetzungen, die er bestehen mußte, trotz aller hohen Verluste eine Lehrzeit ohnegleichen.

Die Provinz Hispania citerior, die er endgültig für Rom gewann, aber lag nun danieder als ein ausgebeutetes, von beiden Seiten ausgeplündertes und verarmtes Land, dessen Verwaltung erst wieder von Grund auf zu reformieren und dessen Wirtschaft ebenso vollständig neu zu beleben waren – beides Aufgaben, in denen sich Pompeius einmal mehr als erfolgreicher Organisator bewähren konnte.

In denkbar enger Zusammenarbeit mit einer Senatskommission sind durch Gebietserweiterungen und -beschneidungen die politischen Konsequenzen aus dem Verhalten der einzelnen Städte und Stämme während des Krieges gezogen worden, erfolgten Bürgerrechtsverleihungen, aber auch Umsiedlungen ehemaliger Anhänger des Sertorius nach Lugudunum Convenarum in Aquitanien (St. Bertrand-de-Comminges). Es hat den Anschein, daß Pompeius dabei durchaus rational und korrekt verfahren ist. Jedenfalls gewann er durch sein Verhalten eine große und bleibende Klientel, die auch weiterhin zu ihm stand und von der noch seine Söhne in ihren Kämpfen gegen Caesar und Oktavian profitieren konnten.

Einmal mehr sorgte Pompeius aber auch hier für eine demonstrative Würdigung seiner Leistungen. Am Pyrenäenpaß des Col Perthus ließ er ein monumentales Siegesdenkmal errichten, über dem sich eine Pompeius-Statue erhob und dessen Inschrift besagte, daß Pompeius angeblich nicht weniger als 876 *oppida* im Raum zwischen den Alpen und der Grenze der Hispania ulterior erobert hätte. (Daß der Begriff der *oppida*, von denen Plinius dabei spricht [Naturalis historia VII, 27, 96], nicht einfach mit «Städten» gleichzusetzen ist, sondern vor allem kleinere befestigte Siedlungen bezeichnet, sollte dabei freilich berücksichtigt werden.)

Das pompöse Monument vom Col Perthus eröffnete im übrigen die Reihe jener eindrucksvollen römischen Siegesdenkmäler, die dann im Tropaeum Alpium von La Turbie, das der Senat Augustus weihte, und in dem Tropaeum Traiani von Adamklissi in der Dobrudscha, das Traian zur Feier der Dakersiege im Jahre 109 n.Chr. errichten ließ, ihre Fortsetzung fand.

Pompeius' provozierende Megalomanie, die auch künftig, vor allem bei der Feier von Triumphen, als Charakteristikum seiner Selbstdarstellung hervortreten sollte, zeigte sich bald danach noch einmal in anderer Form: Als er 71 v.Chr. sein Heer nach Rom zurückführte, stieß er in Oberitalien auf eine Gruppe von etwa 5000 Sklaven, die letzten Überlebenden des Spartacusaufstandes (73–71 v.Chr.), der inzwischen von Crassus nach schweren Kämpfen niedergeschlagen worden war. Gewiß war es anerkennenswert, daß er auch diese Gefahr beseitigte, weniger freilich, daß er die Stirn hatte, in seinem Bericht an den Senat für sich in Anspruch zu nehmen, erst er habe den von Crassus entschiedenen Sklavenkrieg mit der Wurzel ausgerottet.

V. DER KONSUL DES JAHRES 70 V. CHR.

Da Pompeius auch nach der Niederwerfung der letzten Sklavengruppen sein Heer nicht entließ, herrschte in Rom, ähnlich wie sieben Jahre zuvor, eine äußerst gespannte Atmosphäre der Unsicherheit, Furcht und schlimmster Erwartungen. Pompeius' Popularität bei Armee und Volk war so groß, daß man ihm selbst einen Griff nach der Diktatur unterstellte, der in dieser Situation durchaus möglich erschien. Mit Erleichterung nahm man es daher auf, daß er lediglich einen zweiten Triumph und das Konsulat des Jahres 70 v. Chr. für sich forderte.

Obwohl beiden Wünschen staatsrechtliche Bedenken entgegenstanden, sprachen doch starke Argumente für sie. Die Bedeutung des spanischen Feldzugs war weit höher einzuschätzen als die Erfolge in Sizilien und Afrika, die dem Triumph von 79 v. Chr. zugrunde lagen. Was das Konsulat anbetraf, so war es einem Manne wohl kaum zu verweigern, der bereits sechs Jahre lang ein prokonsulares Imperium innegehabt hatte.

Gleichwohl regte sich auch diesmal im Senat starker Widerstand gegen Pompeius' Privilegierung, so daß er geradezu gezwungen wurde, durch seinen Landsmann, den Volkstribun M. Lollius Palicanus, das Volk für seine Sache zu mobilisieren. Palicanus ermöglichte ihm denn auch, in einer Volksversammlung des Dezembers 71 v. Chr. sein politisches Programm vorzutragen. Es wurde mit großer Begeisterung aufgenommen, vor allem darum, weil es sich großenteils mit der öffentlichen

Meinung, freilich ebenso mit der Demagogie des Lepidus, deckte.

Wenn Pompeius nun zentrale Elemente von Sullas Restauration beseitigen wollte, so ließen sich dafür freilich die Erfahrungen der vergangenen Jahre ins Feld führen. Die Wiederherstellung des Volkstribunats mit seinen traditionellen Kompetenzen hatte sich längst als unumgänglich erwiesen, dies schon deshalb, um ein Gegengewicht gegen den seit Sulla alleinherrschenden Senat zu schaffen. Eine Änderung in der Zusammensetzung der Geschworenengerichte aber drängte sich darum auf, weil nur auf diese Weise eine korrektere Provinzialverwaltung zu erreichen war, deren Exzesse zu dieser Zeit zum Himmel schrieen, wie der damalige Prozeß gegen den sizilischen Statthalter Verres dokumentierte. In dieselbe Richtung ging auch die Forderung nach der Wiederbelebung der Zensur, von der gleichfalls eine Verbesserung der Moral der Führungsschichten erhofft wurde.

Daß sich nicht wenige Senatoren gegen solche tiefgreifenden Einschnitte in Verfassung, Administration und Jurisprudenz stemmen würden, war zu erwarten und vor allem deshalb wahrscheinlich, weil Pompeius es versäumt hatte – anders als Caesar während des Gallischen Krieges –, ständigen Kontakt mit dem Führungsgremium der Republik zu halten und dort eine größere Zahl von Vertretern seiner Interessen und seiner Politik zu gewinnen.

Gleichwohl konnte Pompeius seine Ziele erreichen: Am 29. Dezember 71 v. Chr. feierte er seinen zweiten Triumph; am 1. Januar 70 v. Chr. trat er – gemeinsam mit Crassus, dessen Wahl er gefördert hatte – das Konsulat an. Eifrig, beflissen, aber auch unsicher, wie er war, hatte er sich dafür von seinem Freund, dem Antiquar Varro, der ihm als wissenschaftlicher Berater diente, schon für den Einsatz in Spanien und nun auch für die Modalitäten der Leitung der Senatssitzungen ein kleines Handbuch anfertigen lassen. Doch so große Mühe er sich gab – die Gremienerfahrung und das Herrschaftswissen der alten Senatsaristokratie ließen sich nicht durch einen *commentarius* ersetzen. Es gelang Pompeius nie, den gesamten Senat hinter sich zu bringen, und nur mühsam, Widersprüche zu überwinden.

Größere Anerkennung und Zustimmung fand Pompeius dagegen beim römischen Volk. Auch dabei nutzte er freilich jede Gelegenheit, um sich entsprechend in Szene zu setzen. Den römischen Formen der Tradition entsprechend, führte er beim Census der Ritter eigenhändig ein Ritterpferd vor, obwohl er inzwischen dem Senat angehörte. Bekleidet mit den Ehrenzeichen des Konsuls und umgeben von seinen Liktoren, stellte auch er sich der Musterung.

Auf die übliche Frage, ob er alle im Gesetz vorgeschriebenen Feldzüge mitgemacht habe, konnte er stolz antworten: «Ja, ich habe sie alle mitgemacht – und alle unter meinem eigenen Kommando.» Die Menge verfiel daraufhin in frenetischen Jubel und begleitete den ehemaligen Musterritter gemeinsam mit den Censoren nach Hause. Daß Pompeius daneben auch durch die prächtigen Spiele, die er in Spanien gelobt hatte und die er vom 16. August bis zum 1. September 70 v. Chr. in Rom abhalten ließ, weitere Sympathien gewann, ist naheliegend.

Das wichtigste Ereignis der zweiten Hälfte des Konsulats von Pompeius und Crassus aber wurde die gegen heftigen Widerstand durchgesetzte Neuregelung der Strafgerichtshöfe. Entgegen Sullas Konzeption wurde jetzt das Monopol der Senatoren gebrochen. Künftig besetzten die Senatoren lediglich ein Drittel der Richtersitze, ein weiteres Drittel war den Rittern vorbehalten, das letzte den sogenannten Ärartribunen, den reichsten und angesehensten Bürgern unterhalb des Ritterstandes. Damit war gewiß ein Kompromiß gefunden, der wesentlich zur Entpolitisierung der Strafprozesse beitrug, bei den konservativen optimatischen Gruppen des Senats jedoch tiefe Ressentiments gegen Pompeius auslöste.

In den letzten Monaten dieses Konsulats kam es dann zu neuen innenpolitischen Konflikten. Die politischen Gegensätze zwischen Pompeius und Crassus spitzten sich so sehr zu, daß eine öffentliche Versöhnung der beiden Konsuln herbeigeführt werden mußte, eine Versöhnung, welche freilich die bleibende Rivalität zwischen den beiden Männern lediglich verdeckte.

Wohl um allen Befürchtungen um seine zukünftigen Machtaspirationen den Boden zu entziehen, verzichtete Pompeius am Ende seiner Amtszeit auf die Übernahme einer ihm an sich zustehenden Konsularprovinz. Der Konsular gefiel sich fortan in der Rolle des Privatmannes, trat indessen stets mit großem Gefolge auf, wenn er in die Stadt kam. Ein völliges Ausscheiden aus dem öffentlichen Leben war für den zweifachen Triumphator längst unmöglich geworden; in seinem Innersten wollte er dies auch gar nicht. Er wartete vielmehr auf neue «Rufe» – und darauf brauchte er nicht allzulange zu warten.

Pompeius' Konsulat des Jahres 70 v. Chr. hatte so gewiß große Einschnitte in Sullas restauratives System gebracht und wesentlich zu dessen Aushöhlung und Demontage beigetragen. Doch eine umfassende politische Gesamtkonzeption und eine konsequente persönliche Linie waren bei Pompeius nicht zu erkennen. Anders als im militärischen und administrativen Bereich war er im politischen kein Systematiker. Wenn das Jahr 70 v. Chr. so auch nicht mit den dramatischen Krisenjahren von 63 oder 59 v. Chr., den Konsulaten Ciceros oder Caesars, zu vergleichen ist, so wurden in dieser Amtszeit doch zumindest die Grenzen von Pompeius' politischen Fähigkeiten erkennbar.

Es wurde erkennbar, daß er stets im Rahmen der traditionellen Strukturen zu handeln gedachte, den entscheidenden letzten Schritt zu kontinuierlicher persönlicher Machtbildung nicht wagte, erkennbar auch, daß er wohl einzelne innenpolitische Notwendigkeiten verwirklichen konnte, im Unterschied zu Sulla aber nie an eine umfassende Reorganisation der Republik dachte. Erkennbar schließlich, daß er kein genuiner Politiker, erst recht kein Staatsmann gewesen ist.

VI. DER SEERÄUBERKRIEG (67/66 V. CHR.)

Das Piratenproblem im Mittelmeer ist seit den Tagen der Phöniker und Homers bekannt. Es erreichte eine neue Dimension, als Rom die Macht Karthagos und der hellenistischen Monarchien, vor allem der Seleukiden, gebrochen hatte, aber zunächst keine Anstrengungen unternahm, die Sicherheit der Seefahrt, insbesondere im östlichen Mittelmeer, zu gewährleisten. Der Schwerpunkt des Seeraubs lag damals einerseits vor Kreta, andererseits an der Küste des «Rauhen Kilikien» im Süden Kleinasiens.

In dessen Hinterland erhob sich der Mitteltaurus mit seinen zwischen 2000 und 2500 m hohen Gebirgsketten. Die von Höhlen durchsetzten Kalkplateaus mit den kleinen Küstenebenen und steil zum Meer abfallenden Massiven bildeten nicht zuletzt deshalb eine besonders geeignete Basis für Seeräuberei, weil die bewaldeten Berge die notwendigen Mengen von Schiffsbauholz lieferten.

Zu einer neuen Eskalation der Piraterie kam es, als die Seeräuber mit Mithridates VI. und mit Sertorius gemeinsame Sache machten und nun in kleineren Flottillen im gesamten Mittelmeer aktiv wurden. Sie kaperten vor den spanischen und nordafrikanischen Küsten ebenso wie vor der italischen, beherrschten zudem nach wie vor den gesamten ostmediterranen Raum.

Begünstigt wurde die Piraterie zudem durch den sprunghaft angestiegenen Sklavenhandel, der zum Beispiel auf Delos wie in Side und andernorts den sofortigen Umschlag gefangener Menschen garantierte. Bekanntlich wurde auch Caesar im Jahre 75 v. Chr. von Seeräubern gefangengenommen und erst gegen ein hohes Lösegeld wieder freigelassen, Caesar, der dann allerdings zur Selbsthilfe griff und seine persönliche Rache nahm.

Das Phänomen der Seeräuberei wurde deshalb so gravierend, weil nicht nur die Sicherheit der mediterranen Seefahrt in ihrem ganzen Ausmaß nicht mehr gewährleistet, sondern weil davon auch die Getreideversorgung Roms betroffen war. Die Getreide- und Brotpreise stiegen auf untragbare Höhen an.

Eine erste Initiative gegen die Piraterie erfolgte 102/1 v. Chr. Damals ging der Prätor M. Antonius gegen die Seeräuber vor, wobei auch die hellenistischen Mächte und Städte zur Unterstützung herangezogen wurden. Doch das Unternehmen brachte nur geringe Erfolge; die Piraterie nahm im Gegenteil weiter zu. Auch das Vorgehen des P. Servilius Isauricus, der 78–76 v. Chr. von Pamphylien aus gegen die kilikischen Schlupfwinkel der Piraten vorstieß, zeitigte nur einen begrenzten, regionalen Erfolg.

Die Flottillen der Seeräuber griffen im Gegenteil immer weiter aus. Die Piraten bemächtigten sich sogar zweier römischer Prätoren samt ihrem Gefolge und nahmen, um ihre Macht zu demonstrieren, selbst die Tochter des M. Antonius in deren Villa bei Misenum gefangen.

Durch so viel Dreistigkeit wurde der Senat endlich aufgerüttelt. 74 v. Chr. ist der Sohn des Admirals von 102/1 v. Chr., wiederum ein Prätor M. Antonius, der Vater des späteren Triumvirn und Oktaviangegners, mit einem weitgefaßten Imperium gegen die Piraten beauftragt worden. Sein Kommando sollte den ganzen mediterranen Küstensaum umfassen und über erhebliche Streitkräfte verfügen. Doch auch dieser relativ beträchtliche Einsatz erzielte nur partielle Erfolge. Beim Tode des Antonius im Jahre 71 v. Chr. war die Piratenfrage noch immer nicht gelöst.

In Rom hatten unterdessen die Folgen der Störung der Getreideversorgung dazu geführt, daß sich die Konsuln des Jahres 73 v. Chr. gezwungen sahen, eine lex Terentia Cassia einzubringen, ein Getreidegesetz, das eine monatliche Verteilung von jeweils 10 1/2 l Getreide zum Preis von 6 1/2 Assen an rund 40 000 ärmere römische Bürger sicherstellen sollte, wohl das eindeutigste Indiz der gravierenden Notlage.

Sieht man von dem regional begrenzten Einsatz des Konsuls Q. Caecilius Metellus auf Kreta ab, der seit 69 v. Chr. auf der Insel, einem der wichtigsten Zentren der Piraten, an der Spitze von drei Legionen und unter Anwendung brutalster Methoden gegen die dortigen Seeräuber vorging, so wurde das Problem insgesamt jedoch weiterhin verschleppt. Cicero hat in seiner ersten politischen Rede, als Prätor des Jahres 66 v. Chr., die damalige Lage so beschrieben:

«Zeugen sind jetzt vollends alle Küsten und alle Länder, Stämme, Völkerschaften, schließlich alle Meere in ihrer Gesamtheit und an den einzelnen Küsten alle Buchten und Häfen. Denn welcher Platz am ganzen Meere bot während der letzten Jahre so starken Schutz, daß er Sicherheit gewährte, und war so entlegen, daß er verborgen blieb? Wer reiste zur See, ohne sich der Gefahr des Todes oder der Sklaverei auszusetzen, da er entweder im Winter oder auf einem von Piraten erfüllten Meer reisen mußte? …

Soll ich anführen, daß Knidos oder Kolophon oder Samos, hochberühmte Städte, und noch unzählige Orte erobert wurden, wenn Ihr wißt: Eure Häfen, und zwar die Häfen, durch die Ihr lebt und atmet, waren in der Gewalt der Räuber? Oder blieb Euch etwa unbe-

kannt, daß die Piraten den vielbesuchten und von Schiffen wimmelnden Hafen Cajetas vor den Augen eines Prätors geplündert haben? … Denn wozu soll ich die Schlappe von Ostia und diese Schmach und Schande unseres Staates beklagen, als die Flotte, deren Befehlshaber Konsul des römischen Volkes war, fast vor Euren Augen von den Piraten genommen und versenkt wurde?» (Cicero, Über den Oberbefehl des Cn. Pompeius, 31 ff. – Übersetzung M. Fuhrmann)

Doch mit einem Paukenschlag eröffnete dann endlich der Volkstribun Aulus Gabinius, ein enger Vertrauter des Pompeius und Schwiegersohn des Volkstribuns Palicanus, eine neue Phase der Auseinandersetzung der Römischen Republik mit den Piraten. Im Januar des Jahres 67 v. Chr. brachte er einen Gesetzentwurf über die Beauftragung eines Feldherrn zum Kampf gegen die Seeräuber ein, einen Antrag, der von Anfang an breiteste Resonanz fand und die denkbar stärksten innenpolitischen Erschütterungen auslösen sollte.

Denn sowohl in Rom als auch in den Provinzen war die Öffentlichkeit über das Unvermögen des römischen Staates tief enttäuscht, der dieses nun schon so lange schwärende Problem noch immer nicht hatte beseitigen können. Durch die immer neuen, für Rom so blamablen und skandalösen Aktionen der Piraten hatte vor allem der anscheinend unfähige römische Senat sein Gesicht verloren. Die *pax Romana* war zum schalen Propagandawort geworden. Wer immer jetzt Handeln initiierte; konnte allgemeiner Zustimmung sicher sein. Diese einmalige Chance nutzte der Volkstribun für Pompeius, obwohl dessen Name zunächst überhaupt nicht zur Debatte stand.

Der Antrag, der offensichtlich gut vorbereitet war und dann auch konsequent durchgesetzt wurde, lehnte sich naturgemäß an das Imperium für M. Antonius an, überbot dieses jedoch in jeder Hinsicht: Das Gesetz sah vor, daß einem Konsular, der, wie gesagt, nicht namentlich genannt war, für die Dauer von drei Jahren ein prokonsulares Imperium über den gesamten Mittelmeerraum von den Säulen des Herkules (Gibraltar) bis zum Schwarzen Meer übertragen werde.

Dieses Imperium beschränkte sich zudem nicht auf die See; es umfaßte zugleich alle Küsten bis zu 75 km tief in deren Hinterland. Zur Lösung seiner weitgespannten Aufgabe sollte der Oberbefehlshaber das Recht besitzen, aus den Reihen des Senats 15 proprätorische Legaten und zwei Quaestoren auszuwählen, die er sowohl als Kommandeure der einzelnen Küstenabschnitte wie für besondere Zwecke einsetzen konnte.

Ebenso wurde ihm nahezu die gesamte römische Streitmacht zu Land wie zur See unterstellt. Außerdem konnte er über eine Summe von 36 Millionen Denaren und über unbeschränkten Kredit bei den öffentlichen Kassen Roms und der Provinzen verfügen. Das Ausmaß dieser denkbar großzügigen, einmaligen Bestimmungen wurde später sogar noch erweitert: die Zahl der Legaten auf 24, die Heeresstärke auf rund 100 000 Infanteristen und 5000 Kavalleristen, die Flotte auf 500 Schiffe, mehr, als zunächst überhaupt vorhanden waren.

Durch die Koordination regionaler und imperialer Kräfte unter einheitlichem Kommando und einheitlicher Strategie mobilisierte das Gesetz somit erstmals die gesamten Kräfte des Imperiums für ein gemeinsames Ziel. Erstmals wurde hier auch eine dezidierte Reichspolitik im Großen betrieben, die sämtlichen Bewohnern des Imperiums zugute kommen mußte.

Durch die Übertragung so großen Potentials und so großer Kompetenzen auf längere Frist an einen einzelnen – eine geradezu monarchische oder diktatorische Lösung – wurden allerdings die traditionellen Normen für die Bekleidung römischer Magistraturen, die Prinzipien der Annuität und der

Kollegialität, gesprengt, und gerade hier setzte deshalb auch der prinzipielle, fanatische Widerstand des römischen Senates an. (Wenn in der modernen Forschung seit langem die Alternative ventiliert wird, der römische Senat hätte einen von ihm abhängigen und kontrollierten «Reichsfeldherrn» ernennen sollen, so ist ein solcher Gedanke völlig anachronistisch und mit dem traditionsverhafteten Denken von Senatoren unvereinbar.)

Beim römischen Volk fand der Antrag des Gabinius eine überwältigende Zustimmung, weil er völlig den Notwendigkeiten der Stunde entsprach. Daß er auf Pompeius zugeschnitten war, wurde nicht verkannt, aber Pompeius war eben auch aus objektiven Gründen die beste Wahl für ein solches Imperium, wie selbst Wortführer der Gegenseite zugeben mußten: Er hatte schon bisher für alle Fragen von Seefahrt und Seemacht großes Verständnis bewiesen; er verfügte über die persönliche Kenntnis zumindest des westmediterranen Raumes, besaß ein unvergleichliches organisatorisches Talent und hatte bereits in Sizilien bewiesen, daß er – allerdings in bescheidenerem Maßstab – zügig eine Kriegs- und Transportflotte aufbauen konnte.

Durch die Ablehnung des Senates kam es bald zu Tumulten und Gewaltakten, die an die Tage der Gracchen erinnerten. Im Senat waren die Konsuln sowie der *princeps senatus* Catulus und der berühmte Redner und Rivale Ciceros, Hortensius, die schärfsten Gegner des Gesetzes und die Anführer der oppositionellen Mehrheit – lediglich der Quaestor C. Iulius Caesar sprach sich offen für die Vorlage aus.

Der Konflikt eskalierte rasch. Gabinius wurde im Senat zur Flucht gezwungen, da er tätlich angegriffen werden sollte; eine aufgebrachte Masse drohte daraufhin, den Senat zu stürmen. Die Sitzung mußte abgebrochen werden, der Konsul

C. Piso hatte um sein Leben zu fürchten und wurde lediglich durch die entschiedene Verteidigung des Gabinius gerettet.

Es war zu erwarten, daß die Senatoren dann bei der Abstimmung über das Gesetz – wie zu Zeiten des Tiberius Gracchus – das Vetorecht anderer Volkstribunen für ihre Blokkadetaktik einsetzen würden. Doch unter den chaotischen Verhältnissen der Versammlung schreckten die Partner des Senats vor den letzten Konsequenzen zurück. Das Gesetz wurde so mit großer Mehrheit angenommen – für den diskreditierten Senat eine schwere Niederlage, die freilich schon deshalb zu erwarten war, weil aus seinen Reihen kein Alternativvorschlag zur Lösung des Piratenproblems gekommen war.

Es entsprach so ganz dem Stil des Pompeius, daß er sich während der tumultuarischen Vorgänge in der Volksversammlung auf sein Landgut zurückzog und erst nach der erfolgreichen Abstimmung bei Nacht wieder in die Stadt zurückkam. Nachdem er am nächsten Morgen ein demonstratives Opfer gebracht hatte, wurde er in einer neuen Volksversammlung, wiederum unter der effizienten Mithilfe des Gabinius, mit dem Oberkommando gegen die Seeräuber beauftragt, wobei gleichzeitig, wie bereits erwähnt, seine Kompetenzen noch einmal erweitert wurden. Für den durchgreifenden allgemeinen Stimmungswandel in Rom gibt es kein eindeutigeres Indiz als die Tatsache, daß der inflationär hochgetriebene Getreidepreis sogleich tief abstürzte.

Pompeius begann sofort mit umfassenden Planungen, Rüstungen und Vorbereitungen. Bei der Auswahl seiner Legaten und Küstenkommandeure galten keine Parteigesichtspunkte; er stützte sich vielmehr auf fähige Befehlshaber, die ihrer hohen Verantwortung auch gerecht wurden. Einzelheiten ihrer Maßnahmen sind zwar nicht überliefert, da sich die

Geschichtsschreibung ganz auf die Person des Pompeius konzentrierte, doch die Resultate ihres regionalen Wirkens belegen die Effizienz der Koordination.

Auch für die Aufstellung der rund zwanzig Legionen wie insbesondere für den Bau einer so beträchtlichen Zahl von Schiffen liegen keine näheren Angaben vor. Es steht lediglich fest, daß alle Vorbereitungen schon im Frühjahr 66 v. Chr. abgeschlossen waren, sehr viel früher, als die Seeräuber angenommen hatten.

Die Prioritäten von Pompeius' Strategie waren eindeutig: Während die Sicherung aller mediterranen Küstenabschnitte dezentral erfolgte, ging Pompeius selbst mit einem starken Flottenverband zuerst gegen Sizilien, Nordafrika, Sardinien und Korsika vor, um die Getreideversorgung Roms zu garantieren. Dynamik und Intensität dieses Einsatzes zahlten sich sofort aus: Schon innerhalb von vierzig Tagen waren die Piraten des westlichen Mittelmeeres vernichtet und die römische Seeherrschaft in diesem Raum zurückgewonnen.

In einem kurzen Aufenthalt in Rom gelang es Pompeius dann, Kompetenzstreitigkeiten mit dem Konsul C. Piso zu schlichten. Hierauf verlagerte sich der Schwerpunkt der Kampfhandlungen in das östliche Mittelmeer. Nach wiederum eng bemessenen Aufenthalten in Athen und Rhodos, wo Pompeius den Philosophen Poseidonios aufsuchte, konzentrierte er seine Angriffsverbände vor der kilikischen Küste. Dort hatten sich die Piraten inzwischen zu einer letzten gemeinsamen Verteidigung vereinigt. In der Seeschlacht von Korakesion (Alaja), die mit einem überwältigenden Sieg des Pompeius endete, fiel die letzte große Entscheidung des harten Kampfes.

Der Widerstand der Piraten war freilich schon vorher erlahmt, als sie feststellten, daß Pompeius alle Gefangenen und Überläufer mit denkbar großer Milde behandelte. Kennzeichnend für seine Strategie war auch hier das Ineinandergreifen militärischer, administrativer und politischer Maßnahmen.

Dies sollte sich auch im Schlußakt des Geschehens erweisen, als nacheinander die Stützpunkte der Piraten an der kilikischen Küste eingenommen und danach unter schwierigsten Geländebedingungen die einzelnen Bergsiedlungen und Widerstandsnester – angeblich 120 Positionen – in den Gebirgen des Landesinneren zerstört wurden. Die physischen Anforderungen an Pompeius' Legionäre waren dabei gewiß noch wesentlich größer als jene in den Operationen im spanischen Hochland.

Damit war innerhalb eines Vierteljahres die Seeräuberfrage gelöst, obwohl es noch zuletzt Kompetenzstreitigkeiten mit dem auf Kreta stationierten Befehlshaber Metellus gegeben hatte. In der Gesamtbilanz des Krieges differieren die Zahlenangaben. Während der Kämpfe sollen angeblich rund 10 000 Piraten gefallen, ungefähr 20 000 in Gefangenschaft geraten sein. Hunderte von Schiffen wurden versenkt, zerstört oder verbrannt, Dutzende von Städten und Siedlungen eingenommen.

Doch Pompeius begnügte sich nicht mit dem Zerschlagen von Flotten und Stützpunkten. Er sah ein, daß er das Seeräuberproblem auf die Dauer nur dann bewältigen konnte, wenn er den Piraten mit ihren Familien die Chancen zu einer neuen Existenz bot. Sie wurden deshalb in einer ganzen Reihe von Städten angesiedelt, so in Soloi, das damals in Pompeiopolis umbenannt wurde (heute bei Viransehir), in Mallos (Karatasch), Adana (so auch noch heute) und Epiphania im östlichen Kilikien. Selbst im achaischen Dyme (beim heutigen Kato-Achaia) und im Raum von Tarent fanden ehemalige Piraten eine neue Heimat.

Die umfassende Bewältigung des mediterranen Seeräuberproblems ist gewiß Pompeius' imponierendste Leistung gewesen. Zug um Zug hatte er in souveräner Strategie und Taktik die schwierige Aufgabe gelöst, Roms Seemacht erneuert und durchgesetzt, gemeinsame Interessen aller Provinzen des Imperiums befriedigt, auf lange Zeit eine Konsolidierung von Seefahrt und Handel erreicht. Da er indessen keine Kompetenzen für die Organisation einer permanenten Seepolizei besaß, wurde eine endgültige Sicherung in diesem Sektor erst durch das differenzierte Flottensystem der römischen Kaiserzeit erzielt.

VII. DER KRIEG GEGEN MITHRIDATES VI. UND DIE NEUORDNUNG DES OSTENS

In den beiden ersten Mithridatischen Kriegen (1. Krieg: 89–85; 2. Krieg: 83–82 v. Chr.) war es für Rom unter Sulla darum gegangen, die römische Position und die römischen Interessen in Kleinasien gegen den pontischen König Mithridates VI. (132–63 v. Chr.) zu verteidigen und die militärischen und diplomatischen Expansionen dieses ungewöhnlich vitalen, aggressiven und ruhelosen Herrschers zu unterbinden. Dies gelang zwar dank Sullas eindrucksvollen Siegen im ersten und trotz L. Licinius Murenas Niederlage im zweiten Kriege. Doch die Wiederaufrüstung des Pontischen Reiches und die Fortsetzung von Mithridates' Machtpolitik konnten nicht verhindert werden.

Ein dritter Mithridatischer Krieg brach aus, als der bithynische König Nikomedes III. im Jahre 75 v. Chr. starb. Er hatte sein Reich – so wie einst Attalos von Pergamon die spätere Provinz Asia – testamentarisch den Römern vermacht, um dessen Anschluß an Pontus zu verhindern. Doch Mithridates zweifelte die Echtheit des Testaments an und intervenierte; auf römischer Seite wurde der Konsul L. Licinius Lucullus mit der Kriegführung beauftragt.

Lucullus schien der beste Mann für diesen Einsatz zu sein. Der enge Freund Sullas hatte als Befehlshaber, Flottenorganisator und -kommandeur sowie als Finanzfachmann am Kriege Sullas teilgenommen. Er kannte somit den Kriegsschauplatz und war dort allgemein beliebt, weil er sich um gerechte Lösungen der mit den Kriegsentschädigungen verbundenen Probleme bemüht hatte. Auch als Feldherr errang Lucullus zunächst in Kleinasien und Armenien beträchtliche Erfolge.

So konnte er 73/72 v. Chr. das von Mithridates belagerte Kyzikos befreien, 70 v. Chr. auch dessen Hauptstadt Sinope (Sinop) einnehmen, den König zur Flucht zu seinem Schwiegersohn, dem armenischen Herrscher Tigranes, nötigen. Als dieser die Übergabe des Mithridates verweigerte, fiel Lucullus nun auch in Armenien ein und nahm 69 v. Chr. Tigranokerta (Farkin). Allein ein weiterer Vorstoß in das armenische Hochland, der Artaxata (Artashat) zum Ziele hatte, mußte abgebrochen werden, weil Lucullus' Verbände meuterten. Der autoritäre Befehlshaber hatte zu seinen so stark beanspruchten Truppen – im Gegensatz zu Sulla, Pompeius und Caesar – nie einen echten persönlichen Kontakt herstellen können.

Es war Lucullus' Schicksal, daß er gleichzeitig auch in Rom den Boden unter den Füßen verlor. Dort warfen ihm vor allem die Angehörigen der Steuerpachtgesellschaften, Ritter, aber auch finanziell im Osten engagierte Senatoren vor, daß er auf ihre Kosten die Schulden- und Zinsprobleme in Asia für die Betroffenen zu großzügig gelöst habe. Da die Optimaten nicht den Mut aufbrachten, selbst eines ihrer fähigsten Mitglieder geschlossen zu verteidigen, wurde Lucullus' Kommando Zug um Zug eingeengt.

69 v. Chr. hatte er Asia abzugeben, 68 v. Chr. Kilikien, 67 v. Chr. auch Bithynien und Pontus. Damit war zugleich sein Oberbefehl im 3. Mithridatischen Krieg kassiert.

Die Zustände in Kleinasien und Armenien wurden nun immer chaotischer, besonders als 67 v. Chr. Lucullus' Legat C. Valerius Triarius bei Zela (heute Zile su) vernichtend geschlagen wurde und dort 7000 Soldaten verlor, die Truppen weiterhin meuterten und als sich Lucullus' Nachfolger im Kommando, M'. Acilius Glabrio, als völlig unfähig erwies.

Während der großen Erregungen, die diese Vorgänge in Rom hervorriefen, wurde der Ruf nach Pompeius immer lauter. Nur ihm allein traute man aufgrund seiner Bewährung in weiträumigen militärischen Operationen und aufgrund seines soeben bewiesenen Organisationstalents die Lösung der völlig verfahrenen Lage zu. Ein Gesetzesentwurf, den der Volkstribun C. Manilius im Frühjahr 66 v. Chr. eingebracht hatte, übertrug Pompeius deshalb zusätzlich zu den Kompetenzen der lex Gabinia auch noch den Oberbefehl über alle römischen Truppen jenseits der Adria, die Provinzen Kilikien und Bithynien, nicht zuletzt das Kommando im Feldzug gegen Mithridates VI. und Tigranes.

Auch diesmal stemmten sich im Senat konservative Optimaten, allen voran wiederum Catulus und Hortensius, gegen dieses Gesetz, doch hatte sich die Gesamtstimmung im Senat gegenüber dem Vorjahr völlig verändert. Eine ganze Reihe angesehener Senatsmitglieder identifizierte sich jetzt mit dem Gesetz, neben Caesar diesmal auch der Prätor Cicero, was überraschen konnte, weil sich dieser prinzipiell um ein Einvernehmen mit der Mehrheit der Optimaten bemühte und jeden Anstoß in der Führungsschicht insgesamt zu vermeiden suchte.

Doch am Ende seiner schon erwähnten ersten politischen Rede «Über den Oberbefehl des Cn. Pompeius» faßte er seine Ansicht so zusammen:

«Der Krieg ist demnach so dringlich, daß man ihn nicht außer acht lassen darf, und so bedeutend, daß man ihn mit größter Sorgfalt führen muß; Ihr könnt ferner einen Feldherrn mit dem Oberbefehl be-

trauen, dem hervorragende Kriegserfahrung, einzigartige Befähigung, glänzendes Ansehen und außergewöhnliches Glück eignen. Tragt Ihr da noch Bedenken, Quiriten, dieses große Gut, das Euch die unsterblichen Götter dargebracht und geschenkt haben, für die Erhaltung und Mehrung des Staates zu verwenden? Wenn sich Cn. Pompeius zur Zeit ohne Amt in Rom befände, dann müßte man ihn trotzdem für einen so bedeutenden Krieg ausersehen und hinschicken; so aber verbindet sich mit den übrigen großen Vorteilen noch die Vergünstigung, daß er sich an Ort und Stelle befindet, daß er Truppen hat und die Truppen der anderen Befehlshaber sofort übernehmen kann. Worauf warten wir noch? Oder warum überantworten wir nicht, den unsterblichen Göttern folgend, demselben Manne auch den Krieg gegen die Könige, dem wir alles andere zum größten Heile unseres Staates anvertraut haben? (a. o., 49 f. – Übersetzung M. Fuhrmann)

Angesichts dieser breiten Unterstützung wurde die lex Manilia mit denkbar großer Mehrheit angenommen, Pompeius sein neuer Auftrag sogleich mitgeteilt. Dieser gab unverzüglich seine ersten Befehle, stieß mit seinen eigenen Verbänden aus Kilikien ins Innere Kleinasiens vor, beorderte die von Rom abhängigen Könige und Fürsten zu sich und konzentrierte auch die bereits auf dem Kriegsschauplatz eingesetzten römischen Truppen.

Allem Anschein nach wollte der neue Oberbefehlshaber von Anfang an klare Verhältnisse schaffen, die geradezu chaotischen Befehlsverhältnisse und nicht zuletzt die Meutereien durch ein Regiment der starken Hand beenden. Daß es dabei zu Reibungen mit Lucullus kommen mußte, war wohl unvermeidlich. Daran, daß diese jedoch zu einem offenen Eklat führten, trugen der alte wie der neue Oberbefehlshaber in gleicher Weise die Schuld.

Als die beiden Befehlshaber mit ihren Stäben bei Danala in Galatien, östlich des Halys, zusammentrafen, hielten die beiderseitigen höflichen Gesten nicht lange an. Es kam bald zu einer entschiedenen, folgenschweren Auseinandersetzung. Lucullus war darüber erbittert und verletzt, daß ihm nach jahrelangen großen Erfolgen das Kommando entzogen und seine Anordnungen von Pompeius aufgehoben wurden, obwohl sie verfassungsgemäß auch von einer zehnköpfigen Senatskommission gebilligt worden waren.

Daß ihn gerade ein alter Sullaner, ein Mann, für dessen Interessen er sich als Konsul exponiert hatte, so brutal desavouierte, traf den Aristokraten schwer. Seine Attacke gipfelte in den Vorwürfen, daß Pompeius ja auch in anderen Fällen, in den Kämpfen gegen Lepidus, Sertorius und die Sklaven, die von anderen errungenen Siege für sich gebucht habe. Pompeius blieb ihm zwar verbal nichts schuldig, sollte jedoch wenige Jahre später erfahren müssen, wie tief Lucullus' Haß gegen ihn war.

Im übrigen erwiesen sich die ersten Befehle, Aktivitäten und die Autorität des Pompeius als durchaus wirkungsvoll und erfolgreich. Er selbst ging nach der Konzentration der schließlich rund 50 000 Mann starken Armee sogleich gegen Mithridates vor, der inzwischen am oberen Halys eine starke Position bezogen hatte. Er befehligte dort immerhin noch rund 30 000 Infanteristen und 3000 Kavalleristen, die freilich ihre alte Kampfkraft längst verloren hatten. Sinnvoll war daneben auch der Einsatz der römischen Flotte, die die Anweisung erhielt, die römische Logistik im Gesamtraum zwischen Phönikien und dem Bosporus zu sichern.

Parallel hierzu erfolgten diplomatische Initiativen. Zwar scheiterte ein letzter Versuch, Mithridates zur Kapitulation und zur Auslieferung der römischen Überläufer zu veranlassen, doch die Bemühungen um einen Freundschaftsvertrag mit dem parthischen Großkönig Phraates hatten Erfolg.

Der in dieser Weise eröffneten neuen Phase des 3. Mithridatischen Krieges kommt, auch wenn man strengste Maßstäbe anlegt, herausragende Bedeutung zu. Dies gilt schon für die Dimensionen des Ringens. Denn die von Pompeius geleiteten militärischen Operationen sollten schließlich den weiten Raum zwischen der West- und Nordküste Kleinasiens, der Krim, dem Kaukasus und dem Kaspischen Meer, Euphrat und Tigris, Syrien, Iudaea und dem Roten Meer umfassen.

Pompeius' Heeresgruppen hatten dabei Tausende von Kilometern schwierigsten Geländes, von Gebirgsketten wie von Wüstenstrecken, zu durchziehen, Räume, die sich weithin mit jenen des Alexanderzuges deckten. Von römischer Seite sind Offensiven mit vergleichbaren Radien erst wieder unter Traian (98–117 n. Chr.) gewagt worden.

Eine ins Detail gehende und alle Kontroversen berücksichtigende Rekonstruktion der Märsche und Kampfhandlungen ist freilich im Folgenden nicht möglich. Es kann hier nur darum gehen, in großen Zügen die Bewegungen, Schlachten und Ereignisse nachzuzeichnen und zu bewerten. Ähnliches gilt für die vielfältigen politischen Entscheidungen, die Pompeius in jenem Zusammenhang traf, Entscheidungen, die trotz der differenzierten Organisation der Provinzen und deren Binnengliederung, der Bestätigung oder Einsetzung von Klientelkönigen und -fürsten, der Stärkung von Städten und Städteverbänden insgesamt doch eine neue, systematische Grundordnung Kleinasiens wie des gesamten Nahen Ostens in römischem Sinne bewirkten.

Vor den überlegenen Kräften des Pompeius zog sich Mithridates nacheinander auf verschiedene Höhenlager am Lykostal zurück, zuletzt auf den Berg Dasteira (bei Enderes), in die Nähe der späteren Stadt Nikopolis. Dort wurde er von Pompeius durch eine Feldbefestigung im Umfang von 28 km eingeschlossen. (Ähnliche umfangreiche Befestigungslinien wurden in den folgenden Jahrzehnten sowohl von Caesar bei Alesia als auch von Caesar und Pompeius bei Dyrrhachion errichtet.) Mithridates konnte sich dort zwar 45 Tage halten, war danach jedoch gezwungen, einen nächtlichen Ausfall zu wagen, der ihn über den Euphrat nach Armenien führen sollte.

Pompeius stieß sogleich nach; schon in der Nähe des Euphrats ging er das große Risiko eines Nachtangriffs ein, der zu einem vollen Erfolg führte: Von den Truppen des Mithridates sollen 10 000 Männer den Tod gefunden haben und ebenso viele in Gefangenschaft gekommen sein. Der König floh zwar mit zunächst etwa 800 Kavalleristen, doch als er schließlich Stützpunkt und Depot der Burg Sinoria (westlich von Erzerum) erreichte, waren davon noch drei Begleiter übriggeblieben.

Ursprünglich wollte Mithridates von dort aus zu seinem Schwiegersohn, König Tigranes von Armenien, weiterfliehen. Doch er mußte zur Kenntnis nehmen, daß dieser inzwischen die hohe Belohnung von 100 Talenten auf seinen Kopf ausgeschrieben hatte. So blieb ihm kein anderer Ausweg, als in die Landschaft Kolchis am Kaukasus zu flüchten, wo er in der Stadt Dioskurias (Suchumi) während des Winters 66/65 v. Chr. sein Quartier nahm.

Er gab damit seine kleinasiatischen Besitzungen auf und wollte von seinem Reichsteil auf der Krim aus weitere militärische Aktionen vorbereiten. Da Pompeius dem Lucullus vorgeworfen hatte, daß er trotz all seiner Erfolge den König entfliehen ließ, war es für ihn nun doppelt peinlich, daß der Monarch auch jetzt wieder entkommen konnte.

Er hatte freilich das Glück, daß der Rückschlag durch die Ereignisse in Armenien verdeckt wurde. Dort verdankte Pompeius seine Erfolge nicht zuletzt den Konflikten innerhalb des Hauses des Königs Tigranes. Dessen gleichnamigem Sohn, der eine Tochter des parthischen Großkönigs Phraates zur Frau hatte, war es zunächst gelungen, seinen Schwiegervater zu einer Intervention in Armenien zu veranlassen. Deren Ziel sollte es sein, ihn selbst auf den Thron zu erheben. Nach wechselvollen Kämpfen konnte sich der ältere Tigranes zwar durchsetzen, fühlte sich in realistischer Einschätzung der militärischen Gesamtlage jedoch zu schwach, um dem inzwischen gegen die armenische Hauptstadt Artaxata vorrückenden Pompeius Widerstand zu leisten.

Da unterdessen schon sein Sohn zu Pompeius geflüchtet war, beschloß auch er, sich dem römischen Oberbefehlshaber in aller Form zu unterwerfen. So kam es gegen Ende des Jahres 66 v. Chr. im römischen Feldlager, das bereits einen Tagesmarsch von Artaxata entfernt war, zu einem aufsehenerregenden Staatsakt: Als König Tigranes, im Schmuck von Tiara und Königsbinde, aber ohne sein Purpurgewand, an das römische Lager heranritt, wurde ihm an dessen Tor bedeutet, daß er abzusteigen habe, weil in einem römischen Lager niemand reiten dürfe.

Der König befolgte nicht nur die Anweisung, sondern gab auch sein Schwert ab. Vor Pompeius geführt, nahm er demonstrativ die Königsbinde ab und schickte sich an, dem römischen Oberbefehlshaber als Zeichen der Unterwerfung die Proskynese, den im Orient üblichen Gehorsams- und Verehrungsakt, zu erweisen.

Doch Pompeius fing ihn auf, gab ihm die Hand und inthronisierte ihn erneut als römischen Klientelkönig, indem er ihm die Binde wieder um den Kopf legte. Dann bot er ihm den Ehrensessel zu seiner Rechten an; zu seiner Linken hatte der Sohn des Königs Platz genommen. Es folgte die Bekanntgabe von Pompeius' umfassenden Beschlüssen: Während der alte König sein Stammland Armenien auch weiterhin regieren durfte, sollte er seinem Sohn die Gebiete von Sophene (nördlich von Tigranokerta) und Gordyene (östlich von Nisibis) übergeben. Die bereits von Lucullus annektierten Länder Galatien, Kappadokien, Kilikien, Syrien und Phönikien sollten dagegen endgültig in römischem Besitz verbleiben. Daneben hatte Tigranes noch eine Kriegsentschädigung von 36 Millionen Denaren zu begleichen.

Der alte Herrscher, der offensichtlich noch Schlimmeres erwartet hatte, erwies dem römischen Heer darüber hinaus seine Dankbarkeit durch ein hohes Geldgeschenk, indem er jedem Soldaten 50, jedem Centurio 1000, jedem Kriegstribun sogar 6000 Denare auszahlen ließ, Summen, welche auch die Armee des Pompeius zufriedenstellten. Seine Unzufriedenheit zeigte lediglich der jüngere Tigranes, der deshalb auch sogleich in Haft genommen wurde.

Pompeius hatte vor Artaxata nicht nur Verständnis für Formen und Stil des orientalischen Zeremoniells bewiesen, sondern vor allem in seiner Verbindung von realistischer Bestimmtheit und Großzügigkeit die römischen Interessen überzeugend und nachhaltig vertreten. So wie hier sollte er auch später die politischen und diplomatischen Aufgaben seines Kommandobereichs souverän bewältigen.

Nach der Regelung der armenischen Probleme wurde dort zur Sicherung des rückwärtigen Gebietes ein starkes Korps unter L. Afranius stationiert; das Gros der römischen Armee bezog in drei Heeresgruppen, die von Pompeius selbst, L. Flaccus und Q. Metellus Celer geführt wurden, Winterquartiere am Mittel- und Unterlauf des Flusses Kyros (Kura), der durch die Gebiete der Iberer und Albaner in den Südwestteil des Kaspischen Meeres floß.

Gerade weil sich die südlich des Kaukasus lebenden Stämme der Albaner unter ihrem König Oroises und der Iberer unter Artokes noch auf einer archaischen Zivilisationsstufe befanden, wurden sie von Pompeius nicht unterschätzt. Die extrem hohen Zahlen ihrer Heere, welche die antike Überlieferung für sie anführt, sind zwar gewiß übertrieben, doch an der numerischen Überlegenheit über die römischen Verbände kann kein Zweifel bestehen. Pompeius drängte deshalb auf ständige Gefechtsbereitschaft, auch in den Winterlagern.

Dies sollte sich bewähren, als Oroises, der immerhin über rund 60 000 Infanteristen und 12 000 Kavalleristen verfügte, ausgerechnet am römischen Festtag der Saturnalien, dem 17. Dezember 66 v. Chr., die drei römischen Lager gleichzeitig angreifen ließ. Sein Hauptstoß galt dabei dem Lager des Metellus Celer, weil sich dort sein Freund, der jüngere Tigranes, als Gefangener aufhielt. Doch an allen drei Punkten konnten die Albaner zurückgeworfen und während ihres Rückzugs über den Kyros erneut geschlagen werden. Unter dem Eindruck der hohen Verluste war Oroises bereit, einen Vertrag abzuschließen, der den Römern den unbehinderten Durchzug durch sein Gebiet gestattete.

Im Frühjahr 65 v. Chr. wollte Pompeius dann durch das Reich der Iberer, längs des Phasis (Rion), in die Kolchis vorstoßen. Wohl im Raum von Tiflis wurden die römischen Heeresgruppen konzentriert, in schwerem Kampf auch die Festung Harmozika eingenommen, die den Übergang über den Kyros sperren sollte. Es folgten wechselvolle Kämpfe, die erst endeten, als Artokes seine Söhne als Geiseln übergeben hatte.

Danach konnte Pompeius den schwierigen und strapazenreichen Marsch zur Mündung des Phasis fortsetzen. Dort erreichte ihn sein Legat Q. Servilius Caepio mit der römischen Schwarzmeerflotte. Doch an Ort und Stelle zeigte sich rasch, daß Pompeius' ursprünglicher Plan, längs der Küste am Kaukasus gegen Mithridates vorzustoßen, nicht zu realisieren war. Der König hatte inzwischen bereits das Asowsche Meer erreicht und schickte sich an, die Krim wiederzugewinnen, um dann von dort aus im Norden des Schwarzen Meeres über den Balkan in den römischen Machtbereich einzudringen – eine gewiß illusorische Konzeption, die indessen einmal mehr die Dimensionen seines Denkens und seiner Strategie vor Augen führt.

Die Entscheidung, auf eine kombinierte Heer- und Flottenoperation im Osten des Schwarzen Meeres zu verzichten, mag Pompeius schwer gefallen sein. Doch angesichts der Geländeschwierigkeiten wie des unzureichenden Transportraums war sie gewiß realistisch und plausibel. So überließ er es Caepio, den König durch eine Seeblockade der Krim weiterhin unter Druck zu setzen.

Er selbst beschloß wegen der angespannten Lage in seinem Rücken, über Kleinarmenien erneut gegen die Albaner vorzustoßen, die sich ihm am Abas (= Alazonios – Alasan?) entgegenwarfen. In einer von Pompeius sorgfältig geplanten, wohl an den Vorbildern von Cannae und Zama orientierten Feldschlacht wurde der römische Oberbefehlshaber in einen Nahkampf mit dem Bruder des Königs Oroises, Kosis, verwickelt, den er ebenso siegreich beendete wie das Treffen selbst.

Das nächste Ziel von Pompeius' Vormarsch war die Küste des Kaspischen Meeres. Auf jener Strecke stiegen die physischen Belastungen und Gefährdungen seiner Soldaten ins Unerträgliche. Drei Tagesmärsche vom Meeresufer entfernt, sah er sich deshalb gezwungen, den Rückzug anzutreten. Die Gewißheit, daß das Kaspische Meer aus Süßwasser bestand, die er dort erhielt, konnte ihm über die Enttäuschung, sein Ziel wiederum nicht erreicht zu haben, gewiß nicht hinweghelfen. Wohl längs des Araxes mußte das Heer in die armenischen Gebiete zurückkehren.

Gegner des Pompeius mochten kritisieren, daß er im Jahre 65 v.Chr., trotz aller außerordentlichen Anstrengungen und großer Siege, seine weitausgreifenden Pläne nicht verwirklichen konnte: Weder war es ihm gelungen, Mithridates gefangenzunehmen, noch hatte er seine geographischen Ziele erreicht.

Und doch wurden die Bewohner des Imperiums gerade durch das Geschehen dieses Jahres in besonderer Weise fasziniert. Denn Pompeius war in ihren Augen bis an die Grenzen der Oikoumene vorgestoßen, bis in jene Räume, die von den Gestalten des Mythos erfüllt waren, von den Argonauten und Prometheus, besonders aber in Räume, die untrennbar mit Alexander dem Großen und den Amazonen verbunden blieben.

Man kann sagen, daß Pompeius erst durch die Züge dieses Jahres seine Nähe zu Alexander auch faktisch erwies, während sein Beiname «der Große» zuvor noch keine überzeugende Substanz besessen hatte. Pompeius tat auch alles, um persönlich den Horizont der Alexandertradition zu beschwören, lebte sich im Banne dieser Tradition aus, konnte sich rühmen, am Kaukasus und in dessen Nachbarregionen in Gebiete eingedrungen zu sein, die Alexander nicht betreten hatte. Auch seine Erkundung logistischer Verbindungen mit Indien gehört in diesen Zusammenhang.

Zur breiten Resonanz solcher Bezüge aber konnte es insbesondere deshalb kommen, weil Pompeius bis zuletzt den Hofhistoriker Theophanes von Mytilene an seiner Seite hatte, eine Persönlichkeit, auf deren Rat er hörte und die sich in ihrem, bis auf wenige Fragmente verlorenen Geschichtswerk ganz auf seine Seite stellte. Mytilene verdankte ihm später die Freiheit und erwies ihm nach seinem Tode geradezu göttliche Ehren.

Über all dem wurde Pompeius nach allgemeinem Urteil zum bedeutendsten Feldherrn seiner Zeit, zu einem Oberbefehlshaber, dem erst in Caesar ein Rivale erwachsen sollte. Zugleich hatte Pompeius den Grund für eine großräumige römische Herrschaftsordnung im Nahen Osten gelegt und diese Bemühungen auch weiterhin fortgesetzt. Es war nicht sein Verschulden, wenn es in den Gebieten zwischen Kaukasus und Kaspischem Meer, die er unterwarf, nicht zu einer Kontinuität römischer Herrschaft kam, sondern wenn diese im armenischen, parthischen und sassanidischen Machtbereich bleiben sollten.

Auf seinem Rückmarsch durch Armenien erhielt Pompeius Informationen über die Zuspitzung der Lage im armenisch-parthischen Grenzraum. Dort hatte der parthische Großkönig Phraates inzwischen nicht nur jene Gebiete besetzt, die ihm Pompeius vor kurzem zugestanden hatte, sondern er wollte vor allem auch das unterdessen an den König Tigranes zurückgefallene Gebiet der Gordyene (östlich von Nisibis am Tigris) wieder in Besitz nehmen.

Durch zwei Vorstöße parierte Pompeius diese parthische Intervention. Den einen führte ein Korps unter A. Gabinius, der im Zweistromland bis an den Tigris vordrang, den anderen L. Afranius, der die Truppen des Phraates wieder aus der Gordyene verdrängen konnte. Pompeius' Demonstrationen zeitigten so sichtbare Wirkung, daß damals auch die Könige von Medien und der Elymais (im Südwesten Irans), Abhängige des Großkönigs, Gesandte zu Pompeius schickten.

Auch an anderer Stelle konnte dieser die Macht seines Prestiges erleben: Erst jetzt übergab ihm Stratonike, eine der Frauen Mithridates' VI., dessen befestigten Stützpunkt Kainon Phrourion, in dem nicht nur wertvolle Schätze, sondern auch das persönliche Archiv des Königs verwahrt waren. Andere Burgen, Stützpunkte und Schatzhäuser des Mithridates kapitulierten erst noch später, so insbesondere Talaura im Raume des Lykos. Dort soll für die Bestandsaufnahme der Schätze ein ganzer Monat benötigt worden sein, Schätze, unter denen sich angeblich auch ein Mantel Alexanders des Großen befand.

Zusammengenommen führten alle diese Vorgänge Pompeius ins Bewußtsein, wie dringend nach den großen Offensiven die Konsolidierung der Administration im ehemaligen Machtgebiet des Mithridates geworden war. Dazu versammelte er im Winter 65/64 v. Chr. in Amisos (Samsun) am Schwarzen Meer nicht weniger als zwölf «Könige» und zahlreiche einheimische Fürsten, um sowohl die endgültige Gestaltung von Bithynien und Pontus als auch diejenige des ehemaligen mithridatischen Herrschaftsraumes zu organisieren.

Selten wurde zur Zeit der Römischen Republik die politische und administrative Ordnung eines neu unterworfenen Großraums so systematisch konzipiert, wie dies hier von Pompeius erfolgte. Grundlegend dafür war zunächst die bewußte Zerschlagung der bisherigen Einheit des Königreiches Pontus. Dessen wichtigste Regionen wurden daher auch der Provinz Bithynien hinzugefügt.

Als Instrumentarium seiner Aktivitäten standen Pompeius dabei einmal Stadtgründungen, dann die Formierung größerer regionaler Einheiten um zentrale Städte (Politien), schließlich die Belohnung zuverlässiger abhängiger Könige und Fürsten als *amici populi Romani* (Freunde des römischen

Volkes) und *socii* (Verbündete) zur Verfügung. Leitprinzipien sind so die Forcierung von Urbanisierung und Hellenisierung einerseits sowie die Ausbildung eines Systems in das Imperium integrierter, zuverlässiger Klientelbereiche andererseits gewesen.

Für den Bereich der Urbanisierung ist der Sonderfall von Nikopolis in Kleinarmenien schon erwähnt worden. Dort folgte Pompeius direkt dem Beispiel Alexanders des Großen, der nach seinem entscheidenden Sieg bei Issos (333 v.Chr.) ebenfalls eine Stadt dieses Namens schuf. Die Neugründung des Pompeius gewann deshalb ein besonderes Profil, weil in ihr sowohl verwundete und nicht mehr dienstfähige Soldaten als auch Bewohner der Umgegend zusammengefaßt waren. Die Stadt selbst orientierte sich im wesentlichen an griechischen Vorbildern.

Besonders aufschlußreich sind Pompeius' Maßnahmen in der Großprovinz Bithynien-Pontus. Dort wurde eine völlig neue Grundstruktur entworfen: Deren Kern bestand in der Bildung von 11 «Politien», wie bereits oben erwähnt: regionale Einheiten größeren Umfangs, die sich teils an bestehende Städte, teils an Neugründungen anlehnten. Zu den alten Städten zählten dabei Herakleia (Eregli), Amastris (Amasra), Sinope (Sinop), Amisos (Samsun) und Amasis (Amasya).

Bei der Gründung neuer Städte in der Provinz folgte Pompeius nicht nur in der Namengebung den Aktivitäten Alexanders und besonders auch der Seleukiden. Mit seiner Person direkt verbunden wurden Pompeiopolis, südlich von Sinope, Megalopolis an der Stelle der Mithridatischen Neugründung Eupatoria, südlich von Amisos, und Megalopolis an der Grenze zu Kleinarmenien. Dazu kamen weiterhin Neapolis (westlich von Amasya), das mit der Königsburg Kabira im Lykostal identische Diospolis und schließlich das südlich von Amasya gelegene und durch sein Anahita-Heiligtum berühmte Zela (Zile).

Da Pompeius trotz der Einrichtung der Politien die notwendigen Mittel zum Ausbau einer dichten römischen Administration fehlten, hatte er keine andere Wahl, als sich auch weiterhin auf ein Zusammenwirken mit zuverlässigen Bundesgenossen, Römerfreunden, Klientelkönigen und -fürsten zu stützen. Daß dabei zugleich deren Verhalten während der Auseinandersetzungen mit Mithridates belohnt werden sollte, ist offenkundig. Aus der längeren Reihe dieser Fälle seien hier nur wenige Beispiele aufgeführt.

Auffallend ist dabei die starke Berücksichtigung der aus Galatien stammenden Herrscher. An ihrer Spitze steht der besonders großzügig bedachte Deiotaros, der von Pompeius zum König der Tolistoboger ernannt wurde, dazu aber auch noch Landstriche an der pontischen Küste erhielt, die sich im Osten bis zur Kolchis mit den Städten Pharnakeia (Kiresun) und Trapezunt (Trebsond) erstreckten. Deiotaros, eine kraftvolle Persönlichkeit, ein Mann, der sich ein starkes Heer schuf und sein Leben lang eine expansive Politik betrieb, war mit Cicero befreundet. Vor allem aber blieb er einer der treuesten Klienten des Pompeius. An der Spitze eines Kavallerieregiments kämpfte er bei Pharsalos bis zuletzt an seiner Seite.

Gestärkt wurde auch die Position des Brogitaros, des Tetrarchen der galatischen Trokmer, dem zusätzlich Kleinarmenien (ohne Nikopolis) zugewiesen wurde, ein Fürst, der bald danach auch noch den Königstitel und das Amt des Magna-Mater-Priesters von Pessinunt (Ballihisar) erlangen konnte. Auch Brogitaros' Sohn Domnilaos, ebenfalls Tetrarch der Trokmer, zählte zu den Begünstigten. Er konnte seine Macht im Raum der Tektosagen um Ankara erweitern und fand bei Pharsalos den Tod.

Kastor Tarkondarios wurde Fürst von Gorbeus, dem Gebiet zwischen Tektosagen und Trokmern; der Sohn des pontischen Feldherrn Archelaos ist in das Priesterfürstentum in Pontisch-Komana eingesetzt worden, Aristarchos wurde die Kolchis übertragen – um wenigstens einige weitere Beispiele zu nennen.

Mit all diesen Anordnungen provozierte Pompeius allerdings erneut den römischen Senat. Denn nach römischem Staatsrecht und römischer Tradition war auch ein siegreicher Feldherr nicht befugt, selbständig und ohne jede Mitwirkung des Senates administrative Ordnungen vorzunehmen. Die Regel war ein Zusammenwirken zwischen dem Befehlshaber und einer zehnköpfigen Senatsgesandtschaft, so wie Pompeius selbst dies am Ende des Sertoriuskrieges praktiziert hatte.

Dagegen hatte Pompeius schon zu Beginn seines Kommandos verstoßen, als er die mit einer solchen Senatsgesandtschaft fixierten Entscheidungen des Lucullus kassierte. Dagegen verstieß er nun erneut und dies, obwohl der Krieg gegen Mithridates VI. überhaupt noch nicht beendet war. Auch für dieses Vorgehen sollte er später einen hohen Preis bezahlen müssen.

VIII. POMPEIUS IN SYRIEN UND IUDAEA

Während sich in Amisos die Neuordnungen des Pompeius ihrem Ende näherten, waren von ihm gleichzeitig Entscheidungen und Vorbereitungen für sein weiteres Vorgehen zu treffen. Eine größere Anzahl seiner Berater und Kommandeure ging davon aus, daß es jetzt – entsprechend dem Pompeius übertragenen Imperium – darauf ankäme, endlich dem auf die Krim geflüchteten Mithridates nachzusetzen, ihn zu stellen und entweder gefangenzunehmen oder zu töten.

Doch Pompeius gab anderen Prioritäten den Vorzug. Ihm ging es in erster Linie um eine dauerhafte Konsolidierung des römischen Machtbereichs in Kleinasien, danach aber zugleich auch um die Festigung des Grenzraums gegenüber dem Parthischen Reich sowie in Syrien.

Vor allem im Südosten Kleinasiens hatten dynastische Wirren und der Niedergang des Seleukidenreiches, verbunden mit Agressionen jüdischer und arabischer Herrscher, eine Zone schärfster Gegensätze und ständiger Unruhe geschaffen, welche in Pompeius' Augen das Eingreifen Roms unumgänglich machten. Ob darüber hinaus von Anfang an ein Vorstoß bis nach Petra und zum Roten Meer geplant war, ist fraglich.

Auf ihrem Vormarsch nach Süden stieß die römische Armee im Frühjahr 64 v. Chr. zunächst jedoch noch auf pontischem Boden bei Zela auf das Schlachtfeld des Jahres 67 v. Chr., auf dem Triarius eine so katastrophale Niederlage erlitten hatte. Für die Legionäre war es ein Skandal, daß dort noch immer die ausgeplünderten Leichen ihrer gefallenen Kameraden unbestattet im freien Felde lagen. Pompeius ordnete deshalb – wie später Germanicus bei den Opfern der Varusschlacht – eine besonders ehrenvolle Bestattung an. Daß diese den Verantwortlichen, Lucullus, demonstrativ brüskieren mußte, geschah gewiß absichtlich.

Mit der großzügigen Belohnung des kappadokischen Königs Ariobarzanes, der von Mithridates und Tigranes wiederholt vertrieben worden war, setzte Pompeius dann seine Neuordnung fort. Dem König wurden nun im Osten die armenischen Gebiete von Gordyene und Sophene, im Westen Kastabala und Kybistra (in Kilikien) zugeschlagen, gleichzeitig auch der Wiederaufbau seiner Hauptstadt Mazaka (= Caesarea – Kaisarie) in die Wege geleitet.

Auch östlich von Kappadokien sind größere Königreiche in Pompeius' System integriert worden. So mußte Antiochos von Kommagene mit dessen wichtiger Hauptstadt Samosata (Samsat) zwar Geiseln stellen, erhielt zusätzlich jedoch die Stadt Seleukia an der Euphratbrücke. Abgar, der König von Osrhoene, ist dagegen durch einen Freundschaftsvertrag gebunden worden, der Rom den Zugang nach Mesopotamien ermöglichte. Auch der König von Amanos (zwischen Kilikien und Syrien), Tarkindomotos, wurde in seiner Stellung neu gefestigt; er sollte zu einem treuen Bundesgenossen Roms werden.

Einen besonders starken Unruhefaktor bildeten im weiteren syrischen Umfeld seit dem 2. Jahrhundert v. Chr. die Beduinenstämme der Nabatäer und der Ituräer. Während die Nabatäer von der Sinaihalbinsel aus in das Gebiet eingefallen waren und zuletzt auch Damaskus in Besitz genommen hatten, setzten sich Gruppen der Ituräer in kleinräumigen Fürstentümern im Raume des Libanon fest. Einer der wichtigsten von diesen Herren, Ptolemaios, Sohn des Mennaios, durfte die Herrschaft über Chalkis und Heliopolis gegen einen hohen Tribut behalten.

Das schwierigste Problem jener Monate brachte dann ein neuer Angriff des parthischen Großkönigs Phraates auf den armenischen Herrscher Tigranes. Die Lage schien so gespannt, daß im Stabe des Pompeius mit einem neuen Partherkrieg gerechnet wurde. Doch dieser lehnte eine solche Option kategorisch ab und erreichte durch die Entsendung einer bevollmächtigten Gesandtschaft einen Friedensschluß, der ihm wenigstens für einige Zeit den Status quo sicherte.

Parallel hierzu erschien bei Pompeius eine Gesandtschaft des Mithridates. Er hatte inzwischen auf der Krim neben anderen Orten auch Pantikapaion (Kertsch) wieder in Besitz genommen und bot nun an, bei Anerkennung seiner Herrschaft Tribut zu entrichten. In Wirklichkeit ging es ihm jedoch lediglich um Zeitgewinn zum Aufbau einer stärkeren Heeresmacht. Da Pompeius eine persönliche Unterwerfung forderte, blieb dieser letzte Kontakt mit Mithridates ergebnislos.

Während des ganzen Jahres 64 und des Winters 64/3 v. Chr., den Pompeius in Antiochia verbrachte, ist dann die Neuordnung des syrischen Raumes und seiner Grenzgebiete durchgeführt worden. Dabei stand für Pompeius, ähnlich wie im Falle von Pontus, von Anfang an fest, daß die sich auflösende seleukidische Monarchie nicht restituiert werden sollte. Als Antiochos XIII. Asiatikos, gestützt auf Abmachungen mit Lucullus, darum bat, wurde er deshalb abschlägig beschieden. Antiochos' Flucht zu Samsikeramos, dem Fürsten von Hemesa (Homs) und Arethusa, der ihn früher schützte, endete diesmal mit seiner Ermordung, während Samsikeramos danach von Pompeius anerkannt wurde.

Analog zu den Regelungen von Amisos richtete Pompeius dann die neugeschaffene Provinz Syria ein; auch hier sollten

Städte und Städteverbindungen, daneben Klientelherrscher die Basis der römischen Administration bilden. Allerdings war das Kräftefeld der Region besonders zersplittert sowie durch kleinräumige und lokale Machtbildungen von Stadtherren und Tyrannen gekennzeichnet. So wurden damals jüdische Stadtherren in der Landschaft Lysias, Tyrannen in Byblos (Dschebeil) und Tripolis (al-Mina) getötet.

Relativ großzügig ist dagegen die Freiheit nicht weniger einst seleukidischer und phönikischer Städte bestätigt worden. Antiochia erhielt darüber hinaus die an Tigranes gegebenen Geiseln zurück und konnte durch eine Landzuweisung den berühmten Lorbeerhain im Apollonheiligtum von Daphne erweitern. Auch Seleukia, Antiochias Hafenstadt, wurde besonders geehrt, weil es sich gegen Tigranes gestellt hatte. Insgesamt gesehen forcierte Pompeius seine Urbanisierungspolitik also auch hier.

Im allgemeinen vollzog sich diese weiträumige Neuordnung des syrischen Raumes ohne größere Kampfhandlungen. In Damaskus freilich mußte die Stadt schon 65/64 v. Chr. durch römische Truppen unter Gabinius und andere römische Kommandeure von der Nabatäerherrschaft befreit werden. Dort traf im Frühjahr 63 v. Chr. auch Pompeius selbst ein, und dort begann nun seine erregende Auseinandersetzung mit der jüdischen Frage, auf die er schon in Antiochia kurz hingewiesen worden war.

Roms direkter Kontakt mit der Welt des Judentums unterschied sich diametral von seinen Eingriffen in das System der hellenistischen Monarchien und Machtbildungen des östlichen Mittelmeerraums. Denn wie der Berliner Althistoriker Ernst Baltrusch jüngst gezeigt hat (Die Juden und das Römische Reich. Darmstadt 2002), erwies sich schon im 2. Jahrhundert v. Chr., daß die römischen Religionsvorstellungen und der Wille zur Homogenität des Imperiums mit der Exklusivität der jüdischen Religion und deren politischen Implikationen nicht zu vereinbaren waren. Er führte den Nachweis, daß in den jüdisch-römischen Beziehungen trotz anfänglichen beiderseitigen guten Willens das Trennende der religiös fundierten Überzeugungen nicht früh genug erkannt worden ist.

Den Ausgangspunkt des damals auf jüdischer Seite schwelenden Konfliktes bildete die innere Zerrissenheit des hasmonäischen Staates, worin Pompeius nun verstrickt werden sollte. Die Königin Salome Alexandra (76–67 v. Chr.), die sich um eine Beruhigung und Konsolidierung der religiösen und politischen Gegensätze bemüht hatte, hatte vor ihrem Tode ihren ältesten Sohn Hyrkan zu ihrem Nachfolger und damit zum König und Hohepriester ernannt. Allein diese Lösung blieb nicht unumstritten:

Ihr jüngerer Sohn Aristobul, zweifellos die stärkere Persönlichkeit, der sich für geeigneter hielt und zudem den Einfluß der Pharisäer reduzieren wollte, protestierte sogleich gegen diese Regelung und zwang nach dem Tode seiner Mutter Hyrkan zur Abdankung. Doch der mit Aristobul verfeindete Idumäer Antipater, der kommende starke Mann in jenem Raum, trat schließlich ebenso auf Hyrkans Seite wie der Nabatäerkönig Aretas III., so daß Hyrkan seine Stellung erneut übernehmen konnte. Im Judentum war damit freilich die innere Kluft auf religiösem wie auf politischem Sektor nur noch tiefer geworden.

Als im Jahre 65 v. Chr. zunächst der Quaestor M. Aemilius Scaurus in Pompeius' Auftrag in Damaskus erschien, wurde dieser Konflikt sogleich an ihn herangetragen. Nachdem er von Aristobul bestochen worden war, unterstützte er dessen Ansprüche. Doch Pompeius billigte diese Entscheidung nicht; er ließ die Parteien vielmehr wissen, daß er erst im Frühjahr

Stellung nehmen werde, weil er sich zuvor genauer informieren wolle.

Pompeius' sehr vorsichtiges Verhalten spricht durchaus für ihn. Er bemühte sich jedenfalls um ausführlichere Informationen in dieser Angelegenheit und das auf denkbar breiter Basis. Einmal mehr erwies er sich als korrekt und unbestechlich, ließ sich in seiner Entscheidung auch durch ein kostbares Geschenk Aristobuls nicht beeinflussen. Daß sein ausgewogenes, rationales Urteil dabei primär römischen Rechtsvorstellungen und römischen Interessen, nicht zuletzt auch seinen eigenen Neuordnungskonzeptionen entsprach, kann nicht überraschen.

Die entscheidenden Vorgänge spielten sich dann im Frühjahr 63 v.Chr. in Damaskus ab. Die Sache Aristobuls vertrat dort Nikodemus, der von Pompeius in sehr selbstsicherer Weise die Bestätigung der Beschlüsse des Scaurus und des Gabinius wünschte und sich dabei öffentlich auf die diesen gezahlten Gelder berief. Die Interessen Hyrkans vertrat dagegen Antipater, der an der Spitze von über tausend Angehörigen der jüdischen Führungsschichten erschienen war und als stärkstes Argument auf dessen eindeutigen Rechtstitel hinwies.

Doch die Lage wurde noch problematischer, als auch eine etwa 200 Mann starke dritte Gesandtschaft erschien, eine religiös wie politisch besonders konservative Gruppe, die den Pharisäern nahestand, jener religiösen Richtung, welche in den damals entstandenen «Psalmen Salomos» zu fassen ist. Sie forderte die Abschaffung des hasmonäischen Königtums, appellierte an das römische Rechtsverständnis und berief sich als einzige der Gruppen zugleich offen auf die politischen Dimensionen der jüdischen Religion.

Da der Konflikt somit immer weitere Ausmaße annahm, wurde er für Pompeius zu einem lästigen Hindernis. Er behandelte die Angelegenheit deshalb erneut dilatorisch, weil für ihn inzwischen ein Zug in das Land der Nabatäer, nach Petra und zum Roten Meer Vorrang hatte. Nachdem er zuerst Hyrkan und Aristobul wegen der beiderseitigen Gewaltanwendung scharf kritisiert hatte, suchte er deren Wohlverhalten dadurch zu erzwingen, daß er beide nötigte, sich während der bevorstehenden Operation in seinem Gefolge aufzuhalten. Doch diese Lösung führte nicht zum Ziel: Aristobul floh, es folgte eine ganze Reihe von Verhandlungen und militärischen Teilerfolgen; der Widerstand der militanten Anhänger Aristobuls war damit freilich nicht gebrochen. So blieb Pompeius keine andere Wahl, als gegen Jerusalem selbst vorzugehen und dort seine Entscheidungen zu treffen.

Als die römische Armee im Jordantal vorstieß und bei Jericho ein Lager bezogen hatte, tauchten dort unversehens Meldereiter mit lorbeergeschmückten Lanzen auf. Pompeius, der gerade vor dem Lager sein Pferd bewegte, wurde von den Legionären herbeigerufen. Da noch kein Podium für Ansprachen des Feldherrn errichtet war, legten die Soldaten Packsättel zu einer notdürftigen Bühne zusammen, auf der Pompeius den Inhalt der Meldungen bekanntgab: Die Schreiben informierten über den Freitod Mithridates' VI. und die Unterwerfung von dessen Sohn Pharnakes.

Mithridates hatte nach seiner Flucht auf die Krim dort noch einmal die Macht an sich gerissen und dabei seinen Sohn Machares zum Selbstmord getrieben. Danach begann er in brutalster Weise umfassende neue Rüstungen gegen Rom. Rüstungen, welche die Bevölkerung so schwer belasteten, daß es bald zu verzweifelten Aufständen gegen Mithridates kam, an deren Spitze sich schließlich Pharnakes, ebenfalls einer seiner Söhne, stellte. Auch die angeblich rund 30 000 Mann umfassende letzte Armee des Königs konnte diesen nicht mehr retten. Als er seine Sache endgültig verloren sah, zwang er zuerst seine Familie zum Freitod. Da das Gift, das er danach selbst nahm, nicht sogleich wirkte, ließ er sich schließlich von einem keltischen Offizier töten.

Nicht nur im römischen Lager bei Jericho, sondern auch in Rom selbst war die Begeisterung über diese Nachrichten unbeschreiblich: Der lange, an Rückschlägen so reiche Krieg mit seinen drei großen Feldzügen war erfolgreich beendet. Pompeius sah sich zudem in seiner Einschätzung der Lage glänzend bestätigt. Doch mit diesem Schlußakt näherte sich auch sein Imperium dem Ende. Er verzichtete deshalb auf den geplanten Vorstoß zum Roten Meer, hielt jedoch, so kurz vor Jerusalem stehend, daran fest, seine Neuordnung auch in Iudaea abzuschließen.

Die antike Überlieferung zeichnet den pontischen König als eine körperlich wie geistig hervorragende Persönlichkeit, einen tapferen, mehrfach verwundeten Feldherrn, der zugleich polyglott und griechisch gebildet, in erster Linie jedoch von machtpolitischer Leidenschaft erfüllt war. Im persönlichen Umgang erwies er sich einerseits sympathisch, andererseits skrupellos und hinterlistig. Er errang große politische und militärische Erfolge, konnte seinen Einfluß zeitweilig bis nach Griechenland ausdehnen und verlor in dem raschen Wechsel von Siegen und Niederlagen nie sein Ziel aus den Augen: die Aufrüttelung des ganzen hellenistischen Ostens zum Kampf gegen Rom.

Seine Gestalt hat Rom deshalb immer wieder tief erschüttert. Wenn er am Ende scheiterte, so lag dies in erster Linie an der Zerrissenheit der hellenistischen Welt, die nicht bereit war, einem Herrscher aus der Peripherie zu folgen.

Dennoch zählt er zu den größten Gegnern der Römischen Republik, ja er war, wie der ihm besonders kritisch gegenüberstehende Theodor Mommsen schrieb, «eine bedeutende, im vollen Sinne des Wortes weltgeschichtliche Gestalt.» (Römische Geschichte. III. Berlin 1904[9], 137)

In Jerusalem war es inzwischen zu blutigen Auseinandersetzungen zwischen den Anhängern Aristobuls und jenen des Hyrkan gekommen. Dank deren Unterstützung konnte schließlich eine römische Heeresabteilung unter M. Pupius Piso in die Stadt einrücken und auch den Königspalast besetzen, nachdem sich die fanatisierten Gruppen um Aristobul auf den Tempelberg zurückgezogen hatten, den sie erbittert verteidigten.

Die Römer mußten mit einer systematischen Belagerung beginnen, aus Tyros schweres Gerät heranschaffen und einsetzen. Erst nach drei Monate dauernden schweren Kämpfen kamen sie schließlich deshalb zum Erfolg, weil die Belagerten selbst unter diesen Umständen am Sabbatgebot festhielten. So wurde der Tempel schließlich auch an einem Sabbat erstürmt. Sullas Sohn Faustus war der Erste, der die Mauer erstieg.

Flavius Josephus, der Historiker des Jüdischen Krieges, hat die Einnahme des Tempels so beschrieben:

«Da verharrten viele Priester, ob sie auch die Feinde mit dem Schwert in der Hand auf sich zukommen sahen, ruhig bei dem Gottesdienst; beim Ausgießen des Trankopfers wurden sie hingeschlachtet und bei der Darbringung des Räucherwerkes, und so achteten sie ihre Rettung geringer als den Gottesdienst. Sehr viele wurden aber von den Widersachern im eigenen Volk getötet, und von den Abhängen stürzten sich Ungezählte selbst hinab. Einige zündeten auch die Gebäude an der Mauer an, wahnsinnig wegen ihrer Hilflosigkeit, und wurden mit verbrannt. Von den Juden kamen 12000 ums Leben, bei den Römern gab es nur ganz wenig Tote, aber Verwundete in größe-

rer Zahl.» (I. 7, 150 – Hrsg. von O. Michel und O. Bauernfeind. Darmstadt 1959).

War dieses Ende für die rechtgläubigen Juden ohnehin schon eine Katastrophe, so hielten sie vor allem den Eintritt des Pompeius und seines Gefolges in ihr Heiligtum für ein unverzeihliches Sakrileg. Nach Antiochos IV. war er der erste Befehlshaber, der ein solches Vergehen wagte. Mochte er auch im Gegensatz zu dem Seleukiden Kultgeräte und Tempelschätze unangetastet lassen, für die Reinigung des Baues und für neue Opfer sorgen, die Schändung des jüdischen Tempels wurde ihm nie verziehen.

Erst jetzt, nach der Beendigung der Kämpfe, traf Pompeius seine Entscheidungen: Der jüdische Staat hatte zunächst schwere territoriale Verluste hinzunehmen. Er wurde auf Iudaea, Galilaea und Peraea reduziert, als «Iudaea» in das Römische Reich integriert und dem Statthalter der Provinz Syrien unterstellt. Seine relative Selbstverwaltung mit ihren traditionellen Institutionen, insbesondere dem Rat (Sanhedrin), wurde zwar anerkannt, doch das Land hatte einen jährlichen Tribut zu entrichten. Zahlreiche, zuletzt annektierte Städte erhielten ihre Unabhängigkeit von Iudaea zurück, wurden indessen ebenfalls der Aufsicht des syrischen Statthalters unterworfen.

In Jerusalem wurde Hyrkan zum Hohepriester eingesetzt, allerdings ohne den Königstitel. Aristobuls Partei war zunächst zerschlagen; zu den großen Verlusten während der Kämpfe kam jetzt die Aburteilung profilierter Anhänger hinzu. Besonders exponierte Gegner wurden als Geiseln genommen und für den späteren Triumph festgehalten. Die hasmonäischen Festungen Alexandreion, Machairos und Hyrkania wurden zerstört.

So umfassend und konsequent Pompeius' Neuordnung Iudaeas gewesen ist, sie sollte sich nicht lange bewähren. Schon zu Beginn der fünfziger Jahre kam es zu neuen Aufständen von Anhängern Aristobuls, die der Statthalter Gabinius niederschlagen mußte. Vor allem blieb der grundsätzliche Konflikt zwischen Judentum und Römischem Reich bestehen. Teils offen, teils latent brach er immer wieder von neuem hervor. Er wurde zwar durch die Bürgerkriege und die Regierungen Antipaters und Herodes' des Großen zeitweilig verdeckt, mußte jedoch mit innerer Notwendigkeit zu den Katastrophen unter Caligula, Nero, den Flaviern und schließlich unter Hadrian führen.

IX. DIE RÜCKKEHR – INNENPOLITISCHE PROBLEME

Nach dem Abschluß seiner Regelungen für Iudaea setzte Pompeius Aemilius Scaurus zum Statthalter von Syrien ein, dem gleichzeitig zwei Legionen zur Sicherung der neuen Administration anvertraut wurden. Er selbst kehrte über Kilikien nach Amisos zurück, wo er für den Winter 63/62 v. Chr. Quartier bezog und abschließende Maßnahmen für seinen Befehlsbereich anordnete. Dazu zählt vor allem die Ausarbeitung einer lex Pompeia, einer Grundordnung für die Provinz Bithynien-Pontus, die sich noch bis in die Zeit des jüngeren Plinius zu Beginn des 2. Jahrhunderts n. Chr. bewähren sollte.

In Amisos fand Pompeius auch eine spektakuläre Sendung des neuen bosporanischen Königs Pharnakes vor, der damit seine vollständige Unterwerfung vor Augen führte. Dazu zählten neben der Leiche Mithridates' VI. die Mörder des Konsulars Manius Aquilius, zahlreiche Geiseln, ebenso prunkvolle Kleidungsstücke wie wertvolle Waffen.

Die Gaben erreichten ihren Zweck: Pompeius bestätigte Pharnakes in seiner Stellung und nahm ihn zugleich offiziell unter die Freunde und Bundesgenossen Roms auf; lediglich die Stadt Phanagoreia am Golf von Taman, in welcher die letzte Erhebung ihren Anfang genommen hatte, wurde für autonom erklärt. Den toten Gegner aber wollte Pompeius nicht sehen. Er ließ ihn mit allen Ehren in der königlichen Gruft von Sinope bestatten.

Gleichzeitig liefen umfangreiche organisatorische Vorbereitungen für die Zusammenführung der immensen Kriegsbeute, die Belohnungen der Truppen und die Heimkehr der Armee an. Zu Anfang des Jahres 62 v. Chr. war in Ephesos die Summe von 96 Millionen Denaren zur Belohnung der Streitkräfte bereitgestellt. Der Verteilungsakt selbst ist einer der wenigen Fälle, in welchen die Überlieferung genauere Zahlen über die Höhe der verschiedenen Anteile nennt.

Diese weisen dabei, entsprechend den gesellschaftlichen wie militärischen Rängen, ganz ungewöhnliche Unterschiede auf: Während auf den Legionär lediglich 1500 Denare fielen, empfing ein Centurio vermutlich 30 000, ein Tribun 180 000, ein Legat oder Quaestor sogar wohl 1 Million Denare. Zugrunde gelegt ist dabei eine Truppenstärke von 8 Legionen mit insgesamt 32 000 Mann. Daß Soldaten wie Offiziere und Kommandeure damit voll befriedigt waren, dürfte einleuchten. Der 3. Mithridatische Krieg hatte so die hohen Beuteerwartungen der Streitkräfte durchaus erfüllt.

Die bis zur Rückkehr der Truppen noch verfügbare Zeit benützte Pompeius zu zahlreichen Inspektionen der Städte im Raum des Südwestens Kleinasiens und der vorgelagerten Inseln. Sein engster Berater für Fragen des hellenistischen Ostens und Hofhistoriker Theophanes von Mytilene auf Lesbos, der inzwischen mit dem römischen Bürgerrecht belohnt worden war, drängte ihn dabei, zunächst seine Heimatstadt zu besichtigen. Diese befand sich damals in einer besonders prekären Situation: Sie war im Jahre 88 v. Chr., zur Zeit von Mithridates' größten Erfolgen, auf dessen Seite getreten und hatte dem pontischen Herrscher auch M'. Aquilius ausgeliefert. Erst 8 Jahre später konnte sie von den Römern wieder eingenommen werden, wobei der junge C. Iulius Caesar die seltene Auszeichnung eines Mauerkranzes erwarb.

Voll Besorgnis dürften die Bewohner daher dem Besuch des erfolgreichen Feldherrn entgegengesehen und alle ihre Hoffnungen auf den einflußreichen Landsmann gesetzt haben. Daneben unternahmen sie große Anstrengungen, um Pompeius besondere Ehren zu erweisen. So wurde für ihn im Theater der Stadt ein Dichterwettkampf über «Die Taten des Pompeius» veranstaltet. Der Theaterbau selbst beeindruckte Pompeius so, daß er Pläne anfertigen ließ, um auf deren Grundlage, wenn auch in größerem Maßstab, in Rom einen entsprechenden Bau errichten zu lassen. Da Pompeius zusicherte, sich für die Freiheit der Stadt zu verwenden, kannte die Dankbarkeit der Bürger für ihn und Theophanes keine Grenzen. Beide wurden fortan als «Gründer» und «Retter» verehrt.

Ähnlich dürften sich auch die Besuche anderer Städte, so wohl von Samos und Milet, abgespielt haben; Pompeius war weithin beliebt und konnte seine Popularität genießen. Ein besonderer Höhepunkt für ihn wurde ein neuer Besuch von Rhodos. Er hörte die Vorträge der dortigen Rhetoren, denen er jeweils 6000 Denare aushändigen ließ; am meisten aber erfreute ihn die Bereitschaft des von ihm besonders verehrten Poseidonios, obgleich wegen seiner Schmerzen liegend, einen Vortrag für ihn zu halten und ihm auch eine Beschreibung seiner Taten zu versprechen, ein Werk, von dem allerdings nur eine Partie über die jüdische Geschichte bei Strabo fragmentarisch erhalten ist.

Im gleichen Stile trat er danach in Athen auf. Auch dort widmete er sich vornehmlich den Philosophen, die von ihm ebenfalls reich beschenkt wurden. Daneben erhielt die Stadt 50 Talente zur Wiederherstellung ihrer öffentlichen Bauten. Dann wandte er sich Italien zu, das der Rückkehr seiner Verbände nicht ohne Sorgen entgegensah.

Rom selbst war unterdessen vor allem durch die Catilinarische Verschwörung des Jahres 63 v. Chr. erschüttert worden. Ihr Initiator, L. Sergius Catilina, hatte nach wiederholten vergeblichen Versuchen, das Konsulat zu erlangen, einen gewaltsamen sozialen Umsturz vorbereitet. Angesichts der großen Zahl enteigneter und verschuldeter Bürger erwiesen sich seine Parolen «Neuverteilung des Besitzes» und «Allgemeiner Schuldenerlaß» als durchaus attraktiv. Die Zahl seiner Anhänger, die nichts mehr zu verlieren hatten und vor nichts zurückschreckten, wuchs ständig.

Allein in M. Tullius Cicero, dem Konsul des Jahres 63 v. Chr., einem sozialen Aufsteiger aus dem Ritterstand, dem großen Redner und Schriftsteller, der für eine «Eintracht der Stände» (*concordia ordinum*) kämpfte, fand er einen ebenso wachsamen wie umsichtigen und konsequenten Gegner. Cicero leitete die entscheidenden Aktionen zur Niederwerfung der Verschwörung ein, rief durch die gewählten Mittel freilich zugleich auch grundsätzlichen Widerspruch hervor. Schon damals erwies sich Cato als der leidenschaftlichste Vertreter der optimatischen Interessen.

Gegenüber Pompeius blieb die Haltung von Senat und Bevölkerung uneinheitlich: Während nach wie vor eine starke optimatische Gruppe – vor allem Catulus, Lucullus, Cato, aber auch Crassus – gegen ihn Stellung bezog, die Popularen dagegen unter starkem Einfluß Caesars für ihn eintraten, wuchs die Unruhe vor Pompeius' Rückkehr. Der Antagonismus zwischen den beiden Parteien blieb auch noch bestehen, als die Meldung von Mithridates' Tod eintraf.

Einerseits wurde nun eine ganze Reihe von außerordentlichen Ehrungen für den Feldherrn beschlossen: so ein zehntägiges Dankfest und die Zuerkennung des Rechts, bei Zirkusspielen das Triumphalgewand und eine goldene Krone, bei

Bühnenaufführungen wiederum die goldene Krone zur *toga praetexta* (die purpurverbrämte Toga) zu tragen, bald danach erneut ein zwölftägiges Dankfest. Doch diese Ehrungen wurden dadurch gleichsam konterkariert, daß nun auch Lucullus und Metellus Creticus ihre Triumphe abhalten durften – ein eindeutiger Affront gegen Pompeius. Eine einhellige Anerkennung seiner Leistungen und seiner Vorrangstellung hatte er danach nicht zu erwarten.

Pompeius selbst war schon im Jahre 63 v. Chr. über diese inneren Gegensätze informiert worden. Da für ihn alles darauf ankam, nach seiner Rückkehr nach Rom einerseits die Zustimmung des Senats zu seinen administrativen Anordnungen im Osten zu erhalten, andererseits die Versorgung seiner Legionäre mit bescheidenem Landbesitz zu sichern, sandte er bereits damals den Legaten Q. Metellus Nepos nach Rom. Er sollte sich dort um das Volkstribunat bewerben und Pompeius' Interessen durchsetzen. Doch schon allein die Tatsache, daß sich sogleich auch Cato, Pompeius' schärfster und konsequentester Gegner, ebenfalls zum Volkstribunen wählen ließ, zeigt die von den Optimaten gewollte Polarisierung und Konfrontation an.

Seit dem Beginn des Jahres 62 v. Chr. arbeitete Metellus eng mit Caesar gegen Cicero zusammen. Doch ihre Initiativen zugunsten des Pompeius scheiterten. Weder ihr Antrag, Pompeius die Leitung des Baus des capitolinischen Iuppitertempels zu übertragen –, eine Brüskierung des bisherigen Verantwortlichen Catulus – noch jener, Pompeius zum Konsul zu wählen und ihn gleichzeitig mit der endgültigen Niederwerfung Catilinas zu beauftragen, fanden Zustimmung. Die innere Auseinandersetzung eskalierte; es kam zu Schlägereien, in denen der Anhang der Optimaten siegte. Sowohl Metellus als auch kurzfristig Caesar wurde die Ausübung ihrer Amtstätigkeit untersagt; Metellus kehrte daraufhin zu Pompeius zurück.

Angesichts dieser Lage wurde allgemein eine Machtergreifung des Pompeius nach dessen Rückkehr an der Spitze seines Heeres erwartet. Die Wogen glätteten sich zwar, als im April 62 v. Chr. ein Rechenschaftsbericht des Pompeius einging, in dem dieser ankündigte, für den inneren Frieden einzutreten. Dennoch blieben Skepsis und Reserven bestehen. Jedenfalls war nun klar, daß er sich keiner der aktiven politischen Gruppen anschließen, sondern sich über die Parteien stellen wollte.

Ehe Pompeius gegen Ende des Jahres 62 v. Chr. zusammen mit seinen Legionen in Brundisium landete, hatte er die nächsten Stationen seines Weges gründlich überlegt. Überraschend beendete er seine Ehe mit Tertia Mucia, der Tochter des einst angesehenen *pontifex maximus* (Oberpriester) Q. Mucius Scaevola. Diese Frau hatte ihm zwar drei Kinder, zwei Söhne und eine Tochter, geboren, während seiner Abwesenheit im Osten jedoch durch eine Beziehung zu Caesar die Ehe gebrochen, ein Vergehen, das Pompeius nicht hinnehmen wollte.

Noch weitergehende Folgen zeitigte sein nicht weniger überraschender Entschluß, seine Armee nach ihrer Landung sogleich aufzulösen und zu entlassen. Seine Soldaten sollten sich lediglich für den späteren Triumphzug bereithalten, eine Weisung, auf deren Vollzug Pompeius dann doch verzichtete. Diese Entscheidung löste bei seinen Anhängern und Zeitgenossen Unverständnis, bei vielen modernen Kritikern, nicht zuletzt bei Theodor Mommsen, die denkbar schwersten Vorwürfe aus.

Tatsächlich war es auf den ersten Blick unbegreiflich, daß gerade der Befehlshaber, der wiederholt erfahren mußte, daß seine persönlichen Ziele nur unter dem Druck einer präsenten Armee zu realisieren waren – dies gegenüber Sulla wie gegenüber dem Senat –, sein Machtinstrument aus der Hand gab. Unbegreiflich nicht zuletzt deswegen, weil er doch über die innere Konstellation und vor allem über den Widerstand der Senatsmehrheit informiert war: Statt an der Spitze seines Heeres einen neuen Marsch auf Rom anzutreten, wie es viele erwarteten, und dort die Leitung des Staates und des Imperiums zu übernehmen, zog er mit demonstrativ kleinem Gefolge der Hauptstadt entgegen. Gewiß brandeten ihm dabei in jedem Dorf und in jeder Stadt begeisterter Jubel und echte Dankbarkeit entgegen, doch diese würden rasch verhallen, die Optimaten des Senats weiterhin die Politik bestimmen.

In der für Pompeius schließlich verhängnisvollen Entscheidung von Brundisium werden in erster Linie die Grenzen seiner Persönlichkeit, seiner Überzeugungen wie seines Denkens sichtbar. Ihm fehlten nun einmal die Dynamik, Rücksichtslosigkeit und machtpolitische Konsequenz Caesars. Pompeius imponierte durch seine vorbildliche politische Korrektheit wie durch seine grundsätzliche Unterordnung unter die republikanische Verfassung und damit, wie er wenig später zu Cicero sagen sollte, unter den Willen des Senates.

Erst als er erkennen mußte, daß weder seine Verfügungen im Osten noch die Versorgung seiner Truppen gebilligt würden, überblickte er die Folgen seiner Entscheidungen in voller Tragweite: Es war nun offenkundig, daß seine betonte Loyalität und sein strikt legales Handeln nichts genutzt hatten, daß er vielmehr sein Gesicht verloren hatte und erkennen mußte, daß er sich allein nicht durchsetzen konnte, sondern seine Selbständigkeit, die Führungsposition eines Oberbefehlshabers, endgültig verloren hatte.

War ihm zunächst auch von der römischen Bevölkerung und vom Senat ein umjubelter Empfang gewährt worden, in dessen Verlauf er noch einmal auf seine Erfolge hinweisen konnte, so zeigte sich rasch, daß ihm im politischen Alltag keineswegs eine dominierende Führungsautorität zuerkannt wurde. Es ist psychologisch verständlich, daß der Mann, der viele Jahre hindurch als Oberbefehlshaber allein entschieden hatte, dessen Willen und Entscheidungen sofort vollstreckt worden waren, dem jedoch Regeln und Finessen, das Spiel der Faktionen, ihre Intrigen, Fallen, Falschheit und Médisance nicht vertraut waren, im senatorischen Mikrokosmos nicht über, sondern zwischen allen Parteien stand.

Es kam hinzu, daß weder seine ehemaligen Kommandeure, denen er zum Konsulat verhalf, noch die Volkstribunen, die sich als seine Helfer anboten, zur Wahrung seiner Interessen geeignet waren. Auch eine engere Anlehnung an Cicero, dessen Ehrgeiz und Einbildung er zunächst nicht befriedigt hatte, verbesserte seine Stellung nicht. Er erntete damit nur den Spott der jungen Leute. Schließlich mußte er es auch noch hinnehmen, daß Cato ihm und seinem ältesten Sohn die Heirat mit Töchtern aus seiner engeren Familie verwehrte – eine ausgesprochene Demütigung.

Wenn Pompeius in jenen Monaten noch von etwas befriedigt wurde, so waren es die organisatorischen Vorbereitungen seines großen Triumphes, den er bewußt auf den 28. und 29. September 61 v. Chr. gelegt hatte, somit auch auf seinen eigenen 45. Geburtstag – ein zwei Tage dauernder Triumph –, der alles in den Schatten stellen sollte, was Rom in solchen Zusammenhängen je erlebt hatte.

Traditionsgemäß eröffneten den langen Zug die bunten Reihen der insgesamt 324 edelsten Kriegsgefangenen. Darunter befanden sich der jüngere Tigranes und andere Personen des armenischen Königshauses, zwei Töchter und fünf Söhne des Mithridates VI., Othakes, ein Fürst aus der Kolchis, Aristobul, Anführer der Seeräuber und Herrscher aus Kilikien,

Geiseln aus dem Kaukasus wie aus Kommagene. Nicht weniger beeindruckend waren die kostbaren Beutestücke, Kunstwerke, Schätze, Prunkwaffen und Luxusgerät aller Art. Ungewöhnlich wirkten daneben auch die ebenfalls mitgeführten, in Rom unbekannten Baumarten wie die Balsamstaude und der Ebenholzbaum.

Neben diesen Personen und vielerlei Objekten markierten zahlreiche Abbildungen einen weiteren Schwerpunkt. Auf ihnen waren die entscheidenden Schlachten, besiegte Gegner, Landschaften und historische Szenen, wie der Freitod des Mithridates inmitten seiner bereits toten Töchter, vor Augen geführt. Im mit Edelsteinen reich geschmückten Triumphwagen stand dann Pompeius im angeblichen Mantel Alexanders des Großen, der sich unter den Schätzen Mithridates' befunden hatte. Hinter dem Wagen ritten oder schritten lediglich die Legaten sowie die höheren Offiziere und Magistrate der Armee. Die Legionäre selbst waren, wie schon erwähnt, nicht aufgeboten worden, um dem Zug den Charakter einer militärischen Machtdemonstration zu nehmen.

Wie einst in der Inschrift am Col Perthus, so war Pompeius auch jetzt bemüht, seine Erfolge in zusammenfassender Form ins Bewußtsein zu führen. Der ältere Plinius hat zwei Texte überliefert, die dieses Vorgehen beispielhaft zeigen. So besagt eine Inschrift aus dem von Pompeius gestifteten Minervaheiligtum:

«Der Feldherr Cn. Pompeius der Große, der einen dreißigjährigen Krieg beendigt, 12183000 Menschen zersprengt, in die Flucht geschlagen, getötet, unterworfen, 846 Schiffe versenkt oder genommen, 1538 Städte und Kastelle zur Übergabe gezwungen und die Länder vom Mäotischen See bis zum Roten Meer unterworfen hat, bringt der Minerva seinen schuldigen Dank dar.»

Die Einführungsworte seines Triumphes aber lauteten:

«Nachdem er die Meeresküste von den Räubern befreit und die Herrschaft über das Meer dem Römischen Volke zurückgewonnen hatte, triumphierte er über Asien, Pontus, Armenien, Paphlagonien, Kappadokien, Kilikien, Syrien, die Skythen, Juden, Albaner, Iberien, die Insel Kreta, die Bastarner und außerdem noch über die Könige Mithridates und Tigranes.» (Naturalis historia VII, 27, 97 f. – Übersetzung von R. König und G. Winkler)

Nicht geringeren Eindruck machten die in echt römischer Weise ganz konkret aufgeführten Gewinne. So ließ Pompeius wissen, daß er dem römischen Staatsschatz nicht weniger als 120 Millionen Denare, dem Tempel der Venus Victrix 12 060 Goldstücke und 307 Silbertalente übergeben habe. Die jährlichen Einkünfte Roms seien durch ihn schließlich von 50 auf 85 Millionen Denare erhöht worden.

Am Ende bleibt zu erwähnen, daß der Triumphator seine vornehmen Gefangenen nicht gefesselt, wie sonst üblich, sondern ungebunden präsentierte und sie nach dem Abschluß des religiösen Aktes auch nicht hinrichten ließ. Vielmehr sandte er sie auf öffentliche Kosten in ihre jeweilige Heimat zurück. Lediglich die gefährlichsten Unruhestifter, Tigranes der Jüngere und Aristobul, blieben in römischer Haft.

X. DAS ERSTE TRIUMVIRAT (60 V. CHR.)

So imponierend Pompeius' großer Triumphzug gewirkt hatte, eine Manifestation, die mit dem Höhepunkt seines Lebens identisch war – auf den politischen Alltag hatte er keinen Einfluß. Weder in der Frage der Anerkennung seiner Regelungen im Osten noch in jener der Veteranenversorgung konnte der Triumphator Fortschritte erzielen. In beiden Fällen verhinderten der Haß und die Obstruktion persönlicher Gegner eine angemessene Lösung der Probleme oder wenigstens einen Kompromiß.

Im ersten Punkt konnten Lucullus und Metellus Creticus eine en bloc-Genehmigung des Senats verweigern lassen und damit eine langwierige Erörterung jedes einzelnen Dissenspunktes erzwingen. Im zweiten wurde der Konsul Q. Metellus Celer, ein Vetter der von Pompeius geschiedenen Tertia Mucia, zu seinem Hauptgegner.

Inhaltlich war gegen das Agrargesetz, das der Volkstribun L. Flavius zu Beginn des Jahres 60 v. Chr. eingebracht hatte – dies gewiß im Einvernehmen mit Pompeius –, kaum etwas einzuwenden. Die erforderlichen Grundstücke sollten für die Dauer von fünf Jahren mit den von Pompeius zusätzlich gewonnenen Mitteln der Staatskasse bezahlt, neben den Veteranen auch arme römische Bürger berücksichtigt werden. An Konfiskationen von Eigentum war somit überhaupt nicht gedacht.

Allein, da die Mehrzahl der Senatoren befürchtete, daß Pompeius als Mitglied einer zur Realisierung des Gesetzes notwendigen Kommission wieder zu langfristigem und außerordentlichem Einfluß gelangen könne, konnte sie Metellus gegen den Antrag mobilisieren. Die folgende Auseinandersetzung zwischen Flavius und Metellus nahm dann geradezu groteske Züge an:

Der Volkstribun ließ den Konsul ins Gefängnis schaffen. Metellus konterte damit, daß er nun den Senat ins Gefängnis einberief. L. Flavius versperrte den Eingang, um den Senatoren den Zugang zu verwehren. Metellus befahl, eine Wand aufzubrechen, um dennoch den Zugang zu ermöglichen. Bei diesem Stand der Dinge ließ Pompeius die Posse durch Flavius abbrechen. Daß damit in der Sache nichts gewonnen war, die Veteranen tief enttäuscht wurden, ihr ehemaliger Oberbefehlshaber auch hier an Prestige verloren hatte, ist offenkundig.

Auf der anderen Seite mochten die Optimaten darüber triumphieren, daß es ihnen dank ihrer Obstruktionspolitik geglückt war, Pompeius nicht nur Nadelstiche, sondern offene Wunden zuzufügen. Was sie nicht einsahen, war die Tatsache, daß sie selbst lediglich blockieren konnten, für die anstehenden Probleme aber keine eigenen Lösungen zu bieten hatten. Es sollte sich indessen bald rächen, daß sie auf Pompeius' keineswegs extrem populare Vorstellungen nicht eingegangen waren.

Während die innere Politik Roms jetzt stagnierte, kamen die entscheidenden Impulse von anderer Seite. Der nach erfolgreichen Kämpfen in Spanien durch einen Triumph geehrte C. Iulius Caesar kehrte im Sommer des Jahres 60 v. Chr. nach Italien zurück. Dort stand er vor einem Dilemma. Nach der römischen Verfassungstradition hatten sich Bewerber um das Konsulat dafür bei den amtierenden Konsuln persönlich anzumelden. Da Caesar jedoch vor seinem Triumph die geheiligte

Caesar; Porträt, Marmor. Höhe: 31 cm. Augusteisch. – Pisa, Campo Santo

Stadtgrenze (*pomerium*) nicht überschreiten durfte, benötigte er einen Dispens von der persönlichen Meldefrist.

Offensichtlich war der Zeitraum bis zum Ende der Meldefrist sehr knapp, so daß es Cato gelang, eine Beschlußfassung des Senats durch eine Filibusterrede zu verhindern. Für Caesar war dies eine offene Kampfansage. Was niemand erwartete, trat ein: Er verzichtete auf seinen Triumph und bewarb sich um das Konsulat des Jahres 59 v. Chr. Doch nicht nur dies, es war ihm klar geworden, mit welchen Widerständen er in Rom zu rechnen hatte. Dagegen traf er nun seine Maßnahmen.

Zur Überraschung aller gelang es dem alten Marianer und Anführer der Popularen, die beiden untereinander zerstrittenen Sullaner Pompeius und Crassus zu einem Bündnis zusammenzuführen, zum ersten Triumvirat in der Geschichte der Römischen Republik, einem Machtkartell, das mit Hilfe der ihm zur Verfügung stehenden militärischen und finanziellen Mittel die römische Politik bestimmen konnte.

Der Inhalt der vertraulich geführten Vorbereitungsgespräche ist nicht näher bekannt, ihre Tragweite sollte aus den folgenden Ereignissen deutlich werden. Insgesamt gesehen handelte es sich um die gegenseitige Fixierung und Unterstützung der jeweiligen politischen Ziele, oder, wie bei Sueton überliefert ist, um die Absprache, «daß nichts im Staat geschehen solle, was einem der Drei mißfalle.» (Divus Iulius 19,2)

Die Bildung dieses Triumvirats, das zunächst die Erwartungen der Beteiligten erfüllte, ist lediglich aus der konkreten innenpolitischen Situation des Jahres 60 v. Chr. zu verstehen. Aus weiterer Distanz, so wie das schon Asinius Pollio in seinem Geschichtswerk sah, kommt ihm dagegen eine sehr viel größere Bedeutung zu. Es markiert nichts Geringeres als den Beginn des Untergangs der Römischen Republik. Herbeigeführt wurde das Ereignis nicht nur durch den Willen und die Entschlossenheit von drei herausragenden Persönlichkeiten, sondern in gleicher Weise durch die Intransigenz der optimatischen Senatsmehrheit, die starr an ihren traditionellen Interessen festhielt und der jedes Mittel Recht war, ihren bestimmenden Einfluß zu sichern.

Die Lage spitzte sich sogleich zu. Um den Wirkungskreis der Konsuln des Jahres 59 v. Chr. drastisch einzuschränken, wurde ihnen als «Provinzen» die Aufsicht über die «Forsten und Triftwege Italiens» zugewiesen, ein Beschluß, der geradezu einer Verhöhnung der nächsten Konsuln gleichkam. Noch wichtiger war, daß es den Optimaten gelang, als Kollegen Caesars im Konsulat an Stelle des von diesem favorisierten L. Lucceius den Schwiegersohn Catos und fanatischen Gegner Caesars, M. Calpurnius Bibulus, durchzusetzen. Trotz Caesars zunächst bemüht korrektem Verhalten war damit der Dauerkonflikt zwischen den beiden Konsuln programmiert. Der

Versuch der Triumvirn, auch Cicero auf ihre Seite zu ziehen, mißglückte, da sich dieser bereits für Bibulus exponiert hatte.

Die wirren Ereignisse der Folgezeit mit den zum Teil undurchschaubaren Motivationen und Zielen der handelnden Personen sollen hier wiederum lediglich in ihren wesentlichen Konturen umrissen werden. Sie sind zudem deswegen nicht völlig aufzuklären, weil sie in vielen Details lediglich in Ciceros Korrespondenz, vor allem in jener mit Atticus, überliefert sind und daher als dezidiert parteiisch, wenn nicht apologetisch gefärbt gelten müssen. Grundsätzlich ist von vornherein festzuhalten, daß die 50er Jahre zum Jahrzehnt Caesars wurden. Er wurde jetzt zum «starken» und bestimmenden Mann des Triumvirats, nicht Pompeius, den viele zunächst dafür hielten.

Zum ersten großen Kontroverspunkt in Caesars Konsulat wurde, wie vorauszusehen war, die Durchsetzung des zu Gunsten des Pompeius eingebrachten Ackergesetzes. Mochte Caesar dabei im Senat noch so behutsam und entgegenkommend taktieren, die optimatische Mehrheit verweigerte eine Beschlußfassung. Doch der Konsul ließ es dabei nicht bewenden, sondern verlegte den Konflikt nun in die Volksversammlung. Es war bezeichnend, daß sein Kollege Bibulus auch dort keine sachlichen Einwände oder konkrete Verbesserungsvorschläge vorzutragen wußte, sondern lediglich apodiktisch erklärte, daß er einen Beschluß über das Gesetz in seinem Amtsjahr als Konsul verhindern werde. Damit waren die Fronten endgültig abgesteckt, das Ringen um das Ackergesetz zur entscheidenden inneren Machtprobe geworden.

Doch Caesar gab sich keineswegs geschlagen. Er ließ nun Pompeius selbst zur Unterstützung das Wort ergreifen. Dieser schilderte zunächst die Rechtslage und erläuterte danach

Punkt für Punkt den Inhalt des Gesetzes, mit dem er sich völlig identifizierte. Doch Caesar gab sich damit noch nicht zufrieden. Angesichts der eindeutigen Zustimmung der Versammelten, die auch Pompeius sichtlich beeindruckte, richtete er an diesen in aller Öffentlichkeit die Frage, ob er denn auch in der Auseinandersetzung mit den Gegnern des Gesetzes mit ihm rechnen könne. Gleichzeitig richtete er an die Versammelten die Aufforderung, in diesem Sinne auf Pompeius einzuwirken.

Der kluge Schachzug wirkte sogleich: Aufgrund des allgemeinen Appells an seine Person ließ sich Pompeius zu den pathetischen Worten hinreißen: «Wenn einer gegen Caesar das Schwert zieht, werde ich meinen Schild bringen.» Als danach auch noch Crassus dem Antrag zustimmte, hatte das Triumvirat erstmals öffentlich seine Macht und Geschlossenheit demonstriert.

Doch Bibulus ließ die Dinge weiter eskalieren, indem er den von Caesar vorgesehenen Abstimmungstag kurzerhand zum Feiertag erklärte und so die Abstimmung selbst zu verhindern suchte. Caesar blieb jedoch bei seinem Entschluß, Pompeius mobilisierte seine Veteranen, der Volkstribun P. Vatinius übernahm es, den Raum um das Forum mit Gewalt zu sichern. Als Bibulus mit einem Gefolge von einigen Optimaten und zwei Volkstribunen auf dem Forum erschien, wo gerade Caesar sprach, und interzedieren wollte, ließ Vatinius seine Meute los.

Die fanatisierten Popularen stülpten Bibulus einen Mistkorb über den Kopf, warfen ihn von der Treppe des Castortempels hinab, zerschlugen, wie in solchen Fällen üblich, die Rutenbündel der Liktoren und verletzten die auf der Gegenseite stehenden Volkstribunen. Auch Cato mußte den Schauplatz der Gewaltakte schließlich fluchtartig räumen.

Da Caesar voraussah, daß damit eine erfolgreiche Abstimmung gesichert war, im Senat freilich noch immer Widerstand erhoben würde, fügte er dem Gesetz einen Passus an, durch den (wie einst im Jahre 100 v. Chr., während des Konsulats des Marius) die Senatoren auf das Gesetz eidlich verpflichtet wurden. Im Falle der Verweigerung dieses Eides drohte ihnen der Verlust ihres Senatssitzes.

Angesichts solcher Drohung und der offen demonstrierten Gewalt war Bibulus' Versuch, am folgenden Tage im Senat die Rechtswidrigkeit von Gesetz und Abstimmung feststellen zu lassen, zum Scheitern verurteilt. Um das ganze Ausmaß der Macht des Triumvirats vor Augen zu führen, wurden gleichzeitig auch noch zwei bisher ebenfalls umstrittene Gesetze verabschiedet, einmal die abschließende Anerkennung aller Verwaltungsakte des Pompeius und, um auch Crassus einen Erfolg zu gönnen, die Reduktion der von den Steuerpächtern der Provinz Asia zu begleichenden Pachtsumme um ein Drittel.

Aus der langen Reihe der turbulenten Vorgänge der folgenden Monate ist zunächst ein scheinbar nur privater, personenrechtlicher Akt hervorzuheben: der mit Caesars Hilfe bewirkte Übergang des Patriziers P. Clodius Pulcher zu den Plebeiern, der es diesem erlaubte, sich um das Amt eines Volkstribunen zu bewerben. Der bei der stadtrömischen *plebs*, den Unterschichten, besonders angesehene und beliebte Clodius war vor allem durch den Bona-Dea-Skandal des Jahres 62 v. Chr. bekannt geworden. Damals hatte er sich in Frauenkleidern in das im Hause des *pontifex maximus* Caesar abgehaltene Bona-Dea-Fest eingeschlichen, ein Vorgang, der sowohl Caesars Frau Pompeia kompromittierte als auch als eine Provokation Ciceros verstanden werden konnte, der sich ein Jahr zuvor bei seiner Aburteilung der Catilinarier auf angebliche Omina der Bona Dea gestützt hatte.

Die Folgen dieses Vorgangs, der sogleich die schlimmsten Befürchtungen Ciceros hervorrief, Befürchtungen, die sich in naher Zukunft auch bewahrheiten sollten, waren zunächst nur zu ahnen. Jedenfalls betrat mit dem wegen Religionsfrevels angeklagten, aber freigesprochenen Clodius, der schon am 10. Dezember 59 v. Chr. sein Amt als Volkstribun antreten konnte, eine der tatkräftigsten und vitalsten, aber auch rücksichtslosesten Persönlichkeiten des öffentlichen Lebens die politische Bühne Roms. Ein Mann, der als erfolgreicher Demagoge weitaus mehr war als lediglich ein Agent Caesars, sondern der bis zu seiner Ermordung im Jahre 52 v. Chr. Gewaltakte jeder Art auslöste, dabei zugleich jedoch immer wieder durchaus rationale Projekte im Interesse der *plebs urbana* durchsetzte.

Rom selbst ist zunächst durch andere Ereignisse in Atem gehalten worden. Ende April 59 v. Chr. war das Ackergesetz dadurch abgerundet worden, daß man nun auch die kampanische Staatsdomäne in die Siedlungsinitiative einbezogen hatte. Wenig später sorgte Pompeius' Heirat mit Caesars dreißig Jahre jüngerer Tochter Iulia für beträchtliches Aufsehen. Die auf den ersten Blick scheinbar lediglich politische Verbindung sollte sich bald als eine überaus glückliche Liebesehe erweisen, die nicht wenig zur Stabilisierung der Verbindung zwischen den beiden Triumvirn beitrug.

Über all dem hatte Caesar die Sicherung seiner eigenen Machtstellung nicht vergessen. Durch Vatinius ließ er sich ein mehrjähriges prokonsulares Imperium für Gallia citerior und Illyricum zubilligen; Pompeius stützte diese lex Vatinia nicht nur, sondern ließ sie noch auf Gallia ulterior erweitern, so daß Caesar eine strategisch außerordentlich wichtige militärische Position eingeräumt wurde, ein Kommando, über das vor dem 1. März 54 v. Chr. nicht mehr verhandelt werden durfte. Damit hatte Caesar nicht nur eine wertvolle Basis für die Sicherung und Erweiterung der römischen Herrschaft im Westen und Norden erhalten, die er geradezu exzessiv ausnützen sollte, sondern gleichzeitig auch eine denkbar günstige Position für eine beständige politische Einwirkung auf Italien und Rom.

Vor allem aber war damit offengelegt, daß sich Caesar mit den Möglichkeiten seines Konsulatsjahres nicht begnügen würde, sondern im Besitz eines Imperiums auf längere Zeit, ähnlich wie Pompeius im Osten, ein entscheidender Machtfaktor der römischen Politik bleiben würde. Auch dies mag zur weiteren Verschärfung der innenpolitischen Polarisierung beigetragen haben.

Wie Ciceros Briefwechsel zu dokumentieren scheint, schlug inzwischen die allgemeine Stimmung gegen die Triumvirn um. Waren deren Aktivitäten zunächst, da ihre Gesetze ja durchaus auch im Interesse der *plebs urbana* lagen, begrüßt worden, so gelang es den Optimaten nun offensichtlich durch die Mobilisierung ihrer Klientelen und durch Kritik an den «popularen Methoden», das Volk wenigstens teilweise auf ihre Seite zu ziehen.

Sie profitierten dabei nicht wenig von dem taktisch geschickten Verhalten von Caesars Mitkonsul Bibulus. Dieser hatte sich zwar für die kommenden acht Monate in sein Haus zurückgezogen – aber er schwieg nicht, sondern beeinflußte die öffentliche Meinung auf ganz neue Weise. Durch Verlautbarungen, die er an verkehrsreichen Stellen Roms anbringen ließ, publizierte er nicht nur seine politischen Angriffe auf die Triumvirn, sondern informierte die Leserschaft zugleich im Stile einer modernen Boulevardpresse über alle privaten und moralischen Angriffsflächen, welche die großen Drei boten. Seine «Aufklärung», sein Spott und Hohn sollten seine Gegner lächerlich machen; er konnte damit einen nicht geringen Erfolg verbuchen.

Es ist dabei bemerkenswert, daß das Hauptangriffsziel aller Attacken Pompeius bildete, obwohl er gewiß nicht der Alleinverantwortliche der «popularen» Gewaltakte gewesen ist. Doch sein widerspruchsvolles Verhalten – einerseits seine Abhängigkeit von Caesar und Crassus, andererseits seine konservative Grundhaltung innerhalb der Verfassung und seine entschiedene Ablehnung der popularen Methoden – machte den für die Finessen und Rankünen völlig ungeeigneten und geradezu hilflosen Mann zum beliebten Opfer der Optimaten wie von Teilen der Öffentlichkeit.

In einem oft zitierten Brief Ciceros an Atticus vom Ende Juli 59 v. Chr. ist Pompeius' damalige Situation wohl zutreffend beschrieben:

«So weiß nun unser Freund, der üblen Nachrede ungewohnt, sonst immer von Beifall umtost, vom Glanz des Ruhmes umstrahlt, jetzt körperlich herunter und seelisch gebrochen, nicht, was er machen soll; er sieht, ein Schritt vorwärts wäre sein Fall, ein Schritt rückwärts eine Inkonsequenz. Die Patrioten hat er zu Feinden, die Lumpen nicht zu Freunden. Sieh, wie weich ich bin: die Tränen brachen mir aus, als ich ihn am 25. Quintilis (Juli) über die Kundmachungen des Bibulus vor dem Volke sprechen sah. Wie großartig wußte er einst an jener Stelle zu prahlen, getragen von der grenzenlosen Liebe des Volkes, von allen umjubelt! Und jetzt – wie niedergeschlagen, wie gedemütigt stand er da, nicht nur der Versammlung, nein auch sich selbst ein Bild des Jammers! Welch trostloser Anblick, erfreulich einzig für Crassus und sonst für niemand!» (II, 21,3 – Übersetzung H. Kasten)

In Rom wurde es auch weiterhin, vor allem für junge Aristokraten wie C. Curio, üblich, jede sich bietende Gelegenheit in der Öffentlichkeit, wie zum Beispiel bei den Apollinarischen Spielen, auszunutzen, um die Triumvirn herabzusetzen. In der sogenannten Vettius-Affäre, die mit der Ermordung des ehemaligen Spitzels L. Vettius im Gefängnis endete und deshalb auch nicht völlig aufzuklären ist, wurde sogar die Planung eines Attentats auf Pompeius behauptet, ein Zeichen dafür, daß ein solcher Anschlag durchaus denkbar erschien. Allein, zu einseitig sollte man die damalige Stimmung in der Öffentlichkeit nicht sehen: Als der junge C. Porcius Cato in einer Volksversammlung Pompeius als *privatus dictator* – sozusagen ein Privatmann, der den Staat kontrolliert – denunzierte, wäre er beinahe erschlagen worden.

Obwohl die Triumvirn durchgesetzt hatten, daß L. Calpurnius Piso, Caesars Schwiegervater, und A. Gabinius, der ehemalige Legat des Pompeius, das Konsulat des Jahres 58 v. Chr. bekleiden sollten, wurden nicht sie, sondern der Volkstribun P. Clodius zur beherrschenden Gestalt. Zügig legte er Gesetz um Gesetz vor, Initiativen, die sogleich Zustimmung fanden und realisiert wurden. So erreichte er die Wiederzulassung der im Jahre 64 v. Chr. aufgelösten Collegia, der religiösen Vereinigungen der römischen *plebs*, sowie die Zulassung von Neugründungen. Mit diesem klugen Schachzug hatte er sich Gremien gesichert, die für seine Sache zu mobilisieren waren.

Ähnlich breite Zustimmung fand bei der stadtrömischen Plebs ein Getreidegesetz, das eine kostenlose Getreideverteilung an die verarmten Bürger Roms vorsah. Weitere Gesetze zeigten ganz offen die politische Motivierung seiner Vorstöße: So schränkten Gesetze über die Auspizien und die Censoren die Möglichkeiten der höheren Magistrate ein, unerwünschte politische Initiativen zu verhindern.

Eindeutig persönliche Ziele verfolgten die gegen Cato und Cicero gerichteten Aktivitäten. Es war ein geschickter

Schachzug, Cato durch einen Volksbeschluß ein außerordentliches Imperium zu übertragen, nach dem dieser in Zypern den dortigen Herrscher, einen Halbbruder des ptolemäischen Königs, absetzen, dessen Schatz beschlagnahmen und die Insel in das Imperium integrieren sollte.

Noch planmäßiger wirkten sich die gegen Cicero verabschiedeten Gesetze aus: Zunächst schärfte ein allgemein gehaltenes Gesetz das traditionelle römische Verbot ein, einen römischen Bürger ohne vorausgehenden ordnungsgemäßen Urteilsspruch hinrichten zu lassen, ein Verbot, von dem implizit in erster Linie Cicero betroffen war, dessen Maßnahmen zur Zeit der Catilinarischen Verschwörung damit als Unrecht gebrandmarkt waren.

Die Konsequenz hieraus zog schließlich ein weiteres Gesetz, das Cicero nun persönlich galt und ihn im April 58 v. Chr. ins Exil trieb. Cicero hatte vorher Pompeius verzweifelt um Schutz gebeten, der ihm jedoch nicht helfen konnte, solange Caesar seine Hand über Clodius hielt. Im übrigen hatten die Triumvirn Cicero wiederholt Positionen und Aufträge angeboten, die ihn geschützt hätten – die er jedoch sämtlich abgelehnt hatte, um seine Distanz zu ihnen zu zeigen.

Sehr bald wurden neben diesen juristischen und politischen Vorstößen des Clodius andere erkennbar, die auf Roms Straßen ein organisiertes Chaos schufen. Durch eine ganze Reihe brutaler Terrorgruppen war der Volkstribun dazu übergegangen, das gesamte öffentliche Leben der Hauptstadt in Angst und Schrecken zu versetzen und dadurch vor allem seine Gegner einzuschüchtern oder – wie Pompeius – aus der Stadt zu vertreiben. Der ganz unberechenbare Straßenterror wurde zum Alltag, die Behörden der Stadt erwiesen sich als machtlos, die Bandenkämpfe erreichten schließlich ihren Höhepunkt, als die Gegenseite dasselbe Mittel anwandte und zum Gegenterror überging, wobei insbesondere den Volkstribunen T. Annius Milo und P. Sestius entscheidende Bedeutung zukam.

Hatte sich Pompeius zunächst unter dem Schutz seiner Klienten aus diesen Straßenschlachten und Terrorakten, zu denen auch ein versuchter Mordanschlag auf ihn selbst gehörte, herauszuhalten versucht, so wurde er schließlich durch Clodius' Dreistigkeit doch noch zum Handeln gezwungen. In seinem Übermut hatte es dieser gewagt, in Pompeius' eigene politische Domäne – die Regelungen im Osten des Imperiums – einzudringen.

Einerseits ließ er in einem Gewaltakt den jüngeren Tigranes befreien und ihm zur Flucht verhelfen, andererseits sicherte er dem Galaterfürsten Brogitaros gegen ein hohes Bestechungsgeld sowohl das Heiligtum der Magna Mater von Pessinus als auch den Königstitel. Damit war Pompeius erneut öffentlich brüskiert und holte nun endlich zum Gegenschlag aus, indem er eine umfassend angelegte Aktion zugunsten Ciceros in die Wege leitete.

Da Pompeius nicht nur die Einwohner Roms, sondern auch weite Kreise Italiens für Cicero mobilisieren konnte und da auch Caesar, an dessen Willen alle früheren Versuche gescheitert waren, schließlich einlenkte, führte seine Initiative bald zu einem vollen Erfolg: Anfang August des Jahres 57 v. Chr. hob eine stark besuchte Volksversammlung die Ächtung Ciceros auf; einen Monat später konnte er in geradezu triumphaler Weise zurückkehren.

In zwei eindrucksvollen Reden vor Senat und Volk dankte Cicero ausführlich und mit großem Pathos allen, die für seine Heimkehr gewirkt hatten, besonders jedoch Pompeius, «der durch seine Tatkraft, seine Weisheit und seinen Ruhm über alle Menschen der Vergangenheit, Gegenwart und Zukunft hinausragt.» (Danksagung an das Volk, 16) In der parallelen Rede vor dem Senat hatte er sich so geäußert:

«Kann ich je Cn. Pompeius Dankbarkeit genug bekunden? Er hat ja nicht nur vor Euch, die Ihr alle der gleichen Meinung wart, sondern auch vor dem gesamten Volke erklärt, das Heil des römischen Volkes, das von mir verteidigt worden sei, lasse sich von dem meinigen nicht trennen; er hat meine Sache den Einsichtigen nahegebracht und den Unwissenden erläutert; er hat zugleich mit dem Gewicht seiner Person die Frevler in die Schranken gewiesen und die Rechtschaffenen ermutigt; er hat für mich wie für den Bruder oder Vater das römische Volk ermahnt, ja angefleht; er hat bereits, als er sein Haus aus Furcht vor blutigen Zusammenstößen nicht zu verlassen wagte, die vorigen Tribunen aufgefordert, einen Gesetzesvorschlag über meine Rückberufung zu veröffentlichen und dem Senat darüber zu berichten; er hat in einer unlängst eingerichteten Siedlung (sc. der Kolonie Capua), wo er selbst Beamter war und kein Mietling Einspruch erhob, das Ausnahmegesetz für rücksichtslos und grausam erklärt und diese Auffassung in einem amtlichen, von hochachtbaren Männern bekräftigten Beschluß festgehalten; er hat als erster gemeint, daß für meine Rückberufung die Hilfe ganz Italiens aufgeboten werden müsse; er, der selbst seit jeher eng mit mir befreundet war, hat sich nach Kräften bemüht, mir auch die Freundschaft derer zu verschaffen, die ihm nahestehen.» (Danksagung an den Senat, 29 – Übersetzung M. Fuhrmann)

Obwohl der charakterlose Rhetor diese «Danksagung» bald vergaß, war doch Pompeius wieder näher an den Senat herangeführt worden. Das sollte sich erweisen, als zu Anfang September 57 v. Chr. eine Hungerrevolte ausbrach, die wohl auch mit von Clodius inszeniert worden war. Der Versuch, dafür Pompeius die Schuld zu geben, weil dieser so viele Menschen zur Unterstützung Ciceros nach Rom gerufen habe, verfing nicht. Die Angelegenheit nahm eine ganz andere Wendung, als Clodius erhofft hatte: Es mehrten sich nun die Stimmen, Pompeius eine umfassende, längerfristige Vollmacht, eine *cura annonae*, zur Regelung der Getreideversorgung zu übertragen, und nach einigem Zögern stimmte auch der Senat dem zu.

Das prokonsulare Imperium, das auf die Dauer von fünf Jahren begrenzt war, erlaubte es Pompeius, analog zu den Regelungen im Seeräuberkrieg, 15 Legaten zu ernennen, die eine gleichzeitige weitflächige Neuordnung garantierten. Da die Vollmacht auch von einer Volksversammlung bestätigt wurde, waren alle rechtlichen Voraussetzungen für diesen ungewöhnlichen Auftrag gegeben, und Pompeius konnte sogleich darangehen, die schwierige Aufgabe zu lösen.

Einmal mehr betrieb er mit der bei ihm gewohnten Energie und Organisationsgabe die Verbesserung der zentralen Versorgung Roms. Noch im Herbst des Jahres 57 v. Chr. suchte er die Hauptanbaugebiete in Sizilien, Sardinien und Nordafrika auf. Ruhelos mutete er dabei auch allen Beteiligten den höchsten Einsatz zu. Als in diesem Zusammenhang Seeleute mit Hinweis auf die Witterung von einer Seereise abrieten, prägte er das berühmt gewordene Wort πλεῖν ἀνάγκη, ζῆν οὐκ ἀνάγκη (Plutarch, Pompeius 50, 2), das dann zum *navigare necesse est, vivere non* oder zum deutschen «Seefahrt tut not» geworden ist. Auch in diesem Falle wurde Pompeius' eindeutige und überzeugende Leistung anerkannt; sein Prestige war erneut gewachsen.

Doch der so erfolgreiche Prokonsul gab sich über die Tragweite seiner neuen Bewährung keinen Illusionen hin. Als im Herbst jenes Jahres die Erfolgsmeldungen von Caesars Siegen über die Belger Rom erreichten, war er es, der im Senat ein fünfzehntägiges Dankfest zu Ehren Caesars beantragte und durchsetzte – eine deutlich größere Ehrung, als er selbst erhalten hatte. Kaum nach Pompeius' Wünschen entwickelte sich die «ägyptische Frage»: Den von den Alexandrinern vertriebenen König Ptolemaios XII. hatte Pompeius in seinem Hause als Gastfreund aufgenommen. Sollte er dabei auf einen Auftrag des Senats gehofft haben, den König zurückzuführen, so wurde er enttäuscht, weil der Senat eine andere Lösung bevorzugte. Dennoch schützte Pompeius den Monarchen auch in den kommenden Wirren, wo er nur konnte.

Über all dem darf freilich der fortdauernde Terror des Clodius nicht vergessen werden. Wie aus einem Brief Ciceros an Atticus vom 3. November 57 v. Chr. hervorgeht, dauerten dessen brutale innerstädtische Gewaltakte an:

«Am 3. November haben bewaffnete Banden die Handwerker von meinem Grundstück vertrieben und die Catulus-Halle, die, auf Senatsbeschluß von den Konsuln verdungen, wieder aufgebaut wurde und beinahe schon unter Dach war, zerstört; meines Bruders Haus wurde zunächst mit Steinwürfen von meinem Grundstück aus demoliert, dann auf Clodius' Befehl angezündet, und die ganze Stadt war Zeuge, wie die Feuerbrände geschleudert wurden ... Der verrückte Kerl war außer Rand und Band; nach dieser Wahnsinnstat sinnt er jedoch nur noch auf Ermordung seiner Feinde, läuft von Gasse zu Gasse und zeigt den Sklaven ganz offen das Lockbild der Freiheit.» (IV, 3, 2 – Übersetzung H. Kasten)

Blickt man voraus, so sollte das innenpolitische Chaos auch in den folgenden Jahren andauern. Der Einsatz nackter Gewalt verhinderte oder bestimmte die Ergebnisse der Wahlen; Korruption und politische Prozesse, Bandenkämpfe und Terror prägten das öffentliche Leben; immer wieder kam es zu längeren Behinderungen des staatlichen Bereiches und des ordnungsgemäßen Agierens der Verfassungsorgane.

XI. ZWISCHEN CAESAR UND DEM SENAT

Die innenpolitische Krise verschärfte sich nicht zuletzt deshalb, weil auch die Triumvirn nicht mehr geschlossen auftraten, Crassus wiederholt gegen Pompeius Stellung bezog, das Gesetz über das ehemalige kampanische Staatseigentum, das zweite Ackergesetz und damit ein Kernstück der zu Gunsten des Pompeius durchgesetzten juristischen Akte, unter Mithilfe Ciceros wieder zur Debatte gestellt wurde. Als sich schließlich auch noch L. Domitius Ahenobarbus, Catos Schwager, für das Konsulat des Jahres 55 v. Chr. bewerben wollte und erklärte, er würde Caesar dessen Provinzen abnehmen und ihn wegen Hochverrats anklagen, sah sich dieser zum Handeln gezwungen.

Im Frühjahr 56 v. Chr. traf Caesar in Ravenna mit Crassus und danach in Luca mit Pompeius zusammen, um das paralysierte Triumvirat erneut zu stabilisieren. Diese Besprechungen fanden in denkbar großem Rahmen aller davon Betroffenen statt; in Luca waren nicht weniger als 200 Senatoren, zahlreiche Magistrate mit insgesamt 120 Liktoren zugegen. Tatsächlich wurden unter demonstrativer Wahrung der Gleichberechtigung der Triumvirn und unter Berücksichtigung ihrer verschiedenen Interessen und Wünsche sehr komplexe, mittelfristige Abmachungen getroffen.

Zur Sicherung der Macht des Triumvirats sollten zunächst Pompeius und Crassus gemeinsam das Konsulat des Jahres 55 v. Chr. übernehmen. Damit verbunden waren, analog zu Caesars Beispiel, jeweils fünfjährige Imperien; wunschgemäß erhielt Pompeius die beiden spanischen Provinzen, Crassus Syrien. Gleichzeitig sollte auch Caesars Imperium um weitere fünf Jahre verlängert und dessen inzwischen bereits erfolgte Aushebung von vier weiteren Legionen offiziell gebilligt werden.

Diese Regelungen waren so terminiert, daß der Senat über eine Neuverteilung der betroffenen Provinzen nicht vor dem 1. März 50 v. Chr. beraten konnte. Damit war nach der gültigen Rechtslage zugleich sichergestellt, daß Caesar sein Kommando faktisch bis zum Abschluß des Jahres 49 v. Chr. beibehalten und sich anschließend um das Konsulat des Jahres 48 v. Chr. bewerben konnte, er somit mittelfristig wegen seiner Amtsführung juristisch nicht zu belangen war.

Hiermit nicht genug, wurden auch bereits die Besetzungen der wichtigsten und erreichbaren Magistraturen und sonstigen Ämter für die Folgezeit abgesprochen und fixiert, auch darüber Einvernehmen erzielt, daß die Beschlüsse mit allen Mitteln, notfalls auch mit Gewalt durchzusetzen seien. Der Machtblock des Triumvirats war auf diese Weise überzeugend erneuert worden.

Auf Cicero wurde entschiedener Druck ausgeübt, von weiteren, gegen Caesar gerichteten Äußerungen abzulassen – und dieser gehorchte sogleich: In seiner «Palinodie» vom Juni des Jahres 56 v. Chr. wandte er sich mit aller rhetorischen Brillanz gegen den Versuch, Caesars Provinzen schon im Jahre 55 v. Chr. anderweitig zu besetzen:

«Er (sc. Caesar) aber hat seinem Ruhm schon längst und nur dem Staatswohl noch nicht Genüge getan, und er zieht es trotzdem vor, die Früchte seiner Mühen erst später zu genießen, statt den öffentlichen Auftrag, den er übernommen hat, nicht ganz auszuführen – da dürfen doch wir einen Feldherrn, der alles daran setzt, sein Amt

gut zu führen, nicht abberufen und nicht den ganzen gallischen Kriegsplan, da er fast schon ausgeführt ist, durcheinanderbringen und behindern.» (Über die konsularischen Provinzen, 35 – Übersetzung M. Fuhrmann)

Auch in anderen Zusammenhängen trat Cicero nun für die Interessen der Triumvirn ein. Da die Optimaten eingesehen hatten, daß es zwecklos war, gegen Caesar, Crassus und Pompeius persönlich vorzugehen, gingen sie nun dazu über, deren profilierte Gefolgsleute und Mitarbeiter zu attackieren, so im Herbst 56 v. Chr. L. Cornelius Balbus, den Klienten des Pompeius, der inzwischen zum Agenten Caesars geworden war. Balbus sollte angeblich zu Unrecht das römische Bürgerrecht besitzen, zu dem ihm Pompeius verholfen hatte, ein Vorstoß, den Pompeius, Crassus und Cicero glänzend parierten.

Um ihre weiteren Absichten durchzusetzen, war den entschlossenen Triumvirn jedes Mittel Recht. Durch den konstanten Mißbrauch der Interzession eines Volkstribunen ließen sie die Abhaltung der Wahlen für das Jahr 55 v. Chr. so lange verhindern, bis die von Caesar in Aussicht gestellten Winterurlauber seines Heeres in Rom eingetroffen waren und damit die erforderlichen Mehrheiten garantierten. Dennoch hielten Unruhen und Gewaltakte an. So wurde L. Domitius Ahenobarbus, der einzige Gegenkandidat von Crassus und Pompeius, bei den Konsulwahlen im Januar 55 v. Chr. vertrieben, auch die folgenden Wahlvorgänge durch Tumulte und Blutvergießen, ja offenen Terror gestört.

Besonders dramatisch verlief dabei die Wahl der kurulischen Ädile, während deren Schlägereien die Toga des Pompeius mit Blut bespritzt wurde. Als Iulia das Kleidungsstück ihres Mannes sah, fürchtete sie das Schlimmste. Sie erlitt deshalb einen so schweren Schock, daß eine Fehlgeburt folgte

Angelika Kauffmann, «Pompeius' Gattin fällt in Ohnmacht» (1785). Weimar, Staatliche Kunstsammlungen

und die junge Frau auch weiterhin gesundheitlich erheblich geschwächt blieb.

Vor allem mit Hilfe des Volkstribuns C. Trebonius konnten danach auch die übrigen zentralen Beschlüsse der Triumvirn, so die Zuweisung der Provinzen und die Verlängerung von Caesars Statthalterschaft, durchgesetzt werden. Da sich Pompeius wegen der ihm übertragenen *cura annonae* an Rom gebunden fühlte, ließ er seine spanischen Provinzen durch die bewährten Legaten L. Afranius und M. Petreius verwalten, die für ihn gleichzeitig eine Streitmacht von acht Legionen aufstellten, ein eindrucksvolles militärisches Gegengewicht zu den Heeresgruppen Caesars und Crassus'.

Pompeius' politische und militärische Position war somit insgesamt wesentlich gestärkt worden: Einerseits verfügte er nun über einen starken Machtblock im Westen des Imperiums, einen Machtblock, der zudem durch seine komplexe spanische Klientel noch zusätzlich fundiert war. Andererseits ermöglichte ihm die zentrale Aufgabe der Getreideversorgung und damit eines neuralgischen Bereiches, der seinen hervorragenden organisatorischen Fähigkeiten in besonderer Weise entgegenkam, die Legitimation einer kontinuierlichen Präsenz in Roms unmittelbarer Nähe und sicherte ihm zugleich einen denkbar starken Einfluß auf die innerrömische Politik.

Nach dem tumultuarischen Auftakt des Jahres 55 v. Chr. trat endlich weithin Beruhigung ein; in Rom war die Machtfrage entschieden. Die Konsuln konnten mit ihren durchaus konstruktiven und – anders als 70 v. Chr. – einvernehmlichen Aktivitäten, insbesondere im Bereich der Jurisdiktion, beginnen. Während Crassus dabei gegen die Wählerbestechung mit Hilfe der Kollegien vorging, konzentrierte sich Pompeius auf die Bestrafungen von Verwandtenmord sowie auf ein neues Verfahren bei der Richterauswahl. Bei anderen Initiativen stieß er dagegen auf so starken Widerstand, daß er auf die gewaltsame Durchsetzung seiner Vorhaben verzichtete.

Pompeius' Hauptinteresse galt in jenen Monaten der Vollendung und Einweihung des imponierenden Pompeiustheaters auf dem Marsfeld, jenes Projektes, an das er schon bei seinem Besuch von Mytilene gedacht hatte. An die Stelle der bisher üblichen Holztheater trat erstmals ein monumentaler Steinbau, der rund 40 000 Personen aufnehmen konnte. Das Besondere dieser Anlage war, daß die Sitzstufen des Theaters zu einem das Werk beherrschenden Venus-Victrix-Tempel emporführten. An das Theater schlossen sich eine etwa 135 × 180 m große, gärtnerisch ausgestaltete Porticus-Anlage sowie die Curia Pompei, ein großer Saal für die Senatssitzungen, an. Darüber hinaus waren die einzelnen Elemente des

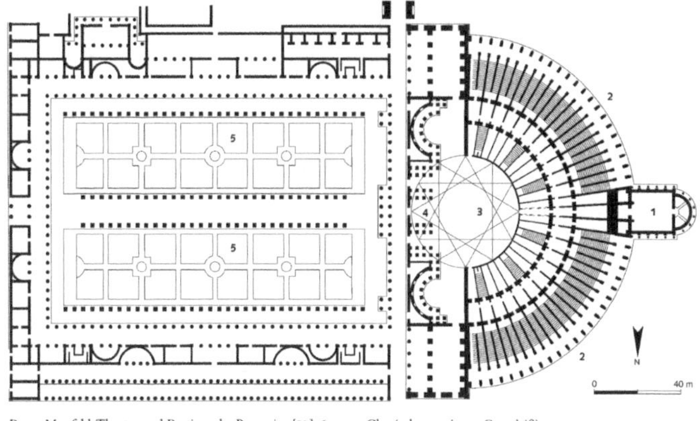

Rom, Marsfeld: Theater und Porticus des Pompeius [13], 61–55 v. Chr. (rekonstruierter Grundriß).
1 Tempel der Venus Victrix
2 Cavea/Zuschauerraum
3 Orchestra/Spielfläche
4 Scenae frons/Bühnenwand
5 Gartenanlage

Pompeius-Theater

Komplexes mit zahlreichen kostbaren Plastiken und Gemälden ausgeschmückt.

In geradezu verschwenderischer Weise ließ Pompeius die Eröffnung dieses Theaters feiern. Einerseits waren für die Bühnenspiele die berühmtesten Künstler und viele Hunderte von Komparsen und Tieren aufgeboten worden, andererseits imponierten der *plebs urbana* besonders die Zirkusspiele mit nicht weniger als 600 Löwen, 410 Panthern, ferner Elefanten und einem Rhinozeros. Daß sich Angehörige der Führungsschicht über Prunk und Pracht der Veranstaltungen mokierten, konnte Pompeius hinnehmen – das Volk war von diesen Sensationen begeistert.

Im politischen Alltag leisteten die Optimaten weiterhin anhaltenden Widerstand. Die Kette der politischen Prozesse, so gegen Gabinius und Piso, setzte sich fort; die Vorbereitungen des Crassus für seinen unpopulären Partherkrieg lösten schärfste Kritik aus. Schließlich gelang es der Opposition gegen die Triumvirn, ihre Exponenten L. Domitius Ahenobarbus für das Konsulat, Cato für die Prätur des Jahres 54 v. Chr. durchzubringen. Als Hauptgegner galt dieser Gruppe inzwischen Caesar, auf dessen neuesten Erfolgsbericht Cato mit der Forderung anwortete, Caesar wegen seines problematischen Verhaltens an die Germanen auszuliefern. Die Provokation endete damit, daß im Senat ein zwanzigtägiges Dankfest für den großen Feldherrn beschlossen wurde.

In dem Jahr, in dem Caesar seine zweite Invasion Britanniens wagte (54 v. Chr.), trieben die innenpolitischen Wirren Roms neuen Höhepunkten entgegen. Wahlverschleppung, Bestechungen, Korruption aller Art, neue politische Prozesse zogen auch Pompeius immer wieder in ihren Bann. Dazu traf ihn der Tod seiner Frau Iulia im September 54 v. Chr. besonders schwer, dies um so mehr, als schon kurz danach ihr neugeborenes Kind verstarb. Wie beliebt Iulia bei der gesamten römischen Bevölkerung war, zeigte die Tatsache, daß das römische Volk es, erstmals in der Geschichte der Republik, durchsetzte, daß Iulia in einem öffentlichen Ehrengrab auf dem Marsfeld beigesetzt wurde.

Auch Caesar verkannte die Tiefe des Verlustes nicht. Er versuchte deshalb neue familiäre Verbindungen mit Pompeius herzustellen, doch dieser lehnte ab. Immerhin stärkte er dennoch in großzügiger Weise Caesars militärisches Potential. Für die verworrenen politischen Zustände in Rom selbst war es bezeichnend, daß dort schon im Herbst jenes Jahres der Gedanke ventiliert wurde, einen Diktator – naturgemäß Pompeius – zu ernennen. Allein Pompeius hielt sich nach wie vor zurück.

In der ersten Hälfte des Jahres 53 v. Chr. eskalierte das innenpolitische Chaos Roms weiter. Da die Republik weder über Konsuln noch über Prätoren verfügte, einzelne Volkstribunen laufend gegeneinander interzedierten, konnte von einer regulären Administration und Rechtsprechung keine Rede mehr sein. Das archaische Instrument der jeweils nur fünf Tage allein regierenden «Zwischenkönige» erwies sich als völlig ungeeignet, ordentliche Neuwahlen herbeizuführen oder gar die innere Sicherheit zu gewährleisten. An Catos obstinatem Widerspruch gegen die Diktatur im allgemeinen und Pompeius im besonderen zerbrach zunächst jeder Versuch einer Neuordnung.

Die Dinge kamen erst wieder in Fluß, als Pompeius erklären ließ, daß er keine Diktatur anstrebe. Daraufhin wurde er vom Senat in aller Form mit dem Schutz und der Reorganisation der öffentlichen Ordnung beauftragt – und ergriff auch sogleich die erforderlichen Maßnahmen. Wahrscheinlich konnte er einige Truppen aufbieten, in deren Präsenz ein Zwischenkönig die Wahl von Messala und Calvinus zu Konsuln des Jahres 53 v. Chr. nachholen konnte. Doch rasch zeigten sich die Grenzen von deren Möglichkeiten: Zwar folgten einige weitere Wahlen für das laufende Jahr, doch dann gab es wiederum Straßenkämpfe, Gewaltakte und vor allem neue Bestechungsskandale, in denen es um die Amtsbewerbungen für 52 v. Chr. ging.

Da sich inzwischen alle wichtigeren Bewerber eigene Schutz- und Terrorgruppen formiert hatten, neben Milo und Clodius auch Q. Metellus Scipio und P. Plautius Hypsaeus, bestimmten deren Bandenkämpfe in bisher nie erlebtem Ausmaß das öffentliche Leben der Stadt. Zugleich hatte sich erwiesen, daß das innere Chaos mit den bisherigen homöopathischen Mitteln nicht zu beseitigen war. Allein, es sollte noch schlimmer kommen.

Am 18. Januar 52 v. Chr. stießen auf der Via Appia zufällig die Schutztruppen des Clodius und Milo aufeinander. Es kam zu einer der üblichen Straßenschlachten, die freilich deshalb rasch eine besondere Schärfe und Brutalität erlangte, weil sich beide Anführer im Wahlkampf befanden, Clodius in jenem um die Prätur, Milo in dem um das Konsulat. Haß und Wut steigerten sich noch, und als Clodius verwundet in ein nahegelegenes Haus geschafft wurde, kannte Milo keine Gnade: Auf seinen ausdrücklichen Befehl hin drangen seine Leute in das Haus ein, stürzten sich auf den Verwundeten, zerrten ihn heraus und erschlugen ihn.

Der Mord wurde zum Fanal. Schon am Morgen des nächsten Tages ließen der Volkstribun T. Munatius Plancus Bursa und einer seiner Kollegen den Ermordeten auf der Rednertribüne des Forums aufbahren; die Stimmung der alten Anhängerschaft des Clodius wurde bis zum Exzeß aufgepeitscht. Die Versammelten errichteten vor der Kurie aus Bänken und zusammengeschlagenem Gerät einen improvisierten Holzstoß, dessen Flammen nicht nur der ehrwürdige Senatssitzungssaal, sondern sogleich auch Häuser der Nachbarschaft zum Opfer fielen.

In der Stadt herrschte nun der offene Terror. Den Senatoren blieb keine andere Wahl, als wieder einmal einen *interrex* – einen für eine Übergangsfrist ernannten Reichsverweser – zu bestellen und diesem sowie den Volkstribunen gemeinsam mit Pompeius die Macht kraft des *senatus consultum ultimum*, des Staatsnotstandsedikts, zu übertragen. Pompeius wurde gleichzeitig zur Aufstellung von Truppen in ganz Italien ermächtigt. Einmal mehr konnte er sich als Meister von Improvisation und Organisation erweisen.

Doch gerade mit Blick auf diese Entwicklungen kommt es darauf an, das stadtrömische Chaos nicht isoliert zu sehen, sondern die Interdependenzen zwischen der äußeren und der inneren Politik jener Monate in ihrem ganzen Zusammenhang und insbesondere in ihrer Rückwirkung auf das Triumviratskartell zu berücksichtigen. In erster Linie ist dabei an die Folgen von Crassus' Katastrophe bei Carrhae vom Juni 53 v. Chr. zu denken. Damit war das trotz nicht weniger Reibungen seit 56 v. Chr., seit Luca, ausgewogene politische System aufgelöst. Trotz Caesars nach wie vor großer Erfolge in Gallien war dessen Einfluß jetzt wesentlich reduziert, Pompeius' Machtzuwachs durch seine Annäherung an die Optimaten weiterhin verstärkt worden.

In Caesars Augen war es eine Paradoxie, daß er als der Stärkere und Dynamischere nun vom Entgegenkommen seines ehemaligen Schwiegersohnes abhängig geworden war. Als er im Januar 52 v. Chr. in seiner oberitalischen Provinz eintraf, verkannte er das Ausmaß seiner Schwierigkeiten nicht und trat sofort in neue Verhandlungen mit Pompeius ein. Doch Caesars Lage komplizierte sich rasch auf dramatische Weise, als sich in jenem Frühjahr die Ausmaße des Vercingetorix-Aufstandes in Gallien abzuzeichnen begannen.

An eine Realisierung von Caesars Hoffnung auf ein gemeinsames Konsulat mit Pompeius war unter diesen Umständen überhaupt nicht zu denken. Um sich den Rücken freizuhalten und um den von Cato längst angedrohten Hochverratsprozeß zu verhindern, kam nun alles darauf an, in gründlichen Verhandlungen mit Pompeius einen korrekten Ausgleich zu erzielen. Da sich Pompeius durch die Zusicherungen von Luca gebunden fühlte und einen endgültigen Bruch mit Caesar noch vermeiden wollte, kam es schließlich zu einem für Caesar halbwegs erträglichen Kompromiß, ehe er in größter Eile auf den immer bedrohlicheren gallischen Kriegsschauplatz zurückkehren mußte.

Nach seinen persönlichen Erfahrungen vom Jahre 60 v. Chr., insbesondere im Zusammenhang mit der persönlichen Bewerbung um das Konsulat, besaßen für Caesar die Probleme um das Ende seines gallischen Prokonsulats sowie um die juristische Absicherung seines zweiten Konsulats im Jahre 48 v. Chr., schließlich um die Vermeidung einer Zäsur zwischen seiner prokonsularen und konsularen Amtsgewalt höchste Priorität. Aus diesem Problembündel, das sich schließlich zu einem ebenso komplexen wie subtilen Kontroversbereich entwickeln sollte und Vorgeschichte wie Ausbruch des kommenden Bürgerkrieges entscheidend mitbestimmte, waren zunächst, nach der Rechtslage des Jahres 52 v. Chr., die Einzelheiten eines Dispenses Caesars zu präzisieren. Pompeius erklärte sich denn auch auf Caesars Druck hin bereit, einen von allen zehn Volkstribunen einzubringenden Volksbeschluß zu erwirken, der einen entsprechenden Dispens juristisch absicherte.

Noch während diese Verhandlungen liefen, bemühten sich die Optimaten, insbesondere Cato und Bibulus, Pompeius festzuhalten und diesen zugleich zufriedenzustellen. Nach wie vor lehnten sie jeden Gedanken an eine Diktatur ab, waren indessen bereit, Pompeius die Stellung eines *consul sine collega*, eines alleinigen Konsuls, zu übertragen, eine Lösung, die dann auch Ende Februar 52 v. Chr. realisiert wurde. Angesichts des Ausmaßes der zu bewältigenden Probleme ging es dem im Einvernehmen mit dem Senat agierenden Pompeius zunächst darum, die juristischen Grundlagen für seine Initiativen zu sichern.

Erklärtes Ziel der beiden ersten, folgenschweren Gesetze des Pompeius war es, in zügigen und gerafften, nur schwer zu beeinflussenden Verfahren einerseits die Morde und Terrorakte der vergangenen Monate, andererseits die Wahlbestechungen der letzten Jahrzehnte zu ahnden. Die gewählten, durchaus sinnvollen Modalitäten erwiesen sich, trotz mancher Widersprüche, als zweckmäßig. Da Pompeius im Einklang mit der öffentlichen Meinung fest blieb, konnte er sich durchsetzen. In einer wahren Prozeßlawine, deren ungestörter Ablauf durch militärische Sicherung gewährleistet war, wurde auf juristischem Wege versucht, das Chaos der jüngsten Vergangenheit aufzuarbeiten. Daß es dabei auch zu problematischen Entscheidungen und Verurteilungen kam, daß auch Pompeius selbst in die Verfahren miteinbezogen wurde, war wohl nicht zu vermeiden.

Pompeius suchte auch hier, wie schon zuvor in vergleichbaren Fällen, gegenüber seinen alten Gefolgsleuten, Mitarbeitern und Offizieren die von ihm erwartete Hilfestellung des Patrons wahrzunehmen. Zwei damals aufsehenerregende Beispiele seiner *fides* (Treue) mögen die Verstrickungen belegen: Nur kurze Zeit nach dem Antritt seines dritten Konsulats, während seines Wirkens als *consul sine collega*, hatte Pompeius Cornelia, die Tochter des Q. Metellus Pius Scipio und Witwe des jungen P. Crassus, des bei Carrhae gefallenen Sohnes des Triumvirn, geheiratet. Als auch sein neuer Schwiegervater in das Netz des Bestechungsgesetzes geraten war, zögerte Pompeius keinen Augenblick, sich zu dessen Gunsten rückhaltlos einzusetzen – der Kläger zog die Anklage zurück.

Konnte der Konsul hier einen Erfolg erzielen, so gelang ihm dies im Falle des ehemaligen Volkstribunen T. Munatius Plancus Bursa nicht. Pompeius' erneute Aktivität für einen Günstling führte vielmehr zur Versteifung der Haltung der Richter, die unbeirrt auf ihrer Entscheidung beharrten.

Während die römische Bevölkerung durch alle diese Vorgänge und durch die spektakulären Prozesse in Atem gehalten wurde, hatte Pompeius auch seine Verpflichtung gegenüber Caesar eingelöst. Einmal mehr versuchte Cato die Beschlußfassung zu verhindern oder doch wenigstens zu verzögern – doch vergeblich: Pompeius identifizierte sich völlig mit dem erwähnten Antrag der zehn Volkstribunen, der Volksbeschluß wurde gebilligt, Caesar konnte sich endlich seinen Aufgaben in Gallien zuwenden.

So groß die Kompetenzen des Pompeius während seines dritten Konsulats waren, er hielt sich stets im Rahmen der traditionellen, von Optimaten und Senat dominierten Verfassung. Alle Befürchtungen, daß er seine einzigartige Stellung mißbrauchen könnte, erwiesen sich als unbegründet. Auf sein Betreiben hin ist schließlich am 1. August 52 v. Chr. sein Schwiegervater zu seinem Mitkonsul gewählt worden.

Ebenso entsprach die weitere Gesetzgebung jenes Jahres völlig den optimatischen Interessen. Die beiden neuen Gesetze über die Rechte der Magistrate und die Zuteilung der Provinzen mochten primär der Stabilisierung der Administration dienen. Daß dabei Caesars Interessen nicht hinreichend gewahrt wurden, sollte sich erst später erweisen.

Pompeius profitierte jedenfalls davon, daß ihm damals sein Imperium über die beiden spanischen Provinzen um weitere fünf Jahre verlängert wurde, während der Senat nach den neu beschlossenen Ausführungsbestimmungen schon unmittelbar nach dem 1. März 50 v. Chr. die Caesar ablösenden Statthalter in dessen Provinzen delegieren konnte, was zugleich bedeutete, daß ihm sein Heer entzogen war.

Ob diese disparaten Folgen von Anfang an so intendiert waren, läßt sich nicht zweifelsfrei nachweisen. Jedenfalls versuchten zunächst beide Seiten, auch weiterhin die Formen zu wahren. Als Caesar die endgültige Niederwerfung des Vercingetorix-Aufstandes gelungen war, billigte ihm der Senat erneut ein 20tägiges Dankfest zu, gewiß auch deshalb, um damit zu verdeutlichen, daß Caesars Gallischer Krieg nun als abgeschlossen gelten konnte und der große Feldherr wie seine Armee entbehrlich geworden waren.

Wie schon die Begründung des Triumvirats im Jahre 60 v. Chr., so ging auch dessen neue Konsolidierung im Jahre 56 v. Chr. auf Caesar zurück. Letzten Endes aber wurde die Interessengemeinschaft der Drei durch den erbitterten Widerstand der Optimaten zusammengeführt. Pompeius' Rolle in dieser Konstellation war von Anfang an zwiespältig und blieb es auch lange Zeit. Einerseits verhielt er sich gegenüber Caesar, solange es irgend ging, durchaus korrekt; andererseits band ihn, entsprechend seinem Wesen wie seinen tiefsten Überzeugungen, stets verfassungskonformes Handeln. Wenn Caesar später einmal die *res publica*, den Staat, für «ein Nichts» halten sollte und sich statt dessen selbst absolut setzte, so war eine solche Haltung für Pompeius undenkbar – nur schenkten ihm die meisten Optimaten zunächst kein volles Vertrauen.

Die zweite Hälfte der 50er Jahre gleicht daher einem zögerlichen, beiderseitigen Annäherungsprozeß, der sich gleichzeitig in Pompeius' allmählichem Abrücken von Caesar, insbesondere nach Iulias Tod, widerspiegelte. Doch neben jenem Wandel der persönlichen Konstellation wurde der Zeitraum durch die Verschärfung der Bandenkämpfe und Terrorakte geprägt, durch ein Klima, das Pompeius von Grund auf zuwider war. Dazu hatte es nur kommen können, weil die Stadt Rom über völlig unzulängliche Polizeikräfte verfügte, die nicht einmal in der Lage waren, einen geregelten Ablauf der Wahlen wie der Rechtsprechung zu garantieren. Damit waren zentrale Bereiche der republikanischen Verfassung und Administration faktisch lahmgelegt.

In diesem Entwicklungsrahmen nahm Pompeius zunächst eine nur schwer zu beschreibende Sonderstellung ein. Einerseits profitierte er nach wie vor von Caesars Machtstellung und dessen Ansehen bei den Popularen, andererseits verdankte er dem römischen Senat die *cura annonae*, die ihm einen weiten Handlungsspielraum gestattete. Die sich schrittweise zuspitzende Konfrontation zwischen Caesar und den Optimaten ist indessen nicht allein Pompeius' scheinbarer Unentschlossenheit oder seinen mangelnden diplomatischen Fähigkeiten zuzuschreiben. Als mindestens ebenso schwerwiegend erwies sich die starre, kompromißlose Haltung der führenden Optimatengruppe, welche Caesars berechtigte und verständliche Interessen nicht anerkannte und zu keinerlei Einlenken bereit war.

Die Verschärfung der inneren Krise in den Jahren 53 und 52 v. Chr. trug Pompeius schließlich nach verschiedenen, allesamt unzulänglichen Notstandsregelungen zur Kompetenz eines *consul sine collega* empor, zu einer Kompetenz, die seinen Wünschen durchaus genügte. Doch schon hier erwies es sich, daß er nie die volle und absolute Entscheidungsfreiheit besaß, wie sie für Caesar selbstverständlich war. Stets blieb er auch in der Folgezeit von der Zustimmung der optimatischen Wortführer abhängig, trug zwar die volle Verantwortung im Bereich der inneren Sicherheit und später der militärischen Maßnahmen der Republik, mußte indessen immer unter argwöhnischer Kontrolle der Optimaten handeln.

XII. DER AUSBRUCH DES BÜRGERKRIEGES

Unter dem Konsulat des bedeutenden Redners M. Claudius Marcellus und des Juristen S. Sulpicius Rufus kam es dann im Jahre 51 v. Chr. zu einer Präzisierung der inneren Gegensätze. Der Klärungsprozeß wurde durch die Bitte Caesars an den Senat eingeleitet, sein Kommando in Gallien bis zum Beginn seines zweiten Konsulates im Jahre 48 v. Chr. zu verlängern. Diese Bitte mußte um so gerechtfertigter erscheinen, als er gleichzeitig durch die Edition seiner Commentarii über den Gallischen Krieg an seine herausragenden Leistungen seit 59 v. Chr. eindrucksvoll erinnerte.

Doch darauf ging der Senat zunächst nicht näher ein. Auf dessen Seite ergriff Marcellus die Initiative. Er forderte, schon im April 51 v. Chr. Nachfolger für Caesar als Statthalter in die gallischen Provinzen zu entsenden, erklärte das Tribunengesetz für obsolet und provozierte Caesar auch noch zusätzlich, indem er dessen Bürgerrechtsverleihung an die Kolonisten von Como für widerrechtlich erklärte.

Für die allgemeine Stimmungslage im römischen Senat ist es charakteristisch, daß die Reaktionen sehr widersprüchlich ausfielen. Schon Marcellus' Mitkonsul Sulpicius Rufus, der den Ausbruch eines Bürgerkrieges befürchtete, lehnte ab, die Mehrheit der Senatoren respektierte den alten Termin des 1. März 50 v. Chr.; einzig im Falle von Como fand Marcellus Zustimmung. Doch durch die Interzession caesarfreundlicher Volkstribunen wurde auch dies verhindert. Als bedeutsamer sollte sich die Tatsache erweisen, daß Pompeius am 29. September nochmals auf die Beratungssperre bis zum 1. März 50 v. Chr. verwies, jedoch durchblicken ließ, daß er danach eine Entscheidung des Senates billigen werde.

Die sich damit anbahnende Auseinandersetzung um Caesars Dispens und Sicherung schien dann gegen Ende des Jahres 51 v. Chr. eine überraschende Lösung zu finden, als der Oberbefehl in einem neuen Partherkrieg diskutiert wurde und dabei sowohl der Name Caesars als auch derjenige des Pompeius ins Spiel gebracht wurden. Doch die Hoffnung, auf diese Weise das Problem zu bewältigen, zerschlug sich; am 1. März 50 v. Chr. setzte schließlich die Endphase der innenpolitischen Kontroverse ein.

Als bestimmende Persönlichkeiten standen im Senat nun drei Männer im Vordergrund: Der Konsul C. Marcellus setzte die radikale Politik seines Vetters Marcus zielstrebig fort; dessen Mitkonsul L. Aemilius Paullus war dagegen von Caesar finanziell abhängig geworden, ihm verpflichtet und faktisch neutralisiert. Die größte Überraschung unter den Antagonisten aber ging von dem Volkstribun C. Curio aus.

C. Scribonius Curio war ein enger Freund des Clodius, verschwenderisch, hochverschuldet. In der Kampagne gegen die Triumvirn versuchte er zunächst eine unabhängige politische Rolle zu spielen. Der hochbegabte und rhetorisch hervorragende Curio schien bereit, die Interessen der Optimaten zu verfechten, wurde dann jedoch ebenfalls von Caesar für dessen Sache gewonnen.

Am 1. März 50 v. Chr. riß er in der entscheidenden Senatssitzung die Initiative an sich. Als C. Marcellus versuchte, die Debatte über die Entsendung von Nachfolgern Caesars als Statthaltern in Gallien zu eröffnen, intervenierte er konsequent und forderte statt dessen, daß sowohl Caesar als auch Pompeius ihre Heere entlassen sollten. Zwar konnte er sich damit im Senat nicht durchsetzen, doch die römische Bevölkerung stimmte seiner Auffassung begeistert zu. Ein Kompromißvorschlag des Pompeius, der Caesar eine halbjährige Verlängerung seines Kommandos zusicherte, wurde von diesem nicht angenommen. Curio blieb fest und nahm seine Interzession nicht zurück.

Im Frühsommer 50 v. Chr. komplizierte sich dann die politisch-militärische Lage durch zwei Ereignisse. Zunächst schlug Pompeius vor, zur Verstärkung der römischen Truppen in Syrien zwei Legionen dorthin zu verlegen, wobei sowohl er selbst als auch Caesar jeweils eine Legion zur Verfügung stellen sollten. In diesem Zusammenhang griff er für sich selbst jedoch auf eine Legion zurück, die er im Jahre 53 v. Chr. Caesar überlassen hatte. Das Resultat war somit, daß Caesar mit einem Schlage zwei Legionen an den Osten verlor.

Von nicht geringerer Bedeutung wurde eine schwere Magenerkrankung des Pompeius, die diesen nötigte, einige Zeit zur Rekonvaleszenz auf seinen Villen in Kampanien zu verbringen. Die italische Bevölkerung befürchtete zeitweilig das Schlimmste und fühlte sich schutz- und führungslos im Kampf gegen Caesar. Wurde zunächst allenthalben für Pompeius' Genesung gebetet und geopfert, so schlugen die Besorgnisse nach dessen Gesundung in einen Strom von Bekundungen der Dankbarkeit, des Glücks und der engen Verbundenheit mit Pompeius um.

Öffentliche Dankfeste für die Götter breiteten sich von Neapel über ganz Italien aus, Pompeius' Rückkehr glich einem Triumphzug, insbesondere jenem des Jahres 62 v. Chr., nachdem er sein Heer in Brundisium entlassen hatte. Erneut stand er im Mittelpunkt von Begeisterung, Verehrung und Treuebezeugungen.

Doch wie Plutarch (Pompeius, 57) zu Recht beschreibt, erfaßte ihn gleichzeitig auch völlig unrealistische Siegeszuversicht und maßlose Überschätzung der eigenen Stärke. Besorgten Senatoren, die sich in der allgemeinen Bürgerkriegspsychose nach dem Stand seiner Rüstungen und der Stärke seines Heeres erkundigten, erklärte er hochmütig und abwiegelnd: «Wo ich in Italien mit meinem Fuß auf die Erde stampfe, da wachsen sogleich Heere zu Fuß und zu Pferde aus dem Boden.» (Pompeius, 57,9)

Tatsächlich beging Pompeius damals schwerwiegende und nicht wiedergutzumachende Fehler: Statt mit umfassenden Rüstungen zu beginnen und sein Potential auf jede nur denkbare Weise zu verstärken, statt Italien gegen Caesars Provinzen abzusichern, unterschätzte er dessen Kampfbereitschaft und Entschlossenheit. Wenn er leichtfertig Berichten über die negativen Stimmungen in Caesars Armee glaubte und sich der Illusion hingab, Caesar durch freundliche Erklärungen beschwichtigen zu können, so zeigt dies nur, daß er die Realität nicht mehr sah.

Ein Brief des M. Caelius Rufus an Cicero vom September 50 v. Chr. dokumentiert dagegen, daß nicht wenigen Aristokraten die Unvermeidbarkeit des Bürgerkriegs längst klar geworden war, aber auch, wie schwer es ihnen fiel, sich zu entscheiden:

«Wozu ich mich persönlich entschließe, weiß ich noch nicht; zweifellos wird auch Dir diese Entscheidung Kopfschmerzen machen. Mit unsern Leuten verbinden mich enge, freundschaftliche Beziehungen; die Sache der andern, das ganze Milieu gefällt mir nicht. Wahrscheinlich bist auch Du Dir darüber klar, daß man bei inneren Streitigkeiten, solange mit zivilen Mitteln, nicht mit den Waffen gekämpft wird, auf der anständigeren Seite stehen muß, sobald es aber zu Krieg und Waffenlärm kommt, auf der stärkeren, und für das

Beste halten muß, was das Sicherste ist. Bei diesem Konflikt wird Pompeius natürlich den Senat und die Mitglieder der Gerichtshöfe auf seiner Seite haben; Caesar werden alle, die in Angst oder trüben Aussichten leben, zulaufen; seine Armee ist unvergleichlich.» (Ad familiares 8, 14,2 f. – Übersetzung H. Kasten)

Auf der Bühne des Senats spitzte sich der innenpolitische Konflikt gegen Ende des Jahres in der Auseinandersetzung zwischen dem Censor Appius Claudius und dem Konsul C. Marcellus einerseits, dem Volkstribun Curio andererseits weiter zu. Der Versuch des Konsuls, Curio aus dem Senat zu entfernen, scheiterte zwar, doch für seine Anträge, Caesars Imperium zu beenden und gleichzeitig dasjenige des Pompeius zu verlängern, fand er die erforderliche Mehrheit.

Allein Marcellus triumphierte zu früh: Ein Alternativantrag Curios, wonach die beiden Kriegsherren ihr Kommando gleichzeitig niederlegen sollten, wurde bei nur 22 Gegenstimmen von 370 Senatoren unterstützt – ein klares Indiz der allgemeinen Stimmung der Führungsschicht. Begeisterung erntete Curio erst recht beim römischen Volk, das sich ebenfalls mit seinem Votum identifizierte.

Marcellus, der zunächst die Beratungen abgebrochen und damit eine endgültige Entscheidung verhindert hatte, trieb dann die Dinge weiter voran. Nachdem er, wohl am 2. Dezember 50 v. Chr., den Senat über eine angebliche Offensive Caesars informiert hatte, worauf Curio erneut sein Veto einlegte, wagte er den entscheidenden Schritt: Zusammen mit den für das nächste Jahr gewählten Konsuln und einigen weiteren Senatoren suchte er Pompeius auf und übertrug ihm das Notstandskommando über die Republik. In pathetischer Geste händigte er ihm dabei ein Schwert aus, übergab ihm auch die Befehlsgewalt über die beiden, bei Capua stationierten, einst für den Partherkrieg bestimmten Legionen und ermächtigte ihn zugleich zur Mobilisierung weiterer Streitkräfte.

Die Rechtsbasis dieses ausgesprochenen Notstandsaktes mochte prekär erscheinen, wie offensichtlich auch Pompeius bewußt war. Curio mochte dagegen intervenieren, doch faktisch war damit ein irreparabler Schnitt vollzogen. Dem Volkstribun, dessen Amtsgewalt in jenen Tagen endete, blieb nichts anderes übrig, als die Vorgänge Caesar zu melden. Sein Nachfolger, M. Antonius, der sich bereits in Gallien ausgezeichnet hatte, sollte Caesars Sache nicht weniger wirkungsvoll verteidigen.

Die erste große Rede M. Antons vor der Volksversammlung vom 21. Dezember 50 v. Chr. war ein Generalangriff auf Pompeius, der nur zur Verhärtung der Gegensätze beitragen konnte. Aus Briefen Ciceros an Atticus wird ersichtlich, daß nun auch Pompeius die Lage realistischer zu sehen und Caesars Optionen umfassender zu ahnen begann. Seit Beginn des Januars 49 v. Chr. wurde dann in einer geradezu hektischen Atmosphäre nach immer neuen Kompromißformeln gesucht; auch der inzwischen vor Rom stehende Cicero schaltete sich in letzter Stunde in die Verhandlungen ein und schien zeitweilig sogar einen Ausgleich herbeiführen zu können.

Doch anders als Pompeius beharrten der Konsul Lentulus und Cato auf der Ablehnung aller Zugeständnisse. Als der Senat in seiner Sitzung vom 7. Januar, trotz des Einspruchs der Caesarischen Volkstribunen, den Konsuln, Prätoren, Volkstribunen und in Roms Umfeld stehenden Prokonsuln diktatorische Kompetenzen übertrug, war der Krieg gegen Caesar beschlossene Sache, das Scheitern der politischen Verhandlungen geradezu ein Musterbeispiel verfehlter Krisenbewältigung.

Allerdings brach erst jetzt die Stunde der Wahrheit an. Wenn Pompeius nun auf Catos Fragen nach seinem Potential auf den Bestand von angeblich zehn Legionen verwies, so kam dies einer Beschwichtigung oder gar Irreführung gleich. Denn die Legionen, über die er in den spanischen Provinzen verfügte, standen für die Kämpfe in Italien nicht sogleich zur Verfügung, die zwei inzwischen nach Apulien verlegten Verbände mußten von Anfang an als unzuverlässig gelten, eine neu aufgestellte Einheit besaß keine Kampferfahrung. Ebensowenig sollte sich Pompeius' Einschätzung der Moral von Caesars Heer als zutreffend erweisen.

Wenigstens versuchte Pompeius nun, da ihm der Ernst der Lage bewußt geworden war, auf breiter Front die eigenen Mobilisierungen und Rüstungen zu forcieren. In Italien sollten nicht weniger als 130 000 Mann ausgehoben werden; Magistrate und andere Autoritätsträger wurden an die Spitze der verschiedenen Rekrutierungsbezirke gestellt, erzielten zunächst allerdings nur bescheidene Resultate; die Finanzierung des Krieges wurde vorbereitet, die Statthalterposten neu besetzt. Angesichts der Flut dieser Sofortmaßnahmen schien die Zuversicht in die Möglichkeiten der Optimaten zu wachsen.

Inzwischen waren jedoch die Würfel bereits gefallen. In einem Nachtmarsch hatte Caesar zwischen dem 11. und 12. Januar 49 v. Chr. den Rubikon (Pisciatello-Rubicone Cesenate) durchschritten und war sogleich bis nach Ariminum vorgestoßen, während eine zweite Angriffsspitze durch etrurisches Gebiet auf Arretium vorging. Damit hatte Caesar die Initiative an sich gerissen – und löste auf der Seite seiner Gegner eine extreme Panik aus.

Auf Pompeius prasselten nun Hohn und Spott sowie Vorwürfe aller Art nieder. Er mußte die geringe Zahl der verfügbaren, noch dazu unzuverlässigen und ungeübten Legionäre einräumen, sich sagen lassen, er solle jetzt doch auf den Boden stampfen. Nur Cato plädierte dafür, ihm das alleinige

Oberkommando und damit auch die alleinige Verantwortung für die gesamte Streitmacht der Republik zu übertragen. Doch dies wurde abgelehnt und damit die einheitliche Kriegführung der Caesargegner von vornherein gefährdet. Die Folgen dieser Fehlentscheidung sollten sich bereits in kürzester Zeit zeigen. An eine einheitliche Strategie war unter dieser Voraussetzung nicht zu denken.

XIII. DIE KÄMPFE IN ITALIEN UND AUF DER BALKANHALBINSEL

Caesars Eröffnung des Bürgerkrieges überraschte seine Gegner mehrfach; erst nach geraumer Zeit konnten sie die überlegene Planung seiner Strategie erkennen. Die erste und mit entscheidende Überraschung brachte die Tatsache, daß er – ganz im Gegensatz zur antiken Tradition – eine Winteroffensive entfachte und damit erhebliche logistische Schwierigkeiten in Kauf nahm. Nicht minder überraschend war die Aufgliederung seiner Streitkräfte in drei verschiedene Heeresgruppen. Deren stärkste, im Umfang von fünf Legionen, blieb unter Trebonius als strategische Reserve im Raum der Saône stehen und konnte je nach der Entwicklung der Kampfhandlungen zum massierten Einsatz kommen.

Eine zweite Heeresgruppe unter Fabius umfaßte lediglich drei Legionen (die VII., IX. und XI.). Ihre Aufgabe lag in der Sicherung von Caesars Machtbereich gegenüber den weit überlegenen Streitkräften des Pompeius in den spanischen Provinzen.

In wiederum drei Legionen gliederte sich auch die italische Invasionsarmee (VIII., XII., XIII.), die unter Caesars persönlichem Oberbefehl stand. Deren Basis war zunächst die Poebene; ihr Hauptstoß, den anfangs lediglich die XIII. Legion führte, galt, wiederum überraschend, der Adriatischen Küste und Picenum.

Geradezu bestürzend für die senatorischen Verteidiger wirkte die Dynamik dieses Angriffs, dessen Fächer sie völlig irritieren mußte, da gleichzeitig Curio gegen Iguvium (Gubbio), M. Anton gegen Rom vorging, obwohl der Schwerpunkt des Angriffs zunächst auch weiterhin in Nordostitalien lag.

Auch nach dem Übergang über den Rubikon wurde die Kette der Friedensinitiativen zwischen Caesar und Pompeius fortgesetzt; beide Seiten forderten dazu auf, persönliche Belange zurückzustellen und dem Wohle der *res publica* unterzuordnen. Insbesondere Caesar hat in seinen Commentarii auf diese wiederholten Bemühungen hingewiesen, in denen er immer wieder vergeblich auf eine persönliche Begegnung mit Pompeius drang, der sich dieser stets entzog. Dabei ist zu berücksichtigen, daß Pompeius' Position in jenen Wochen denkbar schwach war und die Optimaten argwöhnisch jeden seiner Schritte beobachteten, da sie eine erneute persönliche Einigung der beiden Triumvirn befürchteten.

Aus Ciceros Briefwechsel scheint hervorzugehen, daß Pompeius spätestens im Dezember 50 v. Chr. seine strategischen Optionen umfassend überprüft und dabei wohl nicht nur die Räumung Roms, sondern auch bereits jene Italiens in seine Überlegungen miteinbezogen hatte. Daß er solche Alternativen nicht öffentlich diskutieren wollte, ist begreiflich. Doch in der Sitzung des Senats vom 17. Januar 49 v. Chr. traten seine Prioritäten deutlich hervor. Er forderte nun nicht nur die umgehende Räumung Roms, sondern ließ zumindest auch schon die Grundzüge seiner «themistokleischen» Strategie ahnen, die selbst vor einer Preisgabe Italiens nicht zurückschreckte.

Monate später sah Cicero in einem Schreiben an Atticus noch deutlicher:

«... *sein ganzer Plan ist der des Themistokles. Er meint, wer das Meer beherrscht, der werde unbedingt den Krieg gewinnen. ... seine Hauptsorge ist immer gewesen, sich eine Seemacht zu schaffen.*» (X, 8, 4)

Doch Pompeius' Überlegungen beruhten nicht nur auf historischen Reminiszenzen, sondern in gleicher Weise auf seinen persönlichen Erfahrungen und auf seinem eigenen Erleben. Es steht fest, daß ihm die Strategie Sullas deutlich vor Augen stand, dessen Beispiel einer Rückgewinnung des zunächst aufgegebenen Italiens ihm stets gegenwärtig blieb, wobei allerdings die Unterschiede in den militärischen Konstellationen wohl nicht adäquat berücksichtigt wurden. Vor allem aber dachte Pompeius seit seinen ersten Feldzügen, nicht zuletzt seit seinen umfassenden Imperien gegen die Seeräuber und Mithridates VI., gleichsam in imperialen Dimensionen, für die Rom und Italien zwar zentral, aber nicht allein entscheidend waren.

Im Rahmen solcher Sicht kam freilich auch dem Zeitfaktor hohe Priorität zu. Gegenüber der geballten Macht der gallischen Legionen Caesars kam es für Pompeius zunächst darauf an, Zeit für seine Rüstungen und für die Zusammenfassung seiner Streitkräfte zu gewinnen. An eine systematische Verteidigung Norditaliens war daher von vornherein nicht zu denken.

Angesichts der zunächst unkalkulierbaren Vorstöße Caesars und der Zersplitterung der Truppen des Senates, angesichts des raschen Zusammenbruchs der Verteidigung italischer Städte wie des Überlaufens großer Teile ihrer Besatzungen und nicht zuletzt, wie vor allem das Beispiel von Corfinium (Corfinio) zeigen sollte, angesichts mangelnder Führungskoordination mußte auch Rom schon frühzeitig aufgegeben werden. Es war deshalb durchaus konsequent, wenn Pompeius am 17. Januar 49 v. Chr. den Senat beschließen ließ, daß sämtliche Magistrate und Senatoren schon am folgenden Tage Rom zu verlassen hätten, wer zurückblieb, aber als Hochverräter zu betrachten sei. Teanum Sidicinum (Teano) wurde zur ersten Station des hastigen Rückzugs bestimmt.

Pompeius' Erfahrungen nach Kriegsausbruch waren im übrigen höchst zwiespältig. Die größte positive Überraschung bildete der Übertritt von Caesars wichtigstem und erfolgreichstem Legaten Titus Labienus, einem hervorragenden Truppenbefehlshaber, der sich während des Gallischen Krieges wiederholt ausgezeichnet hatte. Die Gründe für dessen spektakulären Schritt sind unbekannt. Da er aus Picenum stammte, können alte landschaftliche Verbindungen mit Pompeius ebenso eine Rolle gespielt haben wie die Enttäuschung über seine Behandlung durch Caesar. In ihm fand Pompeius jedenfalls einen hochangesehenen und unbedingt zuverlässigen, erfahrenen und kompromißlosen Befehlshaber an seiner Seite, dessen Rat er stets respektierte, der als erbitterter Caesargegner erst in der Entscheidungsschlacht von Munda (45 v. Chr.) den Tod finden sollte.

Weniger erfreulich waren Pompeius' Erfahrungen mit seinen übrigen optimatischen Feldherrn und Magistraten. Wo es darauf angekommen wäre, in einheitlicher, in sich geschlossener Strategie Widerstand zu leisten, herrschten arroganter Ungehorsam, Eigensinn und Täuschung. Charakteristisch dafür ist einmal das Verhalten Ciceros, der einerseits Pompeius lebhafte Aktivitäten in der Truppenaushebung Kampaniens suggerierte, gleichzeitig jedoch Caesar wissen ließ, daß er angeblich keine amtlichen Aufgaben übernommen habe und lediglich als Privatmann lebe. Charakteristisch ist auch das Verhalten der Konsuln C. Claudius Marcellus und L. Lentulus

Crus, dis sich weigerten, die beträchtlichen Mittel des Staatsschatzes aus Rom in Sicherheit zu bringen. Währenddessen hatte Pompeius sein Hauptquartier über Larinum (Larino) nach Luceria (Lucera) verlegt.

Caesars Offensive hatte sich inzwischen planmäßig entfaltet und dies mit größter Geschwindigkeit, so daß in der neueren kriegsgeschichtlichen Forschung (Y. Le Bohec) geradezu von einem «Blitzkrieg» gesprochen wird: In Auximum (Osimo) gingen die Verteidiger sogleich zu Caesar über; weitere Verstärkungen brachte die jetzt nachgezogene XII. Legion; die starke Besatzung von Asculum (Ascoli Piceno) floh. Zum Sammelpunkt der sich auflösenden Kräfte sollte Corfinium werden, in dem Caesars alter persönlicher Gegner L. Domitius Ahenobarbus schließlich nahezu drei Legionen konzentriert hatte und der durch zahlreiche Senatoren und Ritter zusätzlich verstärkt war.

Corfinium wurde nun zum eklatantesten Beispiel aristokratischer Selbstherrlichkeit, aber auch caesarischer Politik. Denn entgegen Pompeius' Weisungen und Bitten blieb Ahenobarbus in Corfinium stehen und verhinderte damit nicht nur eine rechtzeitige Vereinigung mit den Truppen des Pompeius, sondern verlor schließlich auch noch die eigenen Verbände an Caesar. Dabei hatte ihn Pompeius wiederholt eindringlich genug um eine Zusammenführung der Verbände gebeten:

«Wir müssen entweder eine starke Streitmacht zusammenbringen, mit der wir einen Durchbruch riskieren können, oder ein Gelände besetzen, das uns eine defensive Kriegführung erlaubt. Beides ist uns bisher nicht geglückt, da Caesar schon einen großen Teil Italiens okkupiert hat und unsere Truppe nicht so reich ausgestattet und zahlreich ist wie seine. So müssen wir darauf bedacht sein, keinesfalls die

Gesamtlage aus den Augen zu lassen. Nochmals fordere ich Dich auf, sobald wie möglich mit Deiner gesamten Truppe hierher zu kommen. Noch jetzt können wir den Staat wiederaufrichten, wenn wir die Sache nach gemeinsamem Plan anfassen. Zersplittern wir uns, so sind wir schwach. Das steht für mich fest.» (Cicero, ad Atticum - VIII, 12 C 3 – Luceria, 16. Februar 49 v. Chr.)

Während Pompeius so noch immer den Abzug des Ahenobarbus aus Corfinium erwartete, Ahenobarbus umgekehrt von Pompeius Entsatz erhoffte, hatte sich die Lage vor der Stadt völlig verändert. Zu Caesar war inzwischen auch die VIII. Legion herangerückt, dazu weitere Kohorten aus Gallien, Reiter aus Noricum, so daß er zusammen mit den Überläufern nun insgesamt über etwa 20 000 Mann verfügen und somit die Belagerung der Stadt einleiten konnte. Von vornherein drang er dabei auf die Verhinderung von Plünderungen und Disziplinlosigkeiten, ja er schützte die feindlichen Kommandeure vor der Wut ihrer eigenen Truppen, als Corfinium am 21. Februar 49 v. Chr. kapitulierte.

Mochte nun allgemein ein Blutbad an den in Caesars Hand gefallenen Senatoren, Rittern und Kommandeuren, immerhin rund 50 Personen, erwartet werden, so statuierte dieser das berühmte historische Exempel seiner *clementia*, der «Milde von Corfinium», indem er die führenden Gegner sämtlich ohne weitere Auflagen entließ.

In einem Brief an seine Vertrauten Oppius und Balbus bekannte er sich programmatisch zu dieser Politik: «Das sei die neue Art zu siegen, daß wir uns durch Erbarmen und Weitherzigkeit sichern.» (Ad Atticum IX, 7,1 C) Und in einer späteren Mitteilung an Cicero ging er sogar noch einen Schritt weiter: «Es kümmert mich auch nicht, daß diejenigen, die von mir entlassen wurden, entflohen sein sollen, um wiederum gegen mich zu kämpfen; denn nichts will ich lieber, als daß ich mir treu bleibe, jene sich.» (Ad Atticum IX, 16,2) Tatsächlich kämpfte der fanatische L. Domitius Ahenobarbus sowohl bei Massilia gegen Caesar weiter, vor allem jedoch dann bei Pharsalos, wo er den linken Flügel der Senatstruppen befehligte und dort schließlich auf der Flucht den Tod fand.

Mit dem Fall von Corfinium war die erste Etappe des Bürgerkriegs in Italien beendet; Pompeius zog daraus sogleich die notwendigen Konsequenzen. Im Einvernehmen mit den Konsuln ging er über Canusium (Canosa) nach Brundisium, wo er alle noch erreichbaren Truppen konzentrierte und wohin er auch alles erreichbare Kriegsmaterial schaffen ließ. Gleichzeitig hatte er dort auch alle greifbaren Schiffe zusammengezogen, um über eine möglichst große Transportkapazität zu verfügen, sowie die Verteidigung von Stadt und Hafen vorbereitet. Planung und Durchführung der Evakuierung Italiens in kürzester Zeit zählen zu Pompeius' bedeutendsten organisatorischen Leistungen, die Caesar kaum behindern konnte.

Schon am 4. März 49 v. Chr. segelten die Konsuln zusammen mit einem Großteil der Truppen nach Dyrrhachion (Durazzo, albanisch Durres), am 17. März dann auch Pompeius selbst mit den restlichen Verbänden und Materialien – dies alles unter den Augen Caesars, wobei lediglich zwei Schiffe verlorengingen.

Das erste Vierteljahr des Bürgerkrieges war somit auf beiden Seiten durch bemerkenswerte Erfolge geprägt; zugleich wurden Konstanten und Belastungen sichtbar, die auch die Entwicklung der Folgezeit bestimmen sollten. In einer breitflächig angelegten, dennoch durch einen eindeutigen Schwerpunkt am Adriatischen Meer gekennzeichneten, stürmischen Offensive war es Caesar innerhalb von zweieinhalb Monaten gelungen, die gesamte italische Halbinsel in seine Hand zu bringen.

Aus den anfänglich zahlenmäßig begrenzten, aber erfahrenen und hochmotivierten Offensivtruppen hatte sich in kurzer Zeit dank zahlreichen Überläufern und stetigen Verstärkungen eine Lawine mitreißender Verbände gebildet, die nur geringe Verluste erlitten und durch die Kette ihrer Siege auch moralisch überlegen waren. Ihrer Geschlossenheit entsprachen auf der Gegenseite Zersplitterung, Halbherzigkeit und fatale Zeitverluste bei der Mobilisierung des italischen Potentials.

Vor allem wurden sogleich die Reibungen und Belastungen ersichtlich, die sich aus der Einflußnahme führender Aristokraten auf die Kriegsführung ergaben. Partialinteressen, Mißtrauen, Eigenwilligkeit und Disziplinlosigkeit konterkarierten die hervorragenden organisatorischen Leistungen des Pompeius, dessen strategische Planungen kaum verstanden und nicht entschieden genug mitgetragen wurden. Nicht zuletzt hieraus sollten sich jene Komplikationen ergeben, die schließlich wesentlich zu dessen Scheitern beitrugen.

In Brundisium brach Caesar zunächst die Kämpfe gegen Pompeius persönlich ab, da ihm die Mittel für den sofortigen Übergang auf die Balkanhalbinsel fehlten. Statt dessen setzte er andere Prioritäten: Zunächst ging er nach Rom, um dort die Unterstützung von Senat und Volksversammlung zu gewinnen, seine Stellung auch rechtlich abzusichern und nicht zuletzt, um sich des Staatsschatzes zu bemächtigen.

Der Widerstand des Volkstribuns L. Metellus wurde gebrochen, etwa 15 000 Goldbarren, doppelt so viele Silberbarren und etwa 30 Millionen Sesterze fielen in Caesars Hände, Mittel, die er dringend zur Besoldung seiner Truppen und zu weiteren Rüstungen benötigte. Dies hatte Vorrang vor der

Unantastbarkeit der Volkstribunen, mochte er damit auch die Öffentlichkeit gegen sich aufbringen.

Andere Initiativen mißglückten. Cicero war nicht dazu zu bewegen, für Caesar im Senat aktiv zu werden. Die Senatssitzung vom 1. April 49 v. Chr. verlief kläglich, da an ihr nur eine kleine Zahl nicht besonders angesehener Senatoren teilnahm. Doch wenigstens gelang es Caesar, einen Gefolgsmann, den Prätor M. Aemilius Lepidus, als verantwortlichen Magistrat Roms für eine Übergangszeit einzusetzen.

Im Vordergrund stand für ihn selbst freilich die Zerschlagung des starken pompeianischen Machtpotentials in den spanischen Provinzen. Doch ehe er dort aktiv werden konnte, traf er auf den entschlossenen Widerstand Massilias, das von einer kleinen Flottille des Pompeius unterstützt wurde. Da die Stadt nicht im ersten Anlauf zu nehmen war, beauftragte Caesar den Legaten C. Petronius mit der Belagerung, die sich über ein halbes Jahr hinzog. In dramatischen Kämpfen zur See konnten sich Caesars Verbände am Ende dann durchsetzen.

Persönlich leitete er in einem strategisch wie taktisch glänzend konzipierten Feldzug die Offensive gegen die Hauptmacht der Pompeianer in der Hispania citerior, wo L. Afranius und M. Petreius immerhin fünf Legionen neben entsprechenden Hilfstruppen befehligten. Im Raume von Ilerda am Sicoris (Segre) konnte Caesar nach einigen Rückschlägen innerhalb von 40 Tagen die Gegner durch überlegene militärische Operationen, nicht zuletzt indem es ihm gelang, deren Versorgung zu unterbrechen, zur Kapitulation zwingen. Die Unterwerfung des Statthalters der Hispania ulterior, des berühmten Gelehrten M. Terentius Varro, war demgegenüber ein bloßes Nachspiel.

Wie schon im Italienfeldzug des Frühjahrs, so wurden auch jetzt die massierten Vorstöße in Spanien durch weitere, gleichzeitige Offensiven ergänzt. Dabei konnte Curio zuerst das von Cato sogleich geräumte Sizilien einnehmen, wurde dann jedoch bei seinem weiteren Angriff in Nordafrika im Kampf gegen den König Iuba und die pompeianischen Truppen unter P. Attius Varus am Bagradas (Medjerda) vernichtend geschlagen, wo er auch selbst den Tod fand. Glücklicher entwickelte sich das Geschehen auf Sardinien, das ohne stärkeren Widerstand in Caesars Hand fiel.

In Katastrophen mündeten dagegen Caesars Flottenaktivitäten in der nördlichen Adria. Dort triumphierten die pompeianischen Flottillen unter L. Scribonius Libo und M. Octavius über die Verbände des P. Cornelius Dolabella und C. Antonius, des Bruders M. Antons. Dolabella verlor dabei 40 Schiffe, Antonius mußte sich schließlich bei der Insel Curicta (Krk) ergeben, ein Entsatzheer wurde zurückgeschlagen. Caesars erster Versuch, auch östlich der Adria Fuß zu fassen, war damit gescheitert. Doch trotz aller Rückschläge, die er so hatte hinnehmen müssen, war seine Bilanz in diesem ersten Jahr des Bürgerkriegs insgesamt positiv.

Positiv hatte sich zuletzt auch die Normalisierung der verfassungsrechtlichen Lage für ihn entwickelt. Noch während der erfolgreichen Endkämpfe um Massilia wurde ihm mitgeteilt, daß er dank Lepidus' Initiative zum Diktator gewählt worden war mit dem Auftrag, in Rom ordnungsgemäße Konsulwahlen für das Jahr 48 v. Chr. durchführen zu lassen. Das Ergebnis entsprach naturgemäß ganz seinen Erwartungen: Endlich konnte er sein so lange umstrittenes zweites Konsulat zusammen mit P. Servilius Isauricus antreten; die Phase der staatsrechtlichen Unsicherheit war damit zu Ende. Caesar nahm die Legalität seiner Herrschaft für sich in Anspruch – auf der Gegenseite amtierten fortan nur noch Promagistrate.

Während dieser vielfältigen Ereignisse im Westen hatte

Pompeius auf der Balkanhalbinsel ungestört die eigene Streitmacht aufbauen und verstärken können. Zu den insgesamt neun Legionen, über die er bald verfügte, trafen nun starke Formationen orientalischer Spezialtruppen ein, die ihm seine befreundeten Klientelkönige und -fürsten zur Verfügung stellten. Neben Tausenden von Bogenschützen und Hunderten von anderen, speziell bewaffneten Hilfstruppen soll er über 7000 Kavalleristen verfügt haben. Doch so imponierend diese Zahlen wie der Rang ihrer Anführer sind, es darf nicht übersehen werden, daß die Verbände nur eine geringe Kampferfahrung besaßen und daß ihre Koordination immer schwierig blieb.

Noch eindrucksvoller war der Aufbau der pompeianischen Kriegsflotte. Zu Hunderten von Kriegsschiffen (Appian II, 49, 204 nennt die Zahl von 600 Einheiten) trat eine große Zahl kleinerer Schiffe; der Gesamtverband war in die ägyptische, asiatische, syrische, phönikisch-kilikische, rhodische, liburnisch-achäische Flottillen untergliedert. Der Oberbefehlshaber M. Bibulus, Caesars alter Antagonist in seinem ersten Konsulat, der Korkyra zur Basis gewählt hatte, verfügte dort allein über 110 Schiffe.

Auch im Sektor der materiellen Rüstung zeigte sich Pompeius wieder einmal ganz in seinem Element. Mögen Caesars diskreditierende Angaben übertrieben sein, so steht doch fest, daß Pompeius mit großer Energie und Konsequenz im gesamten orientalischen Bereich Geld- und Sachmittel eintreiben ließ, um den beträchtlichen Bedarf seiner Streitkräfte zu decken.

Nach der geglückten Räumung von Brundisium waren Pompeius, die Konsuln und die Truppen auf der großen römischen Fernstraße, der Via Egnatia, von Dyrrhachion aus in die Hauptstadt der Provinz Macedonia, nach Thessaloniki, gezogen. Während die Armee etwa 60 km westlich der Stadt, bei Berhoia (Werria), ihr Lager bezog und sogleich mit intensiven Truppenübungen und Manövern begann, um die Koordination der disparaten Einheiten zu verbessern – Aktivitäten, an denen sich immer wieder auch Pompeius persönlich beteiligte –, organisierten die Konsuln in Thessaloniki die traditionellen Funktionen des Senats. Dieser wuchs allmählich auf rund 200 Mitglieder an; ziemlich spät erschien dort auch der ewig schwankende Cicero.

Nachdem bei der überstürzten Räumung Roms wesentliche staats- und religionsrechtliche Vorschriften mißachtet worden waren, versuchte man nun peinlich genau die traditionellen Normen zu erfüllen. Um auf römischem Boden zu stehen, wurde daher ein größerer Gebäudekomplex erworben, der die Fiktion erlaubte, daß sowohl die Senatssitzungen auf römischem Gebiet als auch die Einholung der Auspizien ordnungsgemäß erfolgen konnten.

Aktivitäten und Konsequenzen dieses Rumpfsenats, der ebenfalls die Legalität für sich in Anspruch nahm, erwiesen sich bald als nicht nur problematisch, sondern vor allem für Pompeius selbst als große Belastung. Zwar wurde ihm auf Antrag des Konsuls Lentulus nun endlich auch der Oberbefehl über alle Streitkräfte übertragen und auf Catos Antrag beschlossen, daß römische Bürger in den kommenden Gefechten nur während der Kampfhandlungen getötet werden durften und daß keine zum Imperium zählende Stadt geplündert werden sollte. Doch insgesamt gesehen, wog anderes schwerer.

Je länger der Krieg andauerte, desto stärker wuchs das Mißtrauen gegenüber dem Oberbefehlshaber, dem man unterstellte, er wäre nur an einer möglichst langfristigen Dauer seiner Funktion interessiert. Da der Senat von Thessaloniki nur wenige wichtigere Entscheidungen zu treffen hatte, beschäftigten sich die hohen Herren überwiegend mit sich selbst, ihren gesellschaftlichen Interessen und zukünftigen Ansprüchen. Daneben glaubten militärische Besserwisser, wie der erst spät in Makedonien eingetroffene «Imperator» Cicero, sich über die angeblichen Fehlentscheidungen und Unzulänglichkeiten des Oberbefehlshabers mokieren zu müssen. So entstand ein Klima der Herabsetzungen, Unzufriedenheit und Médisance, das besonders Pompeius selbst lähmen mußte.

Völlig konträr entwickelten sich die Dinge auf der Gegenseite. Obwohl Caesars Legionen durch Verluste, Verwundungen, Erkrankungen und die Strapazen dieses Jahres erheblich geschwächt waren, zog sie der Konsul erneut bei Brundisium zusammen und wagte die Invasion im Süden von Illyrien, das ihm aus seinem Prokonsulat vertraut war. Er wagte sie trotz der ungünstigen winterlichen Wetterbedingungen und obwohl ihm nur ein relativ bescheidener Transportraum zu Schiff zur Verfügung stand. Dennoch konnte er am 4. Januar 48 v. Chr. mit ungefähr 20 000 Mann bei Palaeste (Paljasa), im Westen der Keraunischen Berge und der Landschaft Chaonien, wohl zu seiner eigenen Überraschung ungehindert landen.

Daß dies gelang, ist vor allem auf die unzulängliche Aufklärung und die Fehleinschätzungen der Pompeianer zurückzuführen. Obwohl diese schon ein Jahr zuvor Caesars risikoreichen Winterfeldzug erlebt hatten, zogen sie daraus keine Lehren:

Die Truppen des Pompeius hatten zwischen Dyrrhachion und Thessaloniki Winterquartiere bezogen, das Gros der Flotte des Bibulus war im Raume von Korkyra ebenfalls nicht kampfbereit, eine bei Orikon (am Golf von Valona) liegende kleine Flottille riskierte den Angriff auf das Geschwader Caesars nicht.

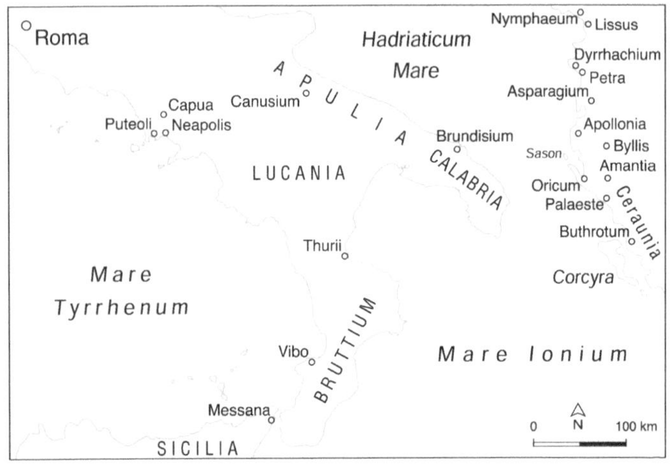

Kämpfe in Epirus

So gelang Caesar nicht nur die völlig überraschende und erfolgreiche Landung, sondern zugleich auch die Errichtung eines starken Brückenkopfes: Orikon wurde ebenso von ihm besetzt wie nördlich davon die Städte Amantia und Byllis, vor allem jedoch das am Beginn der Via Egnatia gelegene Apollonia (Poian in Albanien). Das Gelingen dieses so risikoreichen Einsatzes ist kaum zu überschätzen. Es spiegelte sich in der nun ausbrechenden Krise bei den Truppen des Pompeius wider.

Als in der von Pompeius in Eilmärschen nach Westen geworfenen Armee der Fall von Apollonia bekannt wurde, brach Panik aus; insbesondere die aus Epirus stammenden Rekruten flohen. Die Desertionen nahmen ein solches Ausmaß an, daß sich Labienus zu einem ungewöhnlichen Schritt veranlaßt sah: In einer Heeresversammlung zerstreute er alle Zweifel an der Führung des Pompeius, gab statt dessen eine Vertrauenserklärung für ihn ab und leistete den Schwur, ihn nie zu verlassen. Sein Appell war so überzeugend, daß auch die Offiziere und Soldaten des Heeres den gleichen Eid leisteten.

Die Lage stabilisierte sich vollends, als Pompeius bei Asparagium ein Lager bezog, am Apsos den weiteren Vormarsch Caesars nach Norden und damit die Einnahme von Dyrrhachion verhinderte. Die wichtige Nachschubbasis, die fortan im Mittelpunkt der Kämpfe bleiben sollte, war damit in seiner Hand.

Caesar hatte nach der geglückten Landung sogleich sein Transportgeschwader wieder nach Brundisium zurückbeordert, um rasch auch das letzte Drittel seiner Armee nachzuziehen – doch inzwischen hatte sich die Lage auf See völlig verändert. Bibulus war sich seines Versagens bewußt geworden und versuchte nun durch geradezu hektische Aktivitäten, die Seeherrschaft der Pompeianer wiederzugewinnen. Es gelang ihm auch, 30 Transportschiffe einzuholen und sie mit ihren Besatzungen in Brand zu setzen. Gleichzeitig organisierte er eine lückenlose Küstenblockade, die jeden Gedanken an eine zweite Landung ausschloß. Er selbst überforderte sich in jenen Monaten physisch so sehr, daß er bald darauf starb.

Es war für Caesar charakteristisch, daß er die militärische Invasion durch eine neue, parallel durchgeführte Friedensinitiative ergänzte. Mit L. Vibullius Rufus hatte er einen gefangenen höheren Offizier und Vertrauten des Pompeius dazu eingesetzt, doch erneut scheiterte der Versuch, da sich beide Seiten nicht über einen Waffenstillstand einigen konnten. Pompeius lehnte kategorisch alles ab, was den Eindruck hätte erwecken können, er verdanke Leben und Heimat Caesar. Auch ein weiterer Annäherungsversuch zwischen den Truppen selbst blieb ergebnislos.

Vorrang hatten für Pompeius damals nach wie vor Unternehmungen zur See. So gelang es seinem Admiral Libo, einige

Zeit Brundisium zu blockieren und dort auch einige Schiffe zu zerstören. Doch auf die Dauer ließ sich diese Sperre nicht aufrechterhalten, da Mark Anton erfolgreiche Gegenangriffe unternahm. Sehr viel kritischer wurde stets der Einsatz von Pompeius' Landstreitkräften beurteilt. Es steht nun einmal fest, daß er es versäumte, mit all seinen zahlenmäßig überlegenen Infanterie- und Kavallerieformationen Caesars Truppen anzugreifen, ehe sie sich mit ihren noch in Italien stehenden Verbänden vereinigen konnten.

Doch Pompeius dürfte die Kampfkraft seiner eigenen Einheiten, insbesondere nach den Auflösungserscheinungen vor Apollonia, zutreffend eingeschätzt und diese auch deshalb nicht den Nahkämpfen mit Caesars altgedienten Legionen ausgesetzt haben. Er war wohl der Ansicht, daß auch hier die Zeit für ihn arbeiten würde, und konnte hoffen, im Laufe von Frühjahr und Sommer weitere Verstärkungen zu erhalten, nicht zuletzt zwei Legionen, die Metellus Scipio aus Syrien heranführte. Das sah auch Caesar ähnlich und drängte deshalb Mark Anton immer schärfer, endlich das bei Brundisium stehende Korps nach Illyrien zu schaffen.

Etwa am 10. April 48 v. Chr. glückte auch diese Überfahrt von immerhin drei aktiven Legionen und einer Neuaufstellung sowie rund 800 Kavalleristen. Bei Nymphaion nördlich von Lissos (Alessio) konnte der Verband ohne größere Verluste landen, sogleich mit Operationen im Genusostal beginnen und endlich auch die Vereinigung mit den herangerückten Truppen Caesars erreichen. Danach verlagerten sich die beiderseitigen Aktivitäten in den Raum südlich von Dyrrhachion. Aus dem Bewegungskrieg wurde ein drei Monate andauernder Stellungskrieg, in dessen Zentrum zwei riesige Befestigungsringe mit gleichzeitig errichteten Kastellen und Stützpunkten lagen.

Dabei hatte Pompeius zweifellos die günstigere taktische Position bezogen. Ausgehend von dem Hochplateau Petra errichtete er eine Befestigungslinie im Umfang von 22,5 km, eine geschlossene Linie, die durch 24 Kastelle gesichert war. Der dadurch eingeschlossene Raum ermöglichte zunächst eine ausreichende Futterversorgung für die Kavallerie; vor allem aber besaß er Zugang zur See und stand damit auch mit Dyrrhachion in Verbindung.

Caesars Feldbefestigung, die jene des Pompeius umfaßte und insgesamt 25,5 km einnahm, verfügte über eine solche Nachschubmöglichkeit nicht und bot insgesamt wesentlich schlechtere Versorgungsmöglichkeiten. Neben dem nicht abreißenden Kleinkrieg mit seinen wechselvollen Gefechten litten beide Seiten im Laufe der Zeit immer stärker unter Verpflegungsschwierigkeiten. Caesars Armee mußte sich schließlich mit einem aus Kelkâwurzeln gebackenen Brotersatz begnügen, gab aber dennoch nicht auf. Es ist verständlich, daß er deshalb immer stärker auf eine Entscheidung drängte.

Allein ein erster Vorstoß Caesars am 8. Juli 48 v. Chr. scheiterte, obwohl Pompeius angeblich 2000 Soldaten verlor. Dagegen konnte Pompeius in einer umfassend vorbereiteten Durchbruchsschlacht am 17. Juli einen eindrucksvollen Sieg erringen. Im Chaos jenes Kampfes rissen die fliehenden caesarischen Legionäre immer neue Einheiten mit sich, die auch Caesar selbst nicht mehr aufhalten konnte. Es war eine seiner bittersten Niederlagen, denn in seinen Commentarii räumte er selbst ein, daß er an jenem Tag 960 Infanteristen, 200 Kavalleristen und 32 Feldzeichen verlor, eine für Caesars Verhältnisse außerordentlich hohe Zahl. Mehr noch, er gab zu, wenn auch nicht ohne Diskriminierung seines Gegners:

«Der Krieg hätte heute zugunsten der Feinde enden können, wenn sie einen Feldherrn hätten, der den Sieg auszuwerten verstünde.» (Appian II, 260 – Übersetzung O. Veh)

Tatsächlich war es für Pompeius typisch, daß er in dem unübersichtlichen Gelände und Befestigungsnetz vor einer Verfolgung zurückschreckte, während Caesar in vergleichbaren Situationen, wie wenig später bei Pharsalos, seine Truppen bis zur endgültigen Auflösung der feindlichen Verbände mitriß und so deren erneute Reorganisation verhinderte.

Trotz aller Verluste gelang es Caesar, sich über Apollonia und Asparagium abzusetzen und sich dann nach forcierten Eilmärschen im Norden Thessaliens mit seinem detachierten Legaten Domitius Calvinus zu vereinigen. Auch Pompeius konnte sich gleichzeitig bei Larisa mit Metellus Scipio vereinigen, dem er alle militärischen Ehren zukommen ließ. Damit rückte die Entscheidung des Ringens näher.

Im übrigen zeitigte die Durchbruchsschlacht bei Dyrrhachion durchaus verschiedenartige, für Pompeius verhängnisvolle Folgen. Während Caesar seine geschlagenen Verbände erneut disziplinieren und zu höchstem Einsatz aufstacheln konnte, der zudem durch einige kleinere militärische Erfolge wie die Erstürmung von Gomphi (Muzaki) noch verstärkt wurde, herrschte im Lager des Pompeius und im Senat von Thessaloniki voreilige und überzogene Siegesgewißheit. Denn auf die Nachricht von dem eindeutigen militärischen Erfolg hatten sich weitere griechische Städte und Klientelherren Pompeius angeschlossen, vor allem sahen jedoch die Optimaten den Krieg als bereits gewonnen an.

In ihren Reihen diskutierte man über Proskriptionen, einen Senatsgerichtshof zur Aburteilung von Standesgenossen, die nicht aktiv am Kampf gegen Caesar teilgenommen hatten, die

Besetzung von Magistraturen und Priesterstellen, wobei besonders Caesars Nachfolge als *pontifex maximus* leidenschaftlich umstritten war. Nicht zuletzt war man entschlossen, Pompeius' Oberkommando nun möglichst rasch zu beenden. Auf ihn, den «Agamemnon», wie man ihn spöttisch nannte, wurde stärkster Druck ausgeübt, endlich die im Geiste bereits gewonnene Entscheidungsschlacht zu wagen. Dieser anhaltenden Hysterie konnte sich schließlich auch der Oberbefehlshaber nicht entziehen.

Bei Pharsalos (Pharsala) in der westthessalischen Ebene, die durch den etwa 60 m breiten Fluß Enipeus geprägt wird – die genaue Lokalisierung ist noch immer umstritten –, trafen die beiden Heere Anfang August 48 v. Chr. aufeinander. Nachdem sich Pompeius zunächst einige Tage gegen eine Schlacht gewehrt hatte, wurde am Abend des 8. August ein Kriegsrat abgehalten, in dem er seinen Entschluß zum Kampf am folgenden Tag erklärte und auch die Grundzüge seiner Taktik erläuterte.

In seinem Vorhaben wurde er besonders von Labienus unterstützt, der vor einer Überschätzung von Caesars Armee warnte und glauben machte, diese bestünde im wesentlichen nur aus Rekruten. Als guter Kenner der Gegenseite konnte er überzeugen, vor allem als er seine Rede mit dem Schwur beendete, nur als Sieger das Schlachtfeld zu verlassen. Auch Pompeius und der gesamte Kriegsrat leisteten diesen Eid. In größter Zuversicht sah man dem folgenden Tag entgegen.

Nach Caesars «Bellum Civile» (3,84,4; 88,3 f.; 89,2) verfügte Pompeius insgesamt über 45 000 Infanteristen und 7000 Kavalleristen; seine eigenen Verbände beziffert Caesar mit 22 000 Infanteristen und 1000 Reitern, gewiß extrem einseitige Angaben. Die Schlacht wurde durch zwei grundlegende taktische Schwerpunkte entschieden: Pompeius hatte seine gesamte Reiterei auf seinem linken Flügel konzentriert. Unter dem Kommando des Labienus sollte sie, nach dem Vorbild von Hannibals Konzeptionen, in massiver Attacke die schwächere gegnerische Kavallerie werfen und dann in den Rücken von Caesars Phalanx vorstoßen.

Doch Caesar hatte diese Absicht rechtzeitig erkannt, aus seiner dritten Schlachtreihe eine starke Reserve ausgeschieden und diese zur Unterstützung seiner gefährdeten Reiterei bereitgestellt. Und jene eng mit ihr koordinierte «vierte» Schlachtreihe sollte tatsächlich die Entscheidung bringen. Es gelang ihr, die Umzingelung zu verhindern und in einem Gegenstoß die feindliche Front aufzubrechen. Plutarch hat Pompeius' Reaktion so beschrieben:

«Als ... Pompeius beim Anblick der Staubwolken sich sagen mußte, was mit den Reitern geschehen war ... ging er wie benommen, wie einer, der den Verstand verloren hat, ... und ohne irgend jemand ein Wort zu sagen, langsamen Schrittes ins Lager zurück. ... In diesem Zustand kam er in sein Zelt und saß wortlos da, bis mit den Fliehenden zugleich viele Verfolger eindrangen. Jetzt erst sagte er das eine Wort: ‹Also auch bis ins Lager!›, sonst nichts, stand auf, legte eine der gegenwärtigen Lage gemäße Kleidung an und machte sich davon.» (Pompeius 72, 1-3 – Übersetzung K. Ziegler)

Nur mit einem kleinen Gefolge floh Pompeius über Larisa an die Küste, wo ihn schließlich ein römisches Getreideschiff aufnahm. Bei Amphipolis konnte er sich von Gastfreunden einiges Geld verschaffen, fuhr dann nach Mytilene, der Heimat des Theophanes, weiter und nahm dort auch Cornelia und seinen jüngeren Sohn Sextus Pompeius an Bord. Längs der kleinasiatischen Küste ging die Fahrt weiter bis nach Attalia (Adalia) in Pamphylien.

Caesar hatte nach dem Zusammenbruch der feindlichen Schlachtreihen die eigenen Verbände, trotz ihrer großen Erschöpfung, zur Fortsetzung des Angriffs vorangetrieben, auch die Einnahme des Lagers erreicht und die noch immer beträchtlichen, aber demoralisierten Trümmer von Pompeius' Armee nach Norden, in die Berge gedrängt. Schon am Morgen des nächsten Tages kapitulierte, etwa 9 km jenseits des Schlachtfeldes, der Rest des geschlagenen Heeres, angeblich rund 23 000 Mann.

Caesar selbst inspizierte an diesem Morgen den Ort der Schlacht. Offensichtlich erschütterte ihn nun doch die große Zahl der auf beiden Seiten gefallenen römischen Bürger. Nach Sueton rechtfertigte er sich mit den Worten:

«Das haben sie gewollt. Nach so großen Taten wäre ich, Gaius Caesar, verurteilt worden, wenn ich nicht vom Heer Hilfe erbeten hätte.» (30,4)

Dann nahm er die Verfolgung des Pompeius auf.

Pompeius konnte in Attalia Kriegsschiffe und Soldaten zum Anschluß bringen; sein Gefolge umfaßte inzwischen an die 60 Senatoren. Dort wohl erhielt er auch genauere Nachrichten über das Schicksal seiner Streitkräfte. Vor allem erfuhr er von der nach wie vor beträchtlichen Kampfstärke der Flotte und von Catos Flucht nach Nordafrika, wo sich ein neuer Schwerpunkt der Defensive gegen Caesar zu formieren begann. Auch Pompeius bemühte sich nun, freilich vergebens, um die weitere Verstärkung seiner kleinen Flottille durch kilikische Schiffe und Matrosen.

Wohl in dem Hafen von Synedra im Norden Zyperns wurde dann ein Kriegsrat abgehalten, eine Zusammenarbeit mit dem Partherkönig Orodes ebenso abgelehnt wie eine Landung in Syrien oder in Nordafrika. Zustimmung fand dagegen der

Rat des Theophanes, bei dem Rom und Pompeius verpflichteten Ptolemaios XIII. in Ägypten Asyl und Hilfe zu erbitten. Mit seinen wenigen Schiffen, auf denen neben seinem engeren Gefolge immerhin etwa 2000 besonders qualifizierte Soldaten untergebracht waren, segelte Pompeius nach Pelusium.

Nachdem dort Abgesandte des Pompeius dessen Bitte vorgetragen hatten, lag die Entscheidung bei dem Eunuchen und Schatzmeister Potheinos, dem General Achillas und dem Rhetor und Erzieher des jungen Monarchen, Theodotos von Chios. Es war Theodotos' Vorschlag, Pompeius ermorden zu lassen und sich damit den Sieger Caesar zu verpflichten. Der König stimmte dem zu und sicherte sich damit in Dantes «Inferno» einen Platz neben Kain und Judas. Zum Mörder und Handlanger wurde der Kriegstribun L. Septimius bestimmt, der einst als Centurio am Seeräuberkrieg des Pompeius teilgenommen hatte.

Der folgende Schlußakt von Pompeius' Leben am 28. September 48 v. Chr., dem Tage vor dem Ende seines 58. Lebensjahres, ist in der antiken Überlieferung wiederholt geschildert worden, besonders eindringlich in Appians Geschichte der Bürgerkriege:

«Sie schickten also zu Pompeius ein elendes Boot, angeblich weil das Meer seicht und für große Schiffe unbefahrbar sei, und auch einige königliche Diener gingen mit an Bord, unter ihnen ein Römer namens Sempronius (= L. Septimius), der damals in königlichen Diensten stand und einstmals sogar unter Pompeius Soldat gewesen war. Er überbrachte ihm die eidliche Zusage des Herrschers und lud ihn ein, sich zu dem jungen Mann wie zu einem Freund übersetzen zu lassen. Zugleich nahm das ganze (ägyptische) Heer, so als wolle es dem Ankömmling eine Ehrung erweisen, dem Ufer entlang Aufstellung, und in seiner Mitte war der König an seinem Purpurkleid, das er trug,

deutlich zu erkennen. Alle Beobachtungen mußten Pompeius mißtrauisch stimmen, die Aufstellung des Heeres, die Minderwertigkeit des Bootes, endlich die Tatsache, daß der König weder selbst zur Begrüßung erschien noch einige seiner Würdenträger entsandte. Gleichwohl bestieg er das Fahrzeug, wobei er bei sich aus den Jamben des Sophokles so viel zitierte:

‹Wer immer auch Geschäfte mit Tyrannen macht, wird deren Sklave, mag er selbst als freier Mann gehen.›

Während der Überfahrt herrschte allgemeines Schweigen, was Pompeius mit noch größerem Mißtrauen erfüllte. Sei es nun, daß er Septimius als Römer und ehemaligen Kriegskameraden erkannte, sei es, daß er dies nur aus der Tatsache schloß, daß jener allein stehen blieb ... – er wandte sich an ihn und sagte: ‹Kenne ich Dich denn nicht, Kriegskamerad?› Septimius nickte sogleich, doch als Pompeius sich wegkehrte, versetzte er ihm alsbald den ersten Streich und die anderen folgten seinem Beispiel. Pompeius' Gemahlin und seine Freunde sahen dies aus der Ferne, schrieen laut auf und riefen mit erhobenen Händen die Götter an, die den Eidbruch rächen. Dann fuhren sie in aller Eile wie aus einem Feindgebiet davon. Die Sklaven des Potheinos schlugen Pompeius das Haupt ab und bewahrten es für Caesar auf, im Glauben, sie würden dafür höchsten Lohn empfangen – doch der ließ ihnen eine Strafe widerfahren, die ihrer ruchlosen Tat entsprach.» (II, 355 ff. – Übersetzung von O. Veh)

Wie immer es um die Einzelheiten von Pompeius' letzter Fahrt bestellt ist, seit Pharsalos war er zu einem lethargischen, unsicheren und gebrochenen Mann geworden, dem Wille, Dynamik und Zuversicht für eine erfolgreiche Fortsetzung des Krieges fehlten, zu einem Menschen, der sich in sein Schicksal fügte. Und doch blieb er eine Persönlichkeit, die noch in den letzten Augenblicken ihres Lebens die Haltung des einst großen Oberbefehlshabers zu wahren suchte.

M. Merian d. Ä. Kupferstich «Pompejus verrätherischer Weiß ermordet» (1630)

Den Körper des Toten hatten die Ägypter dem Freigelassenen Philippus übergeben; Servilius Codrus, ein früherer Quaestor des Pompeius, kam zufällig hinzu. Beide zerschlugen einen dort gestrandeten Nachen und verbrannten den Toten auf diesem Scheiterhaufen. Die Asche wurde später an Cornelia übergeben, die sie auf Pompeius' Lieblingsgut beisetzen ließ.

Am Ort des Todes erhob sich lediglich ein kleines Denkmal, von dem Appian berichtet:

«Im Laufe der Zeit wurde das Grabmal gänzlich von Sand überdeckt, und all die Bronzefiguren, die seine Gefolgsleute Pompeius zu Ehren späterhin beim Berge Kassion errichtet hatten, waren beschädigt und dann in das Allerheiligste eines Tempels gebracht worden. Der römische Kaiser Hadrian ließ zu meiner Zeit, während er sich in

der dortigen Gegend aufhielt, eine Nachforschung durchführen und nach Auffindung des Grabmals dasselbe reinigen, so daß man es wiedererkennen konnte. Zugleich stellte er die Bildnisse von Pompeius selbst an ihrem Platz aus.» (II, 362)

Hadrian wurde durch Pompeius' Schicksal offensichtlich besonders bewegt. Die «Anthologia Graeca» überliefert sein kleines Gedicht:

> *«Der an Tempeln so reich,*
> *wie ärmlich und klein ist sein Hügel.»*
> (IX, 401 – Übersetzung H. Beckby)

XIV. WIRKUNG

Vorbemerkung

Im Rahmen der Rezeptions- und Wissenschaftsgeschichte stellt Cn. Pompeius Magnus einen Sonderfall dar. Da seine Persönlichkeit in die innen- und außenpolitischen Eruptionen der späten Römischen Republik verstrickt wurde, begann schon zu seinen Lebzeiten eine leidenschaftliche Diskussion um seine Beurteilung. Diese wurde noch dadurch vertieft, daß sich sein großer politischer und militärischer Rivale, Caesar, in einer eindrucksvollen Rechtfertigungsschrift, den «Commentarii de Bello Civili», mit Pompeius' Verhalten auseinandersetzte. Auch hier bestimmte die Sicht des Siegers weithin die Wertungen.

Und doch hat es Pompeius gerade wegen dieser Konstellation von Anfang an an Verteidigern nicht gefehlt. In den verschiedensten literarischen Gattungen wurde versucht, auch ihm gerecht zu werden. Es lag dabei freilich an der eigenartigen und zwiespältigen Persönlichkeit des Pompeius selbst, wenn diese Nachzeichnungen und Würdigungen nie die Faszinationskraft entsprechender Darstellungen seines Gegners erlangen konnten.

Die folgende Vermittlung wichtiger Pompeiusbilder aus Antike, Neuzeit und Gegenwart ist nicht isoliert als Selbstzweck zu verstehen. Sie soll wieder einmal die Wechselbeziehungen zwischen der Überlieferung einerseits und Kriterien, Prioritäten und Geschichtsbild der jeweiligen Gegenwart am Beispiel einer herausragenden Persönlichkeit ins Bewußtsein führen. Zugleich jedoch soll sie auf diese Weise Inhalt, Divergenzen wie Reichtum der bisherigen Perspektiven aufzeigen.

Dabei ist Vollständigkeit nicht zu erwarten. Die kurze Analyse beschränkt sich bewußt auf besonders einflußreiche oder repräsentative Wertungen. Wo immer möglich, sollen sie im originalen Text oder in Übersetzungen vermittelt werden, um auf diese Weise Belege wie Grundlagen der Interpretation aufzuzeigen.

Die antiken Quellen

Aus der zeitgenössischen Überlieferung sind Caesars «Commentarii de Bello Civili» am bedeutsamsten. Der Meister der «historischen Deformation» (M. Rambaud) gab schon in der Einleitung seiner suggestiven Rechtfertigungsschrift die Umrisse seiner Beurteilung zu erkennen. Nach ihm

«war Pompeius selbst von Caesars Gegnern aufgestachelt worden und weil er niemand an Würde (dignitate) *mit sich gleichgestellt wissen wollte, hatte er sich völlig von dessen Freundschaft abgewandt und war in die Gunst der gemeinsamen Feinde zurückgekehrt, von denen er selbst Caesar den größten Teil aufgebürdet hatte, als er mit ihm verwandt war.»* (1, 4, 4 – Übersetzung, auch im Folgenden, von O. Schönberger)

Oder, wie er im Rahmen seiner sorgfältig stilisierten Ansprache an die Soldaten der XIII. Legion vor dem Übergang über den Rubikon schreibt:

«er beklagte, daß Pompeius von den Gegnern abgewendet und verdorben worden wäre aus Neid und Eifersucht auf seinen Ruhm, obwohl er selbst dessen Ehre und Würde stets begünstigt und unterstützt hätte.» (1, 7, 1)

Die Personalisierung des Ringens ist offenkundig. Auch deshalb durchzieht die lange Kette von Caesars Bemühungen um eine persönliche Unterredung mit Pompeius das ganze Werk. Bewußt hält Caesar an solchen Initiativen bis zuletzt fest, obwohl ihn die Erfahrung lehrte, daß sie sich nachteilig auf Dynamik und Konzeptionen seiner militärischen Operationen auswirkten. Ebenso konsequent ging Pompeius jedem Treffen aus dem Wege.

Eine zweite Konstante von Caesars Pompeiusbild ist dessen bewußte Vermeidung einer Entscheidungsschlacht. Warum Pompeius aber diese zunächst durchaus erfolgreiche Ermattungsstrategie wählte, wird nicht näher analysiert. Offen gibt Caesar dagegen zu, daß es ihm in den Kämpfen vor Dyrrhachion auch darum ging,

«die Autorität, durch die jener bei den auswärtigen Nationen am meisten zu gelten schien, herabzusetzen, wenn sich die Kunde über den Erdkreis hin verbreite, daß jener von Caesar belagert werde, aber einen Entscheidungskampf nicht wage.» (3, 43, 3)

Trotz solcher und weiterer Kritik werden Leistungen des Pompeius durchaus anerkannt, so insbesondere die Rüstungen, die er auf der Balkanhalbinsel und im ganzen Nahen Osten betrieb, oder zahlreiche Einzelheiten der Kämpfe um Dyrrhachion. Insgesamt versucht Caesar jedoch gerade dort, Pompeius' Taktik und Erfolge zu relativieren. Dessen großer Durchbruchssieg wird auf ziemlich banale Weise erklärt:

«Aber Fortuna, die in allen Dingen, besonders aber im Krieg am meisten vermag, bewirkt durch kleine Entwicklungen große Veränderungen der Gesamtlage; so geschah es damals.» (3, 68, 1)

Insgesamt bleibt Caesars Pompeiusbild zwiespältig. Bei allen Vorbehalten und Vorwürfen kann er den großen Gegner in eigenstem Interesse doch nicht zu sehr herabsetzen. Er war nun einmal die Folie für Caesars Selbstidealisierung. Gerecht wird er ihm freilich nicht; die Rolle, die Optimaten und Senat in diesem Ringen spielten, der ungeheure Druck, den sie gerade bei Pharsalos auf Pompeius ausübten, werden nicht angemessen akzentuiert: Methodisch prägt die kunstvolle Verflechtung von Information, Insinuation und Stilisierung auch dieses Werk Caesars, das dennoch weithin das Geschichtsbild bestimmen sollte.

Bei jeder Interpretation der einschlägigen Reden und Briefe Ciceros sind deren Voraussetzungen zu berücksichtigen: Ciceros Selbstüberschätzung und sein Versuch, eine unabhängige Führungsrolle zwischen den Parteien zu spielen, erklären den breiten und widerspruchsvollen Radius seines Urteils. Doch diese Primärquellen markieren zugleich weithin den Pegel der öffentlichen Meinung Roms, insbesondere auch deren Schwanken.

Einige Beispiele mögen dies belegen: So schreibt Cicero am 6. Juli 51 v. Chr. nach einem längeren Gespräch mit Pompeius an Caesius:

«Pompeius ist ein hervorragender Bürger und sowohl in seinem Geist wie in seiner Überlegung für alles bereit, was für den Staat vorzusehen ist. Deshalb folge diesem Mann; er wird dich aufnehmen, glaube mir. Denn ihm erscheinen dieselben Bürger gut oder schlecht, wie gewöhnlich auch uns.» (ad familiares II, 8, 2)

Am 8. Februar 49 v. Chr. aber heißt es gegenüber Atticus:

«Unser Gnaeus – o erbärmliche und unglaubliche Sache – liegt völlig am Boden. Kein Mut, kein Entschluß, keine Truppen, keine Sorgfalt.» (VII, 21, 1)

Eine besonders klägliche Rolle spielte der große Staatsmann und kilikische Imperator Cicero dann im Bürgerkrieg, als er zwischen Caesar und Pompeius lavierte. Nun war Pompeius unfähig zur Politik wie zur Kriegführung (ad Atticum VIII, 16, 1). Erst nach Pompeius' Tod, dem Untergang des Mannes, den er persönlich so gut kannte und dem er so viel verdankte, hieß es dann:

«Ich kann seinen Untergang nur betrauern; denn ich habe ihn als integren, reinen und bedeutenden Menschen kennengelernt.» (ad Atticum XI, 6, 5) – (27. November 48 v. Chr.)

Infolge der lediglich fragmentarischen Überlieferung der einschlägigen Partien sind die Pompeiusbilder der beiden bedeutendsten lateinischen Historiker des 1. Jahrhunderts v. Chr., Sallusts und Livius', nur in Umrissen erkennbar. Sallusts Stilisierung des berühmten Pompeius-Briefes an den Senat vom Winter 75/74 v. Chr. (historiae 2, 98) verrät nach der Interpretation von Ronald Syme «einen Mann von frostigem Ehrgeiz, von Prahlerei, Drohung und Verlogenheit.» (Sallust. Darmstadt 1975, 196) Doch die wenigen Bemerkungen über Pompeius' Charakter (2, 16–19) erlauben kaum so weitreichende Schlüsse, wie sie Syme zieht, für den die «Anschwärzungen» des Pompeius nach «Besessenheit» (207) aussehen. Daß der überzeugte Caesarianer Sallust auf Grund seiner eigenen Vita und seines politischen Schicksals von vornherein gegen Pompeius eingestellt war, kann nicht überraschen.

Die Zusammenfassungen (Periochae) der Bücher 85–112

des T. Livius erlauben dagegen ein etwas klareres Bild. Dort sind Taten wie Ehrungen des Pompeius offensichtlich adäquat vermittelt worden, mehr noch: Nach Tacitus (annales IV, 34, 3) hat der insbesondere durch seine Zuverlässigkeit wie durch seinen Stil ausgezeichnete Autor Cn. Pompeius mit soviel Lob bedacht, daß ihn Augustus einen «Pompeianer» nannte, was indessen ihrer Freundschaft keinen Abbruch tat. Diese positive Akzentuierung des Livius, die noch in der Spätantike bei Orosius (V, 22 ff.), vor allem jedoch im 1. Jahrhundert n. Chr. im Werk Lucans sichtbar ist, hatte jedenfalls eine kaum zu überschätzende positive Auswirkung, die Sallusts Kritik bei weitem übertraf.

Ähnliches gilt für die in augusteisch-tiberischer Zeit entstandene Sammlung der «Denkwürdigen Taten und Worte» des Valerius Maximus. Diese, am Maßstab der alten römischen *mores maiorum* (Sitten der Vorfahren) orientierte Kollektion von *exempla* römischer wie externer Provenienz fand einst für die praktischen Zwecke der Rhetorik eine denkbar weite Verbreitung. Pompeius begegnet darin in den Abschnitten über Vorzeichen (I, 5, 6; I, 6, 12), Zurückhaltung (IV, 5, 5), Menschlichkeit und Milde (V, 1, 9), aber auch in jenen über seine Erfolge und Ehrungen (VIII, 15, 8) sowie über Iulias Gattinnenliebe (IV, 6, 4) und in manchen anderen mehr. Insgesamt spiegeln diese Mosaiksteine ein durchaus positives Pompeiusbild, das dokumentiert, wie stark die Bewunderung für den Magnus im frühen Principat gewesen ist.

Die um 30 n. Chr. entstandene «Historia Romana» des Velleius Paterculus gibt eine konzentrierte Darstellung der gesamten Römischen Geschichte aus der Sicht eines der italischen Municipalaristokratie entstammenden sozialen Aufsteigers und hohen Militärs. Sie ist von den zeitgeschichtlichen Erfahrungen des Autors tief geprägt und hat für die nachsullanische Epoche die Auseinandersetzung zwischen Pompeius und Caesar zu ihrem Schwerpunkt gewählt, wobei sie stets beiden Antagonisten gerecht werden will.

Dabei wird Pompeius in einer durchaus positiven Gesamtcharakteristik eingeführt:

«Er selbst (sc. Pompeius) war eine schöne Erscheinung, aber seine Schönheit bestand nicht im Reiz der Jugend, sondern kam aus einer Haltung voll Würde und Charakterfestigkeit, die seiner großen Persönlichkeit und seiner Stellung entsprach und die ihm bis zu seinem letzten Lebenstag eigen war. Er war in höchstem Maß uneigennützig und untadelig in seinem Lebenswandel, als Redner von durchschnittlicher Begabung. Überaus gierig nach Macht, wollte er sie nicht mit Gewalt an sich reißen, man sollte sie ihm vielmehr als Anerkennung für seine Verdienste übertragen. Im Krieg bewährte er sich als fähiger Feldherr, im Frieden lebte er als bescheidener Bürger, solange er nicht fürchten mußte, es könne jemand die gleiche Stellung wie er einnehmen. Man hatte an ihm einen treuen Freund, der sich Kränkungen versöhnlich zeigte, ehrlich zu einer Aussöhnung bereit war und leicht geneigt, eine Entschuldigung anzunehmen. Seine Macht mißbrauchte er selten oder nie – er hatte sozusagen keine Fehler, wenn man nicht gerade dies als einen Kardinalfehler anrechnen will: daß er es nämlich nicht ertragen konnte, jemanden im gleichen Rang neben sich zu sehen – und das in einem freien Staatswesen, das zwar fremde Völker beherrscht, dessen Bürger aber alle die gleiche Rechtsstellung wie er besaßen.» (II, 29, 2 ff. – Übersetzung, auch im Folgenden, M. Giebel)

In seiner Skizze von Pompeius' imperialem Wirken, deren Höhepunkte in der Darstellung des großen Ostfeldzuges (II, 40) und des Bürgerkrieges (II, 47 f.) liegen, einem Wirken, das nahezu die gesamte Oikoumene umfaßte, unterstrich Velleius, daß Pompeius stets im Rahmen der spätrepublikanischen

Strukturen agieren wollte. Er schildert somit zugleich Voraussetzungen, Möglichkeiten wie Grenzen der Existenz eines großen Kriegsherrn der Epoche sowohl im Kriege selbst wie in der jeweiligen, problematischen Nachkriegszeit. Rhetorik, aber auch Mitgefühl bestimmen dann Velleius' kleinen Epilog:

«*So endete mit 58 Jahren, am Tag vor seinem Geburtstag, dieser untadelige, alles überragende Mann: Nach drei Konsulaten, ebenso vielen Triumphen und der Unterwerfung des Erdkreises war er zum höchsten Gipfel des Ruhmes gelangt, der nicht mehr zu übersteigen war. Und das Schicksal ließ ihn so ganz und gar im Stich, daß der Mann, dem zuvor die ganze Erde nicht Raum genug für seine Siege bot, nun nicht einmal genug Erde für sein Begräbnis hatte.*» (II, 53, 3)

Eine ähnlich positive Würdigung des Pompeius findet sich ebenso in der enzyklopädischen «Naturalis Historia» des älteren Plinius (23–79 n. Chr.). In deren VII. Buch, das der Anthropologie gewidmet ist, zählt auch Pompeius zu den Vorbildern römischer *virtus* (91–95). Seine militärischen Taten werden nahezu gleichrangig neben jene Caesars gestellt; freilich wird auch an seine Ruhmsucht erinnert.

Wesentlich stärkere Resonanz fand das unvollendete Epos «Bellum civile» (= «Pharsalia») des Lucan (39–65 n. Chr.), jenes Epos, das in Anlehnung an Vergil und Livius den großen Bürgerkrieg zwischen Caesar einerseits, dem Senat, Pompeius und Cato andererseits beschrieb. Die beiden primären Kontrahenten Caesar und Pompeius werden dabei schon in der Anfangspartie eindrucksvoll konterkariert:

«*Aufstachelnd wirkte männlicher Ehrgeiz; du großer Feldherr fürchtetest, die neuen Taten (sc. Caesars) könnten deine alten Erfolge überschatten, dein Triumph im Seeräuberkrieg möchte gegen den Sieg über Gallien verblassen; dich anderen aber streifte jetzt deine pausenlose Kampferfahrung und ein Glück, dem der zweite Platz zu wenig war – Caesar duldete keinen mehr über sich, Pompeius keinen neben sich. Wer mit größerem Recht Waffen anlegte, sollen wir nicht wissen; jeder kann sich auf hohe Richter berufen – der Sieger hatte die Götter auf seiner Seite, doch der Verlierer einen Cato.*

Dabei waren es ungleiche Gegner: der eine, schon alternd und der Hinfälligkeit nahe, war in langer Gewöhnung an bürgerliches Leben bedächtiger geworden und hatte in friedlichen Zeiten allmählich Kriegführung verlernt, warf aus Geltungssucht viel für den Pöbel aus, ließ sich ganz von wetterwendischer Volksgunst treiben, genoß den Beifall im eigenen Theater und vertraute, statt seine Kräfte auf-zufrischen und zu erneuern, allzusehr seinem früheren Glück. Nur mehr als Schatten seines großen Namens stand er da …» (I, 120 ff. – Übersetzung, auch im Folgenden, von W. Ehlers)

«Aber Caesar hatte zwar keinen Namen und Ruf als Heerführer wie der ‹Große›, jedoch eine Tatkraft, die nicht auf der Stelle stehen bleiben wollte, und Skrupel einzig bei kampflosem Sieg: heftig und von unbändigem Verlangen, dort zuzupacken, wohin ihn bald Erwartung, bald Entrüstung rief, niemals auf Schändung seines Schwertes zu verzichten, seine Erfolge weiterzutreiben, die Gunst des Himmels auszunützen, voller Stoßkraft, wenn seinem Drang nach oben etwas im Wege stand, und voll Lust, sich mit Trümmern Bahn zu schaffen …» (I, 143 ff.)

Schon diese Einführung der beiden Antagonisten dokumentiert, daß es Lucan darum ging, deren Eigenart und Existenz unvoreingenommen zu erfassen. In seiner dichterischen Gestaltung des Geschehens zögert er nicht, persönliche Akzente zu setzen und sich vom historischen Pathos der Kämpfe mitreißen zu lassen. Keiner der beiden Heerführer wird einseitig idealisiert. Wie insbesondere der Höhepunkt des Werkes, die Schilderung der Schlacht von Pharsalos, zeigt, versucht er beiden Männern gerecht zu werden, indem er Pompeius zum tragischen Helden stilisiert, der auch in der bitteren Endphase seines Lebens nie seine Haltung verliert, während der dynamische Sieger Caesar durch sein Verhalten während und nach der Schlacht als blutrünstig, rücksichtslos und grausam diskreditiert ist.

Es ist sehr sinnfällig, daß Lucan seine historische und persönliche Einordnung des Pompeius dann gerade Cato in den Mund legte:

«‹Ein Mitbürger ist gestorben›, sprach er, ‹der an Wissen um die Grenzen der Rechtlichkeit unseren Vorfahren weit unterlegen, aber dennoch in unserer Zeit, der jede Achtung vor dem Rechten fehlte, nützlich war; er übte Macht aus, ohne die Freiheit anzutasten, blieb wie keiner sonst, als ihm das Volk Knechtsdienst zu leisten willig war, ein schlichter Mann und lenkte den Senat, indem er ihm dennoch die Leitung ließ. Nichts forderte er mit Berufung auf den Krieg: nein, was er empfangen wollte, sollte ihm nach seinem Willen auch verweigert werden können. Er gewann unermeßlichen Reichtum, legte aber mehr in unseren Staatsschatz als er einbehielt. Er griff mit Leidenschaft zum Schwert und wußte es doch abzulegen; er zog das Waffenkleid der Toga vor und liebte doch im Waffenkleid den Frieden; mit Freuden übernahm er Führermacht, mit Freuden gab er sie zurück. Sein Heim war unbescholten, frei von Aufwand und vom Glück des Hausherrn nie verdorben; sein Name angesehen und verehrt bei fremden Völkern, aber auch von großem Wert für unsere Stadt. Echte Zuverlässigkeit der Freiheit fand schon ehedem sein Ende, als man Sulla und Marius in die Stadt ließ: jetzt, da Pompeius der Welt entrissen wurde, ging auch ihr Schein zugrunde.›» (IX, 190–206)

Das Pompeiusbild des 2. Jahrhunderts n. Chr. wurde vor allem von drei Autoren bestimmt, die zwar in griechischer Sprache schrieben, sich indessen längst mit dem Imperium identifiziert hatten. Die Strukturen ihrer Darstellungen sind dabei denkbar verschieden: Während Plutarch (ca. 50–120 n. Chr.) mit seinen Parallelbiographien bedeutender griechischer und römischer Persönlichkeiten eine große und bis in die Neuzeit anhaltende Resonanz erzielte, blieb diejenige Appians von Alexandria (ca. 90–160 n. Chr.) bescheidener. Seine ethnographische Ordnung des Stoffes besaß zwar auch ihre Vorzüge, löste indessen den Gesamtprozeß des historischen Geschehens in einzelne regionale Einheiten auf, ein Verfahren, das sich gerade für Personen, die in verschiedenen Reichsteilen wirkten, als ungeeignet erwies. Die innere Einheit des Gesamtprozesses der Römischen Geschichte von deren Anfängen bis in die Zeit der Severer war dagegen die leitende Perspektive der «Römischen Geschichte» des Cassius Dio (ca. 155–235 n. Chr.), die für einzelne Abschnitte der Entwicklung geradezu unentbehrlich ist.

Die Epoche des Pompeius hat demgemäß bei Plutarch keine in sich geschlossene Darstellung gefunden; sie wird nicht nur in dessen Biographie und in jener Caesars, sondern ebenso in denen des Lucullus und Sertorius geschildert: Dabei ist die eigentliche Basis, der Vergleich der Biographien des spartanischen Königs Agesilaos und jener des Pompeius, wenig glücklich gewählt; eine Gesamtcharakteristik des großen Römers fehlt, so daß es darauf ankommt, die wesentlichen, von Plutarch überlieferten Akzente zusammenzufassen. Hierbei sind wiederum die für Plutarch typischen Prioritäten zu berücksichtigen.

Plutarch begnügte sich nicht mit der Nachzeichnung eines singulären Lebens innerhalb einer durchaus glaubwürdigen Schilderung der Ereignisgeschichte. Es ging ihm vielmehr darum, insbesondere die spezifischen Züge seiner Persönlichkeiten herauszuarbeiten: die Anlagen, den Charakter, die bestimmenden Qualifikationen und Tugenden, aber auch die Schwächen und Defizite. All dies wurde nicht nur abstrakt erwähnt, sondern auch an typischen Verhaltensweisen und Handlungen, mit Hilfe von Anekdoten oder kennzeichnenden Aussprüchen konkret vergegenwärtigt. Hinzu kamen Einflechtungen von moralischen und philosophischen Wertungen sowie Einschübe von poetischen und literarischen Sentenzen, welche die Vielfalt und Lesbarkeit des Werkes erhöhten.

So werden bei Pompeius neben dessen ungewöhnlichen militärischen Leistungen wiederholt die einfache Lebensführung und Bescheidenheit, sein freundliches, angenehmes und einnehmendes Wesen, seine Mäßigung und Selbstdisziplin, Großzügigkeit, Gerechtigkeit und Milde betont. Aus all dem erwuchs jene ungewöhnliche Sympathie, von der Plutarch behauptet:

«... noch hat hinwiederum ein anderer Römer eine stärkere Zuneigung des Volkes sich erworben, die sich schneller entwickelte, einen höheren Gipfel erreichte, als er im Glück war, und festeren Bestand hatte, als es ihm schlecht ging, als Pompeius.» (Pompeius, 1, 3)

Auch eine andere Konstante von Pompeius' Entwicklung wird von Plutarch bereits zu Beginn betont: das Trauma seiner Erfahrungen an der Seite des Vaters. Denn in jenen entscheidenden Jugendjahren erwarb er sich nicht allein hervorragende militärische Qualifikationen, sondern erlebte auch das Scheitern eines Politikers, dessen Handeln verfassungsmäßig nicht gedeckt war, eines Mannes, der versucht hatte, zwischen den entscheidenden politischen Fronten eine unabhängige Rolle zu spielen.

Es ist der Vorzug von Plutarchs Pompeiusbild, daß es auch die Schwächen und Grenzen des Magnus zeigt: seine Unsicherheit bei öffentlichen Auftritten, seine Verletzlichkeit, Rücksichtslosigkeit und Inkonsequenz. So beeindruckend die militärischen, organisatorischen und logistischen Leistungen des Pompeius gewesen sind – in politischer Hinsicht fehlte ihm jene völlige Unabhängigkeit, die Caesar besaß. Für seine Anfänge benötigte er die Legitimation durch den Diktator Sulla, später jene durch Senat und Volk, endlich die Unterstützung durch seine Partner im Triumvirat und wiederum die Deckung durch Verfassung und Senat.

Bei Plutarch wird deutlich, daß es diese Grenzen gewesen sind, die sein Scheitern nach sich zogen. Die Höhepunkte von Pompeius' Erfolgen und der Verehrung seiner Person werden ebenso plastisch dargestellt – die Siege im Seeräuberkrieg wie im ganzen Osten des Imperiums, der dritte Triumph und die Dankbarkeit der Bevölkerung Italiens nach seiner schweren Erkrankung –, wie die Versäumnisse und Fehler. Dazu zählen insbesondere die zu späte und ungenügende Mobilisierung der konservativen, vor allem der italischen Kräfte zu Beginn des Bürgerkriegs, der zuletzt unverständliche Verzicht auf den aktiven und umfassenden Einsatz von Pompeius' überlegener Flotte. Und dazu gehört schließlich die Irritation des Jahres 48 v. Chr., als Pompeius seine durchaus erfolgversprechende Strategie nach den Unterstellungen und Verdächtigungen senatorischer Besserwisser aufgab. Damals wurde Pompeius nach Plutarch

«verdächtigt und verschrieen, er wolle nicht Caesar niederhalten, sondern das Vaterland und den Senat, damit er beständig das Kommando behalte und nicht aufzuhören brauche, diejenigen, die den Anspruch erhöben, die Welt zu beherrschen, als seine Diener und Leibwächter zu beherrschen.» (Pompeius 67, 4 f.)

Für Caesars Seite wäre eine solche Situation undenkbar. Mit der Katastrophe von Pharsalos entrichtete Pompeius den Preis für seine bedingungslose Loyalität gegenüber Verfassung und Senat, den Preis dafür, daß er inmitten einer Revolution nicht wagte, persönlich den letzten Schritt zu tun. Was folgte, glich dem letzten Akt einer griechischen Tragödie:

«Er (sc. Pompeius) vergaß, daß er Pompeius der Große war, und ging gleich einem von einem Gott mit Irrsinn Geschlagenen wortlos in sein Zelt.» (Caesar, 45)

Gerade über die letzten Etappen von Pompeius' Leben war Plutarch ungewöhnlich gut informiert. Dennoch hat er das Verhalten des Besiegten keineswegs idealisiert. Wohl gerade deswegen wirkt der Abschnitt über Pompeius' Untergang so besonders stark.

Wie schon angedeutet, leidet die Darstellung des Pompeius bei Appian durch dessen Werkstruktur. So wurden Pompeius' Aktivitäten auf verschiedene Bücher verteilt, die Anfänge unter Sulla und in Spanien von Seeräuber- und Mithridatischem Krieg getrennt. Einen besonders durchgefeilten und ausführlichen persönlichen Schwerpunkt Appians bildet dann der Bürgerkrieg zwischen Pompeius und Caesar. Von Beginn an und wiederholt werden dabei für Pompeius negative Fakten und Aspekte betont: so seine falsche Beurteilung von Caesars Möglichkeiten im Winter 49/48 v. Chr., die Chance, vor Dyrrhachion den Krieg zu beenden, wobei er «von Gott verblendet» (E II, 259) wird, die Preisgabe seiner Strategie nach dem Sieg über Caesar:

«So opferte denn Pompeius seine eigene Überzeugung und beugte sich seiner Umgebung, betört von der Gottheit, die ihn auch sonst schon diesen ganzen Krieg hindurch in die Irre geführt hatte. Entgegen sei-

ner sonstigen Natur war er in allen Dingen träge und langsam geworden, und so rüstete er sich zur Schlacht, widerwillig und zum eigenen Verhängnis wie auch derer, die ihn beredet hatten.» (E II, 278 f.)

Der Ablauf der Ereignisse wird in Appians Schilderung immer wieder durch persönliche Reflexionen unterbrochen. So wird zum Verhalten des Pompeius unmittelbar vor der Schlacht von Pharsalos angemerkt:

«Solch tiefe Mutlosigkeit hatte den Mann der großen Taten befallen, dem bis auf jenen Tag bei jedem Unternehmen nur höchstes Glück widerfahren war; der Grund mag entweder darin liegen, daß er trotz richtiger Einsicht nicht durchdrang, vielmehr das Leben so vieler Menschen und seinen bisher durch keine Niederlage bedeckten Ruhm aufs Spiel setzte, oder darin, daß ihn eine gewisse Vorahnung des bereits nahenden Unheils verwirrte, als sollte er an jenem Tage auf einmal eine so gewaltige Machtstellung gänzlich verlieren.» (a. O., 287) *«Jedenfalls äußerte er sich seinen Freunden gegenüber lediglich so weit: Wer von beiden auch immer als Sieger hervorgehe, dieser Tag werde den Römern für alle Zeit den Anfang großer Übel bringen …»* (a. O., 288)

Insgesamt gesehen aber stellte Appian fest:

«So waltete die göttliche Vorsehung, um die heute allumfassende Kaisermacht ins Leben zu rufen.» (a. O., 299)

Für den Handelnden wurde letzten Endes «Verblendung» (*theoblábeia*) zur eigentlichen Ursache seines Unterganges, eine Vorstellung, welche nach Appian für Pompeius vor Pharsalos ebenso galt wie für Brutus vor Philippi. (E IV, 520)

Von dem insgesamt nur fragmentarisch überlieferten Werk des Cassius Dio, einst eine Gesamtdarstellung der Römischen

Geschichte von den Anfängen bis in die Zeit der Severer, sind in den Büchern 36 bis 42 wenigstens die Hauptstationen von Pompeius' zweiter Lebenshälfte erhalten geblieben. Dem Stil und der Struktur dieser Historie entsprechend, wird dabei eine nüchterne Schilderung der Ereignisgeschichte mit umfänglich ausgestalteten Schwerpunkten, Redenpaaren und persönlichen Erörterungen des Autors verbunden.

So ist die Vorgeschichte des Seeräuberkrieges relativ ausführlich besprochen, in jenem Zusammenhang ein konstanter persönlicher Charakterzug des Pompeius scharf beleuchtet: Dessen Ehrgeiz wird seine bezeichnende Verstellung gegenübergestellt:

«*Auch sonst ließ er ja so wenig wie möglich seine wahren Absichten erkennen, doch damals schauspielerte er noch mehr denn je, und zwar tat er dies mit Rücksicht auf die drohende Mißgunst, wenn er von sich aus das Amt anstrebe, und wegen des Ruhmes, wenn er als der des Feldherrntums würdigste gegen seinen Willen zur Führung bestimmt werde.*» (XXXVI, 24, 6 – Übersetzung, auch im Folgenden, von O. Veh)

In seiner Ansprache an das römische Volk behauptet denn auch der junge Befehlshaber, er wäre «körperlich aufgebraucht und geistig erschöpft» (XXXVI, 25, 4) und ruft dazu auf, einen anderen mit dem Krieg gegen die Piraten zu beauftragen, eine Aufgabe, die er dann dennoch so glänzend löst wie den Feldzug gegen Mithridates, die Neuordnung Kleinasiens, Syriens und Iudaeas.

Als besonders bewunderungswürdige Handlung des Pompeius aber wird dessen Verhalten bei seiner Rückkehr nach Italien bewertet:

«Obschon der Feldherr außerordentliche Macht zu Wasser und zu Lande besaß, riesigen Reichtum durch die Gefangenen erworben, zahlreiche Herrscher und Könige sich zu Freunden gemacht, sozusagen alle von ihm beherrschten Gemeinwesen in Freundlichkeit durch Wohltaten gewonnen hatte und dank diesen Machtmitteln Italien hätte besetzen und das ganze Römische Reich sich zu eigen machen können, zumal doch die Mehrheit von sich aus ihm gegenüber aufnahmebereit und selbst etwaige Gegner aus Schwäche sicherlich nachgiebig gewesen wären, so wollte er doch nicht diesen Weg einschlagen. Sogleich nach seiner Landung in Brundisium entließ er vielmehr aus eigenem Entschluß und ohne einen entsprechenden Entscheid des Senats oder des Volkes abzuwarten seine gesamten Streitkräfte.» (XXXVII, 20, 4)

Eine ähnliche Haltung bewies Pompeius nach Cassius Dio dann auch in seiner Ablehnung provozierender Auszeichnungen, die ihm nur Mißgunst bringen konnten – doch für all dies und die im Interesse seiner Veteranen gerechtfertigten Wünsche erntete er lediglich Obstruktion und Brüskierung. Gegenüber der von Lucullus, Cato und Metellus angeführten Senatsopposition mußte er seine Machtlosigkeit erkennen, bereute nun die Entlassung seines Heeres und sah sich deshalb zum Zusammengehen mit Caesar und Crassus gezwungen.

Die Bürgerkriegsbücher XLI und XLII markieren dann den Höhepunkt der Pompeiuspartie. Besonders akzentuiert werden dabei die Aufgabe Roms mit einer differenzierten Schilderung der Gefühle und Verhaltensweisen der emigrierenden wie der zurückbleibenden Bevölkerung sowie die Flucht aus Brundisium, mit der sich Pompeius angeblich mit Schande bedeckte. Speziell Brundisium ist so im Banne einseitiger moralischer Kriterien zum Brennpunkt extremer Handlungen stilisiert worden, ein Verfahren, welches Pompeius' damaliger Lage gewiß nicht gerecht wurde.

Während die Kämpfe um Dyrrhachion nur verhältnismäßig knapp berichtet werden, entfaltet sich die Darstellung vor Pharsalos zu voller Breite. Vor der Schilderung der Schlacht hat Cassius Dio dabei einen für seine Kriterien charakteristischen Vergleich zwischen den beiden Heerführern eingeschaltet:

«Denn in ihrer Wesensart unterschieden sich beide derart voneinander, daß Pompeius niemand gegenüber als zweiter und Caesar sogar als erster von allen gelten wollte, und während der erstere darauf aus war, freiwillige Ehrungen zu empfangen und Menschen, die damit einverstanden waren, zu führen und von ihnen geliebt zu werden, lag dem anderen gar nichts daran, wenn er über ein auch widerstrebendes Volk gebieten und haßerfüllten Untertanen befehlen und sich die Ehren mit eigener Hand verschaffen sollte. Die Taten freilich, mit denen sie alle ihre Wünsche durchzusetzen hofften, waren notgedrungenermaßen die nämlichen.» (LIV, 1 f.)

Die «gewaltige Schlacht, die sich mit keiner anderen vergleichen läßt» (XLI, 55, 1), wird dann in allen Einzelheiten geschildert, mit einer kritischen Beurteilung von Pompeius' Verhalten nach der Niederlage dann das folgende Buch eröffnet:

«Pompeius aber gab ... sogleich alle seine Pläne auf, vergaß die ihm eigene Tatkraft und zog auch nicht mehr die große Zahl der ihm verbliebenen Truppen oder die Tatsache in Betracht, daß doch das Glück oft schon in kürzester Zeit die Gestürzten wieder erhebt.» (XLII, 1, 1)

Dio wies ferner auf die Pompeius zur Verfügung stehenden Geldmittel, dessen Seeherrschaft und auf die Sympathien hin, die er auch nach seiner Niederlage im Osten noch immer genoß – ein Potential, das dieser jedoch preisgab. So fügte er sich in seinen Untergang:

«Solch ein Ende nahm jener Pompeius der Große, womit sich erneut die Hinfälligkeit und das Ungewöhnliche im Schicksal des Menschengeschlechts dartaten. Denn obgleich er es ganz und gar nicht an Vorsicht fehlen ließ, sondern sich stets gegen alles, was ihm schaden konnte, vollständig sicherte, wurde er doch getäuscht und mußte, nachdem er zahlreiche unerwartete Siege in Afrika, dann auch in Asien und Europa zu Wasser und zu Lande von Jugend auf errungen hatte, im Alter von 58 Jahren eine Niederlage hinnehmen, die aller Berechnung widersprach.
Obgleich er das ganze römische Meer befriedet hatte, fand er in eben dessen Wellen den Tod. Und damit nicht genug: Er, der einstmals, wie es hieß, über tausend Schiffe gebot, ward getötet in einem Nachen in der Nähe Ägyptens und gewissermaßen durch Ptolemaios, dessen Vater er einstmals in sein Land und zugleich auch in sein Königtum zurückgeführt hatte.» (XLII, 5, 1 ff.)

Den Schlußpunkt der Auseinandersetzung aber bildet dann, wie Dio meint, Caesars Heuchelei, als ihm Pompeius' abgeschlagenes Haupt bei seiner Landung in Ägypten gezeigt wird.

Eine knappe Zwischenbilanz ergibt somit, daß das antike Pompeiusbild nie durch eine einseitige Idealisierung geprägt wurde. Vorbehalte gegenüber Person, Charakter und Handeln blieben stets bestehen, doch auch die Anerkennung seiner menschlichen Vorzüge wie seiner Leistungen. Dies ist deshalb überraschend, weil es sich bei Pompeius Magnus ganz gewiß um keine enthusiasmierende Persönlichkeit handelte.

Das stark divergierende Urteil der Zeitgenossen ist einerseits – wie bei Cicero – ausgesprochen situationsgebunden und inkonsistent, andererseits durch Parteilichkeit diktiert wie bei Caesar und Sallust. Demgegenüber steht die erstaunliche Kontinuität einer bedingt positiven Sicht, wie sie Livius, Valerius Maximus und, in schon verfestigter Form, Velleius Paterculus dokumentieren. Eine Schlüsselstellung kam dabei der anhaltenden Wirkung der Livius-Tradition zu, so zum Beispiel bei Lucan. Nicht zuletzt ihr ist es zu verdanken, wenn die Persönlichkeit des Pompeius in den verschiedensten literarischen Formen gegenwärtig blieb.

Parallel zum Zurücktreten des Parteistandpunktes der zeitgenössischen Autoren ist dann die Zunahme einerseits rhetorischer, andererseits allgemein-anthropologischer Aspekte charakteristisch. Pompeius' Versagen in einer Krise des Bürgerkrieges wie die Widersprüche seines Schicksals wurden erst aus der Distanz schärfer erfaßt, auch die psychische Deformation des Geschlagenen. Zugleich verstärkte sich die Anerkennung einer tragischen Existenz, die bis zuletzt ihre Haltung bewahrte.

Pompeiusbilder der Neuzeit

Aus den zahlreichen Schilderungen und Beurteilungen des Pompeius während des 19. Jahrhunderts ragt zunächst die in vielfacher Hinsicht grundlegende Darstellung von Wilhelm Drumann (1786–1861) hervor. Dessen eigenwilliges Werk «Geschichte Roms in seinem Übergange von der republikanischen zur monarchischen Verfassung oder Pompeius, Caesar, Cicero und ihre Zeitgenossen nach Geschlechtern und mit genealogischen Tabellen» (6 Bände 1834–1844) stellte vor dem Erscheinen der modernen Enzyklopädien das am umfangreichsten dokumentierte Nachschlagewerk für die Epoche der späten Römischen Republik dar. Dies galt erst recht für dessen erweiterte 2. Auflage von P. Groebe (Berlin 1899–1929), die noch 1964 durch einen hier benutzten Nachdruck zugänglich gemacht wurde.

Zu den charakteristischen Kennzeichen dieses zuverlässigen Informationsinstruments, das auf einer ganz ungewöhnlichen Quellenkenntnis beruhte, gehört nicht zuletzt dessen offen eingestandene monarchistische Tendenz. Verkürzt gesagt, stand Caesar Drumann daher näher als Pompeius, und dieser entschiedene Antagonismus, der sich bis zur Einseitigkeit steigern sollte, hat denn auch später nicht wenige moderne Darstellungen der Epoche geprägt.

Die negative Tendenz von Drumanns Pompeius-Beurteilung wird schon von Anfang an sichtbar. Zur Anerkennung als «Imperator» durch Sulla heißt es:

«Wie wir ihn hier finden, so zeigte er sich immer. Voll Verlangen nach dem Verbotenen nahm er es nicht selbst, aber er wirkte dahin oder wußte es zu erzwingen, daß man es ihm antrug, denn er galt für um so größer, man mußte es ihm danken, daß er sich fügte, und der Schein war gerettet.» (IV^2, 336)

Obwohl einzelne Stadien von Pompeius' Bewährung und Leistungen durchaus anerkannt werden, wie zum Beispiel seine Planung des Seeräuberkrieges, bleibt die Bewertung der Persönlichkeit im ganzen widersprüchlich: Brutalität, Wortbruch, Selbstsucht, Kälte und Verstellung werden ihm vorgeworfen, doch im systematischen Teil dann Gestalt, Lebensweise und Charakter positiv geschildert. Ein Hauptvorwurf lautet dagegen:

«Er (sc. Pompeius) hatte keinen allgemeinen und bestimmenden Lebensplan. Die Kunst, ohne welche nichts wahrhaft Großes gedeiht, die Kunst, vorzubereiten und warten zu können, war ihm fremd. Das

Nächste und leicht Erworbene galt ihm am meisten, der Schein also und der Flitter. Auf diesem Wege erstrebt man das Höchste nicht. Auch in Beziehung auf das Recht genügte ihm der Schein, und er war ihm unentbehrlich.» (IV², 430 f.)

Auf diesem Fundament baute dann auch die einflußreichste und verbreitetste «Römische Geschichte» des 19. Jahrhunderts auf, diejenige von Theodor Mommsen (1817–1903). In deren, erstmals 1856 erschienenem III. Band wurde die Partie über «Die Begründung der Militärmonarchie» mit einem passioniert gezeichneten Pompeiusporträt eröffnet. Immer neue Vorwürfe prasselten dort auf den Magnus nieder:

«Er war kein böser und kein unfähiger, aber ein durchaus gewöhnlicher Mensch, durch die Natur geschaffen, ein tüchtiger Wachtmeister, durch die Umstände berufen Feldherr und Staatsmann zu sein ... kalt und im Guten wie im Bösen ohne Leidenschaft ... eckig, steif, und ungelenk im Verkehr ... (der) langweiligste und steifleinenste aller nachgemachten großen Männer.» (III. Berlin 1904⁹, 11 f.)

Dem entsprach auch der nach Pompeius' Ermordung eingeschaltete Epilog:

«Ein guter Offizier, übrigens aber von mittelmäßigen Gaben des Geistes und des Herzens, hatte das Schicksal mit dreißigjähriger dämonischer Beständigkeit alle glänzenden mühelosen Aufgaben nur darum ihm zu lösen gewährt, alle von andern gepflanzten und gepflegten Lorbeeren nur darum ihm zu brechen gestattet, nur darum alle Bedingungen zur Erlangung der höchsten Gewalt ihm entgegengetragen, um an ihm ein Beispiel falscher Größe aufzustellen, wie die Geschichte kein zweites kennt. Unter allen kläglichen Rollen gibt es keine kläglichere als die mehr zu gelten als zu sein ... Wenn das

Mißverhältnis zwischen Scheinen und Sein vielleicht nie so schroff hervorgetreten ist wie in Pompeius, so mag der ernste Gedanke wohl dabei verweilen, daß er eben in gewissem Sinn die Reihe der römischen Monarchen eröffnet.» (a. O., 436)

In denkbar starkem Kontrat hierzu wurde Pompeius von Leopold von Ranke (1795–1886) in dessen «Weltgeschichte» (1880 ff.) gewürdigt. Im Rahmen seiner primär universalhistorischen Sicht sind andere Akzente gesetzt worden als innerhalb von Mommsens Perspektiven. Pompeius' entscheidender Konflikt spitzte sich dabei über jenen Forderungen zu, die er nach seiner Rückkehr aus Kleinasien erheben mußte: der Anerkennung seiner Regelungen in Kleinasien wie im Nahen Osten einerseits, der Versorgung seiner Veteranen andererseits:

«Es ist die Forderung, in welcher die größte aller Schwierigkeiten, die in der römischen Republik vorlagen, in Evidenz trat. Diese besteht in der militärischen Stellung, welche dem Feldherrn die Ausübung der Attributionen der höchsten Gewalt verschaffte, aber dabei doch seine Unterordnung unter die bürgerliche Autorität, die der Senat durch die Gesetze besaß, festhielt.» (Weltgeschichte. II. München 1922[5], 316)

Es entsprach nach Ranke Pompeius' Charakter, daß er die aus seiner Sicht berechtigten Forderungen nicht gewaltsam durchsetzen wollte:

«Von allem, was als ein Vergehen erscheinen konnte, hat er sich freigehalten. Es war etwas vornehmes in ihm; er suchte seine Ehre in einem gemäßigten ruhigen Verhalten; er trachtete nach dem Ruf der Unbescholtenheit und erlangte einen solchen. Er hatte einen lebendigen Begriff von der republikanischen Gleichheit, aber er wollte nie-

mand neben sich, noch weniger über sich sehen. Alles, was er unternahm, war des römischen Namens und seiner eigenen Stellung würdig.» (a. O., 317)

Die Grenzen der Autorität des Imperators im Prozeß des Erwerbs der römischen Weltherrschaft waren so zu einer innenpolitischen Grundsatzfrage geworden. Ranke resümierte:

«Die Herrschaft der Welt konnte unmöglich abhängig bleiben von den turbulenten Faktionen des römischen Forums; große Männer bilden sich nur im Kampfe mit den allgemeinen Weltelementen aus.» (a. O., 329)

Ein weiterer Schwerpunkt Rankes lag in dessen Einschätzung der Schlacht von Pharsalos. Er zählte sie zu jenen Schlachten,

«welche die Gestalt der Welt verändern, dem Vergangenen ein Ende machen und die Zukunft bestimmen. In dem Siege oder der Niederlage liegt das Verhängnis. Eine solche war die Schlacht von Pharsalus. Von diesem Tage an begann die Tendenz der Alleinherrschaft in den Gebieten, welche damals den Erdkreis ausmachten, die Oberhand zu gewinnen; fortwährend erstarkt hat sie die folgenden Jahrhunderte beherrscht. Die Schlacht von Pharsalus hat die höchste Gewalt begründet, die weder Königtum noch Republik ist: das Kaisertum, das eben von Cäsar seinen Namen hat, und an dessen Kontinuation sich die Weltgeschichte knüpft.» (a. O., 361)

Zum eigentlichen Antipoden Theodor Mommsens in der Beurteilung des Pompeius aber wurde der Universalhistoriker Eduard Meyer (1855–1930). Schon in einem «Kaiser Augustus»-Vortrag des Jahres 1903 hatte Meyer den ersten Princeps und dessen Staatsform in eine enge Verbindung mit Pompeius eingeordnet und diese Perspektive dann während des Ersten Weltkrieges in seiner großen Darstellung der späten Römischen Republik «Caesars Monarchie und das Principat des Pompejus» (1918) umfassend ausgeführt.

Diese Monographie begann mit einer Kritik an Mommsens «glänzender» Pompeiuscharakteristik, deren «ästhetischer Genuß» durchaus anerkannt wurde. Auch Eduard Meyer unterstrich die abstoßenden Züge von Pompeius' Persönlichkeit, hielt ihn für «kleinlich und ohne jede Wärme des Gemüts», bezichtigte ihn der Unzuverlässigkeit und der Heuchelei – unterstellte ihm indessen eindeutige politische Anschauungen und Ziele.

Im Unterschied zur absoluten Monarchie Caesars erstrebte Pompeius nach Meyer

«die militärische und politische Leitung des Staats durch den amtlosen Vertrauensmann des Senats und der Aristokratie, den alle seine Rivalen an Einfluß weit überragenden ersten Bürger, den Princeps. Die Stellung, die Pompejus für sich begehrte und die er zuletzt, seit dem Jahre 52, wenigstens annähernd erreicht hat, ist in der Tat in den wesentlichsten Momenten bereits die, welche das augusteische Principat dem Regenten zuweist; die Gestaltung, welche Augustus dauernd begründet hat, steht der von Pompejus erstrebten viel näher, als der des Mannes, dessen Namen er trug. Eben darin beruht die eminente weltgeschichtliche Bedeutung des Pompejus, die die Caesars fast noch übertrifft.» (Stuttgart 1922[3]. NDr. Darmstadt 1963, 5)

Im Rahmen dieser Konzeption konnte Meyer dann auch Pompeius' Verhalten wenigstens teilweise rechtfertigen:

«Gegen das Verhalten des Pompejus ist oft der Vorwurf der Hinterhaltigkeit erhoben und es ist für einen unverzeihlichen Fehler erklärt worden, daß er anstatt zu fordern und zu befehlen, sich mit affektierter Bescheidenheit zurückhielt, erklärte, mit dem Geringeren zu-

frieden zu sein, und dann nicht verhindern konnte, daß man ihn beim Wort nahm. Aber das liegt nun einmal im Wesen der Stellung, die er begehrte, und ist der charakteristische Grundzug des Principats im Gegensatz zur Monarchie geblieben: der erste Bürger darf sich nicht aufdrängen, sondern muß gebeten werden, um des Gemeinwohls willen die schwere Last auf sich zu nehmen, der er sich gern entziehn würde.» (a. O., 117 f.)

Eduard Meyer war der Ansicht, daß sich Pompeius an der Stellung Sullas orientiert habe, wies auch auf die Bedeutung der *cura annonae*, der Aufsicht über die Getreideversorgung, hin – eine weitere Parallele zu Augustus – sowie darauf, daß lediglich die *tribunicia potestas*, die Amtsgewalt des Volkstribuns, die der erste Princeps besaß, an Pompeius' Bündelung seiner Kompetenzen fehlte.

Die innere Geschlossenheit von Eduard Meyers Konzeption ist gewiß imponierend, seine Perspektive originell, die Wendung gegen Mommsens einseitige Diskreditierung berechtigt. Es ist auch sein Verdienst, gewisse Parallelen zwischen der Politik des Pompeius und dem augusteischen Principat wieder ins Bewußtsein gerufen zu haben. Indessen konnte sich Meyers Annahme einer bewußten Vorwegnahme der Lösung des Augustus durch Pompeius in solch umfassender Form nicht durchsetzen.

Zu einem der schärfsten Gegner Eduard Meyers sollte von Anfang an Matthias Gelzer (1886–1974) werden. Seit seiner Habilitationsschrift über «Die Nobilität der Römischen Republik» (1912), dem Modell einer «Gesellschaftsgeschichte» persönlicher Prägung, und der ersten Auflage seiner Caesarbiographie (1921–1960[6]) war er für die Thematik besonders sensibilisiert. Dazu kamen später zahlreiche prosopographische Beiträge in der RE sowie Einzelstudien, in denen er die hervorragenden Politiker der späten Republik von Cicero bis zu Cato Uticensis behandeln sollte.

Nach einschlägigen Akademieabhandlungen der Jahre 1941 und 1943 war Gelzers Pompeiusbiographie 1944 fertiggestellt, konnte jedoch nicht ausgeliefert und erst in einem Nachdruck von 1948 veröffentlicht werden. Ihr folgte 1959 eine zweite Auflage, 1973 eine Paperbackausgabe, 1984 schließlich eine von E. Herrmann-Otto betreute und ergänzte Ausgabe, nach der hier zitiert wird (Pompeius. Lebensbild eines Römers. Stuttgart 1984). Neben Franz Miltners unten zu besprechendem, großen RE-Artikel von 1952 stellt das Buch noch heute die fundierteste und quellenmäßig am dichtesten belegte wissenschaftliche Pompeiusbiographie in deutscher Sprache dar.

Gelzer unterstrich vor allem die engen Verbindungen des späteren Pompeius Magnus mit seinem Vater Cn. Pompeius Strabo. Wie dieser suchte er inmitten der Bürgerkriegswirren von Anfang an, auf seine picenische Klientel gestützt, eine unabhängige Sonderstellung zu erlangen. Plastisch wird die Position des ehrgeizigen Außenseiters innerhalb des traditionellen Gefüges der römischen Führungsschichten vermittelt, werden die Folgen von Sullas Förderung sowie die frühen militärischen Erfolge geschildert, die schließlich im Kampf gegen die Seeräuber und Mithridates VI. gipfeln sollten.

Mögen dabei die militärischen Einsätze und Leistungen des Pompeius Magnus teilweise unterschätzt werden, so wird doch die Bedeutung der politischen und administrativen Neuordnung im Nahen Osten mit Emphase gewürdigt:

«Zum erstenmal in der römischen Geschichte wurde hier die Aufgabe ergriffen, nach einem großgedachten Plan die gesamte Verwaltung neu eroberter Länder zu regeln. Es waren keine neuen Grundsätze

der Verwaltungstechnik, die er einführte; aber ihre Handhabung geschah im Geiste der Verantwortlichkeit nicht nur für die römische Sicherheit, sondern auch für das Wohl der neuen Reichsangehörigen. Einzigartig war die Gründung so vieler neuer griechischer Stadtgemeinden. Denn bisher hatten die Römer im Osten mehr zerstört als gebaut. Es war ein Bekenntnis zur griechischen Kultur, zur Kultur überhaupt und höheren Gesittung. Die nicht-griechische Bevölkerung wurde keineswegs hellenisiert, aber die hellenenfreundliche Haltung der neuen Herrschaft gab der Verbreitung der griechischen Sprache und Zivilisation wieder neuen Auftrieb.» (99)

Mit großer Akribie wird sodann die Ereignisgeschichte bis in den Bürgerkrieg verfolgt, dabei immer wieder Quellenauszüge, wie Pompeius' Briefe an den Prokonsul L. Domitius oder Äußerungen Ciceros, in die Darstellung integriert. In politischer Hinsicht und im Hinblick auf Pompeius' Ziele blieb Gelzer bei seiner schon früh geäußerten Meinung. Noch vor der Schlacht von Pharsalos heißt es:

«Im Grunde verhielt es sich offenbar so, daß er einen politischen Plan, wie er ihm unterstellt wurde, gar nicht hatte; der Gedanke, daß die Unzulänglichkeit der Optimatenrepublik durch ein monarchisch gestaltetes Reichsregiment zu beheben sei, lag außerhalb seines politischen Gesichtskreises. Was er wollte, war noch immer, unter den principes *als der* princeps *respektiert zu werden, eine Stellung, die ihm nach Caesars Beseitigung niemand bestreiten konnte, mit der er aber kein politisches Programm verband.»* (197)

Mag diese generelle Beurteilung plausibel erscheinen, so wirken Schlußpartie und Zusammenfassung einseitig und inadäquat:

«Durch das Versagen in der Niederlage von Pharsalos hat er (sc. Pompeius) den Ruhm des tragischen Helden verwirkt, und auch die Art, wie er sich seinen Mördern auslieferte, zeigte ihn als einen Mann von gebrochener Entschlußkraft.» (203)

Gelzers Feststellung zeigt wenig Verständnis für Pompeius' Situation. Ob man von einer «Kläglichkeit dieses Untergangs» (203) sprechen sollte, sei dahingestellt. Für Gelzer ist Pompeius' Nachgeben gegenüber den Optimaten freilich

«nur die letzte Probe einer Unzulänglichkeit, die ihn schon bisher an den Wendepunkten seines Lebens um die Früchte seiner Erfolge brachte.» (203)

Was nach Gelzer danach bleibt, ist «ein großer militärischer und politischer Organisator» (205). Gelzers Pompeius ist offensichtlich an Caesar gemessen und von ihm aus beurteilt. Die Eigenart der Individualität wurde wohl kaum befriedigend erfaßt. Es kommt hinzu, daß dem Werk der historiographische Glanz und die Passion eines Theodor Mommsen und Eduard Meyer fehlen. Inmitten einer von Pathos geprägten Epoche war Gelzers Werk durch helvetische Nüchternheit gekennzeichnet.

Ein Gesichtspunkt, der bei Gelzer wohl nicht ganz zu seinem Recht gekommen war, ist annähernd gleichzeitig von anderen Forschern betont worden: Der auch durch mehrere eigenwillige Arbeiten zur Geschichte der späten Römischen Republik hervorgetretene Helmut Berve (1896–1979) ging in einer gedankenreichen Spezialstudie über «Rom und das Mittelmeer» auf Pompeius' Seeräuberkrieg ein und stellte dazu fest:

«Es war dies die erste Reichsaktion in der Geschichte des römischen Imperiums, das heißt, die erste Aktion, die ihrer Absicht nach nicht nur Rom und Italien, sondern auch den unterworfenen Ländern zugute kam. Durch sie ist Rom erst wirklich zur Herrin des Mittelmeers, der See selbst, nicht bloß der umliegenden Länder, geworden. Nun erst hat das Meer seine von Natur gewiesene Funktion, Bindeglied zwischen den Küstengebieten zu sein und das geographische Ferment für die Einheit eines Reiches zu bilden, erfüllen können.» (1944 = Ders., Gestaltende Kräfte der Antike. München 1966[2], 367)

Berve erinnerte daran, daß Pompeius «in einer fast unrömischen Art» dem Meer zugeneigt war, auch später noch großes Gewicht auf den Flotteneinsatz und das «Seefahrt ist notwendig, leben ist nicht notwendig» legte. Es ließe sich hinzufügen, daß dann auch Pompeius' zweiter Sohn, Sextus Pompeius, diese Tradition des Vaters in weiten Dimensionen und mit großem Erfolg aufnahm.

Der österreichische Althistoriker Franz Miltner (1901–1959) hatte schon früh die Probleme der antiken Seefahrt und Seekriegsführung zu einem seiner Arbeitsschwerpunkte gewählt (besonders: RE. Suppl.V, 864–962, 1931). Es war daher naheliegend, daß er diesen Aspekt auch in seinem 1952 erschienenen, gediegenen und materialreichen RE-Artikel über Cn. Pompeius Magnus (RE. XXI, 2062–2211) besonders berücksichtigte und dabei betonte, daß Pompeius einer der wenigen römischen Feldherrn war, welche die Bedeutung der Flotte zutreffend eingeschätzt haben.

Miltner bot im übrigen nicht nur einen der üblichen, umfassenden und dicht belegten Beiträge, sondern zugleich eine ausführliche persönliche Gesamtbeurteilung. Er distanzierte sich dabei von den Positionen von Drumann-Groebe und Mommsen ebenso wie von jener Eduard Meyers. Die ersteren führten nach ihm zu einem Bild des Pompeius,

«das kaum anders als das eines lächerlichen Hohlkopfes erscheint, dem nur die Zufälligkeit der Zeitverhältnisse eine besondere Rolle mehr oder weniger ohne sein Zutun, ja gegen seinen Willen zugespielt hatte.» (2203)

Bei Eduard Meyer sah Miltner hingegen eine einseitige, positive Übertreibung, die lediglich auf Grund von Pompeius' beiden letzten Lebensjahrzehnten konstruiert war. Erst Matthias Gelzer habe dann «die erste befriedigende Charakteristik des Pompeius» (2203) geliefert.

Miltners eigene Akzente lassen sich hier nur an einigen Beispielen aufzeigen. So unterstrich er, daß der Feldherr «zu vorsichtig und umsichtig» (2204) gehandelt habe – möglicherweise eine Erfahrung aus den Kämpfen in Spanien. Im Verhältnis zur Aristokratie wurden «Ängstlichkeit» und «Schüchternheit» (2205) betont, auch die Tatsache, daß es nie zu einem eindeutigen Vertrauensverhältnis zwischen dem Feldherrn und dem römischen Senat gekommen ist. Ob Pompeius wirklich, wie Miltner meinte, «eine Verbreiterung der Regierungsgrundlage» (2206) wünschte, dürfte umstritten sein. Dagegen trifft es zu, daß für Pompeius «grundsätzlich nicht seine persönliche Macht letztes Ziel» gewesen ist.

Kaum bestreitbar ist auch Miltners historische Einordnung des Magnus:

«Aber man wird trotz des vernichtenden Urteils, das die Tatsachen über die Bestrebungen des Pompeius gefällt haben, diesem einräumen dürfen und müssen, daß sein Versuch die letzte Möglichkeit überhaupt darstellte, das Senatsregiment und damit die res publica zu erhalten.» (2208)

Das wenig später erschienene, breit angelegte Werk des damals an der Universität Namur wirkenden J. van Ooteghem, S.J. «Pompée le Grand. Bâtisseur d'Empire» (1954), stellte einen weiteren Versuch dar, dem Wirken des Pompeius gerecht zu werden. Der Untertitel des Buches war programmatisch gewählt: Unter den Kriterien der Reichspolitik stellte van Ooteghem die Leistung des Pompeius weit über jene Caesars und bemühte sich auch insgesamt um eine positivere Einschätzung von dessen Persönlichkeit:

«Les moyens que Pompée avait mis en œuvre pour devenir ce bâtisseur d'Empire étaient, outre sa valeur guerrière, son honnêteté foncière, sa parfaite loyauté, sa valeur incomparable.» (645)

Es mögen Sätze wie dieser gewesen sein, die den zuletzt in Göttingen wirkenden Alfred Heuß (1909–1995) provozierten und ihn veranlaßten, einer solch idealen Sicht eine wesentlich schärfere Auffassung entgegenzusetzen. Schon in seiner erstmals 1960 erschienenen, weit verbreiteten «Römischen Geschichte» wurde Pompeius' politisches Wirken negativ bewertet, dessen «Geltungsbedürfnis» und «Eitelkeit» (187) hervorgehoben, er als «Typus des Revolutionärs wider Willen» (193) eingeschätzt.

Noch entschiedener und sarkastischer fiel die Ablehnung in dem Beitrag «Das Zeitalter der Revolution» in der Propyläen Weltgeschichte (IV. Berlin 1963, 175–316) aus. Schon Pompeius' erstes Zusammengehen mit den Popularen (71/70 v. Chr.) veranlaßte Heuß zu der Feststellung,

«daß die erste rein politische Entscheidung des Pompeius einen politischen Dilettantismus sondergleichen verriet und er aus Gründen billiger Effekthascherei und Popularität die Axt an die Verfassung Sullas legte. ... Doch dieser Mann war kein rechter Politiker, sondern

ein Streber und eine echte Primusnatur. Seine unbestreitbaren Leistungen trug er vor sich her wie ein Schulzeugnis.» (235)

Für Heuß, der die kurzsichtige Politik der optimatischen Extremisten nicht berücksichtigte, wurde Pompeius sogar «zum eigentlichen Totengräber der römischen Republik» (237), dessen Vorstoß zur Kolchis «eine bloße theatralische Geste» (239). In effektvoller Weise wurde Mommsens bittere Polemik hier somit wiederaufgenommen.

Das Pompeiusbild von Hermann Bengtson (1909–1989) war seit den sechziger Jahren des 20. Jahrhunderts deshalb so bedeutsam, weil es im Rahmen des «Handbuchs der Altertumswissenschaft», erstmals 1967, publiziert worden war und daher auch die communis opinio der Gelehrten widerspiegelte und beeinflußte. Wie stets gab Bengtson dabei nützliche Quellenzusammenstellungen und Literaturhinweise; sein Gesamturteil über den großen Feldherrn, Admiral und Organisator war dagegen ziemlich konventionell:

«Pompeius ist alles andere als ein Genie, sein Gesicht zeigt jene charakteristische Mischung von Hochmut und Verschlagenheit, die schon seinen Zeitgenossen auf die Nerven gegangen ist. So hat er es nie verstanden, sich die Sympathien der Senatsoligarchie zu erwerben. Die Nobiles haben ihm immer wieder die kalte Schulter gezeigt, da sie sich nicht für einen Mann erwärmen konnten, der auf Grund seiner bedeutenden Leistungen als Feldherr immer und überall mit dem Anspruch auftrat, der Erste der Bürger (princeps civium) *zu sein. Womöglich noch schlimmer aber war es, daß Pompeius im Grunde über keine politische Konzeption verfügte, er vermied es, sich klar zu äußern, was ihm wiederum als Hinterhältigkeit verdacht wurde. Auch die Nobilität ist alles andere als schuldlos: sie fürchtete, sehr mit Unrecht, eine Alleinherrschaft des Pompeius; das gegenseitige*

Mißtrauen hat die Front gegen Caesar entscheidend geschwächt und diesem den Sieg wesentlich erleichtert.» (Grundriß der Römischen Geschichte mit Quellenkunde. I. München 1982[3], 240)

Neben den bisher erwähnten Beurteilungen des Pompeius in allgemeineren Darstellungen und Sammelwerken bleibt insbesondere im deutschsprachigen Bereich eine bemerkenswerte Spezialisierung der Forschung hervorzuheben. Dabei ist die Berücksichtigung ideologischer Aspekte typisch. Eine Sonderstellung nimmt hier die historisch-materialistische Historiographie, speziell jene der Deutschen Demokratischen Republik, ein.

Gleichgültig, ob in dem ins Deutsche übersetzten russischen Hochschullehrbuch von N. A. Maschkin (Römische Geschichte. Berlin 1953, 355) oder in jenem von R. Dieter und R. Günther (Römische Geschichte bis 476. Berlin 1979, 183), stets bildete der etwas wirre und salopp geschriebene Brief von Karl Marx an Friedrich Engels vom 27. Februar 1861 die kanonische Basis der Beurteilung:

«Pompeius, ... erst durch Eskamotage der Erfolge des Lucullus (gegen Mithradates), dann der Erfolge von Sertorius (Spanien) usw. als ‹young man› von Sulla usw. in falschen Ruf gekommen ... Sobald er Caesar gegenüber zeigen soll, was an ihm – Lauskerl. Caesar machte die allergrößten militärischen Fehler, absichtlich toll, um den Philister, der ihm gegenüberstand, zu decontenancieren. Ein ordinärer römischer General, etwa Crassus, würde ihn sechsmal während des Kampfes in Epirus vernichtet haben. Aber mit Pompeius war alles möglich.» (MEW. 30, Berlin 1964, 160)

Während Maschkin wenigstens anerkannte, daß Pompeius neue Wege der römischen Provinzialpolitik einschlug, war er doch der Ansicht: «Ihm schwebte das Ideal des hellenistischen

Helden-Eroberers vor. Nicht umsonst hielt er sich für einen neuen Alexander.» (354)

Charakteristisch für ihn wie für die historisch-materialistische Sicht generell war, verbunden mit scharfen Attacken gegen die «bürgerliche Geschichtsschreibung», die Höhereinstufung des Clodius. Wegen deren «Geringschätzung der Rolle der Massen in der Geschichte» (335) wie der «Bedeutung der sozialen Bewegungen» hätten ihn nicht-marxistische Historiker nicht adäquat zu würdigen vermocht. (So auch Dieter-Günther, 170)

In der dichten, pragmatischen Darstellung von S. L. Uttschenko, J. M. Schtajerman und T. W. Blawatskaja im 2. Band der von der Akademie der Wissenschaften der UdSSR herausgegebenen «Weltgeschichte» (deutsche Übersetzung: Berlin 1963) konnte Pompeius Magnus kein schärferes Profil gewinnen.

Wenig später wurde der ideologische Bereich dann auch im Westen schärfer belichtet. So untersuchte Kurt Raaflaub in seiner Basler Dissertation «Dignitatis contentio» (München 1974) «Motivation und politische Taktik im Bürgerkrieg zwischen Caesar und Pompeius». Nach ihm war die «Verteidigung der rei publicae causa» gleichsam das Credo der Pompeianer und «die Grundlage ihrer politischen Verhaltensprinzipien.» (194) Dazu trat die Libertas-Parole. Für Caesar sollte dagegen die *clementia* propagandistisch betont werden, so daß schon bei Raaflaub der Antagonismus zwischen *crudelitas* und *clementia* bestimmend wurde.

Auf breiterer Grundlage und in wesentlich schärferer Form wurde diese Perspektive dann im ersten Band von Andreas Alföldis posthum erschienenem Spätwerk «Caesar in 44 v. Chr.» (Hrsg. von H. Wolff u. a. Bonn 1985) noch vertieft. Schon für das Jahr 53 v. Chr. nahm Alföldi eine «grausame

Kriegsplanung des Pompeius» (233 ff.) an, eine Planung, welche angeblich durch «wilde Eifersucht und eitle Herrschsucht» (235) bestimmt war. Das politische Programm der beiden Parteien wurde im Jahre 49 v. Chr. dann auf den Nenner «Schonung einerseits, Brutalität andererseits» gebracht.

Der Autor trieb seine Angriffe gegen den Magnus danach immer weiter:

«Freilich hat der romantische Republikanismus aus dem eiskalten Egoisten, aus dem unzuverlässigen, scheinheiligen Pompeius nachträglich einen Heiligen und Märtyrer gemacht. ... An ein gemäßigtes Prinzipat ist bei diesem von leidenschaftlicher Eitelkeit bewegten, auf ein alleiniges Führertum durch den wohlgeplanten Bürgerkrieg und auf ein Blutgericht nach dem Sieg hinstrebenden Menschen nicht zu denken. ... Die von ihm erstrebte Ausrottung seiner Gegner würde zunächst den weiteren Bestand des sullanischen Oligarchenregimes gesichert haben, aber er als neuer Sulla würde niemals abgedankt haben, sondern hätte nur stets die eigene Vormachtstellung weiter gefestigt.» (242 f.)

Dieses frühe Exempel virtueller Historie ist naturgemäß durch Alföldis Fixierung auf die idealisierte «Monarchie» Caesars, die zu einer wahren Apotheose des Diktators führte, bestimmt, durch eine Apotheose, die ein möglichst tristes Gegenbild erforderte. Er schreckte deshalb auch nicht vor diskreditierenden Überspitzungen zurück, übersah, daß Pompeius gerade eine Strategie vermeiden wollte, in der Italien zum Kriegsschauplatz wurde und daß in neuen Proskriptionen nicht Pompeius, sondern die Senatoren in seinem Lager schwelgten.

Pompeius' bewußte Identifizierung mit der Tradition Alexanders des Großen war schon früh beobachtet und immer wieder ironisiert worden. Nur selten wurde dabei berücksichtigt, daß diese Selbststilisierung auch ein Mittel war, um mit der Arroganz jener Aristokraten konkurrieren zu können, die sich mit den Konsulaten und Zensuren ihrer Vorfahren brüsten konnten, denen der Aufsteiger Pompeius somit eine noch glänzendere, universale Legitimation entgegensetzte.

In den Arbeiten von D. Michel (Alexander als Vorbild für Pompeius, Caesar und Marcus Antonius. Brüssel 1967) und O. Weippert (Alexander-Imitatio und römische Politik in republikanischer Zeit. Diss. Würzburg 1972) sind diese Zusammenhänge intensiv erörtert, in der Darstellung von P. Greenhalgh (Pompey, the Roman Alexander. London 1980) idealisiert worden.

In der englischsprachigen wissenschaftlichen Literatur fand die Geschichte der späten Römischen Republik ohnehin stets besondere Beachtung. Grundlegend waren dabei die Beiträge im jeweiligen Band 9 der beiden Auflagen der Cambridge Ancient History (1. 1932; 2. 1994). Allerdings verhinderte deren Struktur, die Aufspaltung der Ereignisgeschichte in relativ kurze Abschnitte verschiedener Autoren, ausführlichere und zusammenhängende Pompeiusporträts. So wurde dessen Handeln in der ersten Auflage von H. Last, H. A. Ormerod, M. Cary und F. E. Adcock, in der zweiten von R. Seager, A. N. Sherwin-White, T. P. Wiseman und E. Rawson besprochen. Hervorzuheben ist daraus lediglich die kleine Skizze von F. E. Adcock:

«*Yet at Dyrrhachium Caesar had been the last soldier in his army to be defeated: at Pharsalus Pompey was the first. Herein lay the difference between them, not in technical skill or judgement or resource, but in that Pompey lacked that fusing together of spirit and intellect that marks off genius from talent.*» (CAH. IX[1], 668 f.)

Eine Sonderstellung nahm in jenem Bereich die Darstellung der «Herrschaft des Pompeius» im Rahmen der klassischen Monographie von Ronald Syme (The Roman Revolution. Oxford 1939) ein. Syme ging von einem völlig negativen Bild von Pompeius' Vater, Cn. Pompeius Strabo, aus («brutal, korrupt und hinterlistig»). Auch dessen Sohn wurde von Anfang an disqualifiziert: «Die Laufbahn des Pompeius begann mit Betrug und Gewalttaten; sie wurde in Krieg und Frieden durch Ungesetzlichkeit und Verrat fortgesetzt.» (Deutsche Ausgabe München 1992, 32) Für Syme, jenen Althistoriker, der die Bedeutung der römischen Klientelverhältnisse und aristokratischen Faktionen in einen neuen Rang erhoben hatte, stand insbesondere die Analyse der Verbindungsnetze innerhalb der Nobilität einerseits, der Anhängerschaft und Klientel des Pompeius andererseits im Vordergrund.

Vierzig Jahre nach dem Erscheinen von Symes Werk wurde dann ein ganzes Bündel einschlägiger Monographien publiziert: J. Leach (Pompey the Great. Oxford 1978), R. Seager (Pompey, a political biography. Oxford 1979) und P. Greenhalgh (Pompey, the Roman Alexander. London 1980; Pompey, the Republican Prince. London 1981) wiesen sehr verschiedenartige Schwerpunkte auf. Während sich Seager dabei, gestützt auf prosopographische Untersuchungen, vor allem auf die römische Innenpolitik konzentrierte, überwogen bei Leach und Greenhalgh die panegyrischen Töne.

Im übrigen ist die moderne internationale Literatur zu Pompeius deshalb nahezu unübersehbar, weil das Pompeiusbild in weitem Umfang auch durch die Caesarforschungen und -darstellungen sowie in anderen Perspektiven mitbestimmt wird. In unserem Rahmen ist dieser Gesamtkomplex nicht zu behandeln. Hervorgehoben seien lediglich die Studien von Emilio Gabba zu Appian und zur Geschichte des römischen

Heeres sowie jene von Yann Le Bohec (César, Chef de Guerre. Paris 2001), der zuletzt die Operationen auf den verschiedenen Kriegsschauplätzen intensiv analysierte und dabei Strategie und Taktik des Pompeius durchaus respektvoll beurteilte.

Kehren wir am Ende noch einmal zur deutschsprachigen Forschung der Gegenwart zurück. In seinem Versuch, mit Hilfe moderner Begrifflichkeit die Verfassungswirklichkeit der späten Römischen Republik zu erfassen und insbesondere die Krise zwischen 91 und 60 v. Chr. zu beleuchten, ging Christian Meier (Res Publica Amissa. Wiesbaden 1966) in sehr persönlichem Stil wiederholt auch auf die Anfänge des Pompeius ein. So hieß es dort beispielsweise zur Situation nach 62 v. Chr.:

«Pompeius' Eitelkeit und innere Unsicherheit verführen zwar dazu, sein Zögern und seinen ausgesprochenen Widerwillen gegen entschiedene Aktionen auf sein persönliches Temperament zurückzuführen. Man sollte jedoch die Frage stellen, ob dieses wenig imposante Verhalten nicht auch aus einem richtigen Gefühl für die politischen Machtverhältnisse entsprang.» (273)

Und zum Zusammengehen des Pompeius mit dem Senat gegen Caesar wurde bemerkt:

«Gerade also seine stets schwankende, dunkle, unzuverlässige und feige Politik war es, die ihn zusammen mit seinem Feldherrnruhm zuletzt doch vertrauenswürdig und annehmbar machte. Viel anders konnte eine Macht, die im Grunde aus den abgespaltenen Teilen der römischen Wirklichkeit erwachsen war, sich im damaligen Rom wohl friedlich nicht etablieren.» (295 f.)

Am wichtigsten ist freilich die Vermittlung von Meiers Pompeiuscharakteristik in dessen Caesarbiographie (Berlin 1982), in der Pompeius als «der bedeutendste Außenseiter» der Epoche (164) bezeichnet wird. Der Schlüsselabschnitt seiner Äußerungen lautet:

«Gnaeus Pompeius Magnus war im Grunde nicht auf Konflikt angelegt. Er war nicht der Mann, der sich durchsetzen wollte; eher wollte er allen gefallen. ... Eitel war er, auf Beifall bedacht. Voll Respekt für die überkommene Ordnung, auch für den Senat. Seine Ziele waren weniger Macht und Einfluß als Ansehen und Ruhm. In der Politik hielt er sich gern im Hintergrund, melierte er sich ungern in das Geschehen. ...
Aber sein Ehrgeiz war, auch weiterhin mit allen wichtigen Aufgaben betraut zu werden. Das war die Grundlage seiner Stellung, seines Ruhms. ... Er war vor allem ein großer Organisator, auf militärischem wie auf administrativem Gebiet. Seine Feldzüge waren Glanzleistungen der Organisation. Die Truppen führte er überlegen, und das muß sich ihnen auch mitgeteilt haben. ... Es lag ihm, in großem Stil zu befehlen und zu walten, den Anspruch Roms auf die Weltherrschaft glanzvoll zu vertreten.» (166 f.)

Aus all dem folgte dann die historische Einordnung:

«Pompeius' Charakteristikum war, daß er die ganze Widersprüchlichkeit des ‹Gemeindestaats› der ein Weltreich beherrschte, in sich aufgenommen hatte. In ihm mischten sich Leistung und Anspruch dessen, der zahlreiche Probleme des Herrschaftsbereichs erledigt hatte, der vom Mittelmeerraum her denken konnte, mit dem Respekt des Römers gegen Senat und gute Gesellschaft. Daraus ergaben sich seine Schwierigkeiten, seine höchst unerfreuliche Politik.» (431)

Starke Resonanz fanden auch die weitverbreiteten Positionen von Jochen Bleicken. Hatte er in seinem Buch über «Die Verfassung der römischen Republik» (Paderborn 1975. 1985[4]) Caesar und Pompeius, «die großen Militärpotentaten der ausgehenden Republik» (215), eng zusammengestellt, deren zentralistische Bestrebungen betont und unterstrichen, daß durch sie «die herrschaftspolitischen Verhältnisse des römischen Kaisertums bereits vorweggenommen waren» (216), so ging er in seiner «Geschichte der Römischen Republik» (München 1980. 1980[3]) ausführlicher auf Pompeius' Persönlichkeit ein. Nach ihm

«war Pompeius durchaus nicht von hochfahrender Art und ging seinen Standesgenossen auch nicht wie Cicero mit dem ständigen Palaver über seine Verdienste auf die Nerven. Er fühlte sich als Mitglied seines Standes, war bescheiden, fast bieder, ein guter Hausvater, eher gesellig-leutselig als verschlossen, bisweilen etwas gehemmt und von mäßigem Redetalent. … Es fehlte der große, entschlossen in die Tat umgesetzte Gedanke und der Glanz der Persönlichkeit, besonders letzteres war in der hochgezüchteten spätrepublikanischen Gesellschaft ein nicht mehr auszugleichender Makel, mochte Pompeius auch noch so sehr den großen Taktiker, den verehrten Soldatenvater oder den außergewöhnlich befähigten Organisator in sich herauskehren.» (180)

Schon Bleicken hatte im übrigen die Spannungen zwischen der Tradition und der Anerkennung von Pompeius' Sonderstellung betont, dessen Verstrickung in die politischen Widersprüche der Epoche unterstrichen: «Die Annahme einer staatsrechtlich etablierten oder auch nur politisch anerkannten Sonderstellung des Pompeius entbehrt hingegen jeder Stütze in unseren Quellen.» (181)

Während sich zuletzt Klaus Bringmann in seiner primär philologisch orientierten, neuen «Geschichte der Römischen Republik» (München 2002, 283 ff.) vor allem an den Pompeiusurteilen von A. Heuß orientiert hatte, berücksichtigte Wolfgang Will in seinem Pompeiusartikel im «Neuen Pauly» (DNP 10, 2001, 99–107) kenntnisreich auch Pompeius' Nachleben in Literatur und Künsten. Sein zwiespältiges Gesamturteil dürfte weithin den derzeitigen Auffassungen entsprechen:

«Pompeius' große militärische Erfolge werden durch seine letzte Niederlage überschattet, seine organisatorischen Verdienste für die Republik in den 60er Jahren durch den Bürgerkrieg. Jenseits unbestrittener Fähigkeiten weisen ihn rücksichtsloser Ehrgeiz, unmäßige Bereicherung, opportunistisches Taktieren und letztliches Scheitern als Exemplum einer spätrepublikanischen Biographie aus.» (105)

XV. PERSÖNLICHKEIT, FAMILIE UND IMPERIUM

Um die Persönlichkeit und die historische Stellung des Cn. Pompeius Magnus zusammenfassend zu beurteilen, ist es erforderlich, ihn nicht isoliert zu sehen, sondern ihn in den Bezugsrahmen seiner Familie wie seiner Epoche einzuordnen. Dabei bleibt noch einmal an den Antagonismus zwischen der Beharrungskraft der traditionellen republikanischen Strukturen einerseits und der neuen Dominanz der Heeresklientelen von Marius bis zu Oktavian andererseits zu erinnern.

Da die imperialen Aufgaben der Römischen Republik in den Normen von Annuität und Kollegialität der Magistraturen in Kriegführung und Außenpolitik nicht mehr zu bewältigen waren, kam es gleichzeitig dank längerfristiger Imperien zum Aufstieg großer Einzelpersönlichkeiten. Davon profitierten selbst jüngere Heerführer wie die Scipionen, der jüngere Marius, Pompeius Magnus und endlich Oktavian.

Inmitten dieser Gesamtkonstellation durchlebte auch Cn. Pompeius eine typische Bürgerkriegsexistenz; sowohl die Anfänge als auch die Endphase seiner Entwicklung wurden durch Bürgerkriege geprägt. Seine Sonderstellung lag dabei darin, daß er sich nie völlig mit einer der Parteien identifizierte, weder mit dem von den Optimaten beherrschten Senat noch mit den Popularen, wie dies für Caesar charakteristisch war.

Für Pompeius blieb das Dilemma grundlegend, daß er zwar Strukturen, Verfassung und Traditionen der späten Republik anerkannte, für sich selbst jedoch eine Sonderstellung als *prin-*

ceps principum erstrebte. Dabei stützte er sich auf die Mobilisierung und Kontinuität einer persönlichen, zunächst regional begrenzten Klientel. Später stand ihm dann eine machtvolle Heeresklientel zur Verfügung. Bei all dem war Pompeius von Natur aus kein geborener Revolutionär, sondern bemühte sich geradezu beflissen stets um eine staatsrechtlich fundierte Position innerhalb des republikanischen Gefüges.

Neben der alles andere als konsolidierten politischen Gesamtlage sollten zwei ungewöhnliche Persönlichkeiten für die Entwicklung des späteren Magnus bestimmend werden, sein Vater Pompeius Strabo und Sulla. Es ist das Verdienst Matthias Gelzers, vor allem die Bedeutung des Vaters wieder in Erinnerung gerufen zu haben, dessen Aufstieg im Bundesgenossenkrieg und dessen Formierung einer eigenen Klientel. Unter seinen Augen erlernte der junge Pompeius in umfassender Weise das Kriegshandwerk; die physische und technische Beherrschung der Waffenführung hat ihn noch in den letzten Monaten seines Lebens ausgezeichnet. Pompeius wich später auch dem Nahkampf nicht aus; er wurde mehrfach verwundet. Von Feigheit kann bei ihm keine Rede sein.

Daneben dürfen die Erfahrungen nicht unberücksichtigt bleiben, die Pompeius im Kriegsrat seines Vaters erwerben konnte, auch nicht die politischen Probleme, auf die dieser mit dem Lavieren zwischen den Parteien reagierte. Dabei wagte es auch Strabo nicht, den entscheidenden letzten Schritt zur unabhängigen politischen Führungsstellung zu tun, Parallelen zum späteren Verhalten seines Sohnes, die unverkennbar sind. Daß schließlich das Scheitern des Vaters und die Folgen von dessen Katastrophe den jungen Pompeius tief erschütterten, dürfte offenkundig sein.

Der Anschluß des Pompeius an Sulla, dem er seine ansehnliche Heeresklientel zur Verfügung stellte, die wertvollste

Denar, Silber, ca. 46 v. Chr., von dem Proquaestor M. Minatius Sabinus für den jüngeren Cn. Pompeius in Spanien geprägt. Vs.: Porträt des Vaters, Cn. Pompeius Magnus. Legende. CN. MAGNUS IMP(erator)

und überraschendste Verstärkung, die der spätere Diktator bald nach seiner Rückkehr nach Italien erhielt, zeugt von einer sicheren Analyse der damaligen militärischen und politischen Lage, die keineswegs selbstverständlich war. In Taktik wie in Strategie wurde Sulla sein großes Vorbild. An Anerkennung durch den frei gewählten Kriegsherrn fehlte es nicht, auch nicht an dessen Vertrauen und Privilegierung, da er den jungen Mann mit seiner Familie eng verbinden wollte und ihn damit auch gesellschaftlich in ungewöhnlicher Weise förderte.

Doch andererseits könnte man sagen, daß Sulla seinen Schützling verdarb: Dessen Ernennung zum Imperator, die Ehrung als «Magnus» und schließlich die Konzedierung des Triumphs mußten den jungen Befehlshaber in seiner Eigenwilligkeit wie in seinem Selbstgefühl und in seiner ohnehin schon ungewöhnlichen Ehrsucht nur noch bestärken. In die üblichen Normen der Führungsschicht war der junge Imperator, dessen Stellung inzwischen zudem verrechtlicht worden war, danach nicht mehr einzugliedern.

Vorübergehend wurde die Beziehung zwischen Pompeius und Sulla zwiespältig. In politischer Hinsicht schien der Magnus jetzt eigene Wege gehen zu wollen, während der Diktator sich von ihm distanzierte. Doch am Ende hielt Pompeius seinem Patron dann trotz aller Zurücksetzung die Treue: Die Durchsetzung des Staatsbegräbnisses und die dazu erforderliche Mobilisierung der Veteranen waren sein Werk.

Wie dargelegt wurde, hat Pompeius im militärischen Bereich die Strategie des Diktators nicht vergessen; noch im Bürgerkrieg wurde das *«Sulla potuit»* («Sulla hat es vermocht») zu seiner Direktive und Legitimation. So sehr er ihn hier bewußt nachahmen wollte, so gering war sein Verständnis für die Systematik von Gesetzgebung und Verfassungsfragen, für die Sulla einst in seltener Weise qualifiziert gewesen ist.

Wie Pompeius' schonungsloser persönlicher Einsatz in Gefechten und Strapazen beweist, war er körperlich ungewöhnlich leistungsfähig. Schon in der Antike wurde dies auf seine bewußt einfache Lebensführung und Enthaltsamkeit zurückgeführt, die sich deutlich vom Luxus seines Rivalen Lucullus unterschied. Da der Gesichtsausdruck seiner Porträts und Münzbilder erheblich differiert, bei letzteren von einer bewußten Idealisierung auszugehen ist, lassen sich hier keine gesicherten Einzelheiten gewinnen. Es steht indessen fest, daß der Feldherr gegenüber seinen Truppen äußerst leutselig und vertrauensvoll wirkte.

In charakterlicher Hinsicht ist dagegen seine Unsicherheit, vor allem gegenüber den Angehörigen der alten römischen Aristokratie, unverkennbar. Sie mag mit Pompeius' unzulänglichen Erfahrungen auf innenpolitischem Gebiet zusammenhängen, die dessen geradezu pathologischen Ehrgeiz behinderten, auch mit seinen nur geringen rhetorischen Fähigkeiten.

Da ihm die spezifischen Qualitäten eines Caesar fehlten, suchte er diese Defizite durch eine provozierende Selbstdarstellung seiner Leistungen zu kompensieren, wobei er die komplexe und differenzierte ideologische Beeinflussung, wie Caesar sie ausübte, freilich nie erreichte, dies vor allem nicht in seiner Münzprägung. Seine Inschriften, Siegesdenkmäler und Triumphgestaltungen wirkten in der Regel durch die massierten Inhalte und Angaben, durch eine überspannte Form, die imponieren sollte, aber auch reizte.

In seinem langen Wirken war Pompeius zum Organisator des Imperiums geworden. Persönlich kannte er alle Reichsteile und deren wichtigste Persönlichkeiten. Er hatte die römische Herrschaft auf Sizilien, in Nordafrika, in Spanien wie im hellenistischen Osten konsolidiert und dort überall eine korrekte Administration gewährleistet, Leistungen, die weithin Anerkennung fanden und ihm wiederum in allen Reichsteilen eine immense Klientel sicherten.

Unübertroffen war er daneben von Anfang an und bis zuletzt in der Aufstellung und Disziplinierung von Heeren und Flotten. Dazu konnte er freilich zunächst das große Vermögen seiner Familie in Picenum, später die ihm zustehenden Beuteanteile – dies insbesondere im Osten – einsetzen. Die Summen, die später vom römischen Staat für die Konfiszierung seines Vermögens zu entrichten waren, dokumentieren, daß er zu den reichsten Männern des Imperiums gehörte. Doch dies wurde respektiert, weil er seine Offiziere und Soldaten, wie zum Beispiel in Ephesos, in großzügigster Weise an der Kriegsbeute beteiligte.

Grausamkeit und Härte im brutalsten sullanischen Stil einerseits, Verschlossenheit und Verstellung andererseits waren die schwersten Vorwürfe, die gegen Pompeius erhoben wurden. Doch zu der rücksichtslosen Härte, selbst gegenüber alten Gönnern und Kollegen, war er durch die Proskriptionen gezwungen, die auch ihn banden. Im übrigen traf sie meistens nur die führenden Gegner. Daß Pompeius daneben gegenüber den Mitläufern der Gegenseite äußerst großzügig war, sollte jedoch nicht vergessen werden.

Über die religiösen Bindungen des Pompeius ist – im Unterschied zu Sulla und Caesar – wenig bekannt. Vermutlich war sein Verhalten auch hier konventionell; immerhin wirkte er schon seit 81 v. Chr. als Augur. Seine großen Tempel für Minerva und Venus Victrix sprechen ebenfalls für eine solche Auffassung. Wahrscheinlich wuchs er daneben seit den frühen sechziger Jahren immer stärker in die Vorstellungswelt des hellenistischen Ostens hinein und zeigte notgedrungen auch ein außergewöhnliches Interesse für die Vorstellungen der jüdischen Religion. Vermittler waren dabei neben Theophanes aus Mytilene vor allem die Freigelassenen Demetrius von Gadara sowie Pompeius Lennaeus aus Athen – nicht zuletzt aber Poseidonios.

Es ist für die anachronistischen Perspektiven der Gegenwart bezeichnend, daß sie Pompeius – vergeblich – ein konsequentes und in sich geschlossenes, persönliches politisches Programm unterstellt. Dies ist deswegen falsch, weil die römische *res publica* lediglich für Caesar ein «Nichts» gewesen ist, für Pompeius dagegen der selbstverständliche Rahmen seines Denkens und Handelns. Zwischen den Diktaturen Sullas und Caesars erstrebte er die Position eines legalen, überragenden Imperators.

Selbstverständlich blieb sein politisches Wirken zunächst durch den Schatten Sullas präjudiziert, einen Schatten, aus dem er sich nicht mehr lösen konnte. Ein weiteres Merkmal seiner politischen Entscheidungen liegt darin, daß er nur selten wirklich unabhängig handelte, sondern durch die Zusammenarbeit mit Senat, Volk oder Triumvirn eine breitere Machtbasis suchte, wobei er zudem auch die Erwartungen seiner großen Klientel zu berücksichtigen hatte.

Für diese «flexible» Grunddisposition war jedoch nicht nur der Charakter des Pompeius verantwortlich, sondern ebenso dessen Unkenntnis der innenpolitischen und sozialen Strukturen im Senat selbst, der «parlamentarischen» Realität, wie die falschen Einschätzungen und politischen Unterstellungen der römischen Aristokratie, welche die Ausbildung eines beiderseitigen konstanten Vertrauensverhältnisses verhinderten.

Gerade im Bürgerkrieg gegen Caesar wurde Pompeius durch die Illoyalität, den Mangel an Vertrauen und die Unterstellungen seiner senatorischen Partner irritiert und belastet. Die fehlende politische Unterstützung des militärischen Oberbefehlshabers, zu dem es keine Alternative gab, hat mit zu dessen Scheitern geführt.

Um es zu wiederholen: Es ging in den vier Jahrzehnten zwischen Sulla und Caesar nicht um ein Ringen zwischen politischen Programmen im modernen Sinne, sondern allenfalls um eine Mobilisierung politischer Traditionen, vor allem jedoch um reine Machtfragen und konkrete Interessenskonflikte in ganz Italien, schließlich darüber hinaus im Imperium. Der so erfolgreiche Feldherr Pompeius war dabei nie unabhängig, frei und selbstsicher genug, um den letzten Schritt zur Alleinherrschaft zu wagen. Inmitten der politischen Realität der nachsullanischen Epoche war es eine Illusion, lediglich kraft der Autorität eines *princeps principum* das Geschehen bestimmen zu wollen.

Es bleibt ein Defizit nicht weniger moderner Pompeiusbiographien, daß in ihnen die Familie des Magnus, sowohl die Frauen als auch die Kinder, und hier wiederum die beiden Söhne Gnaeus und Sextus, nicht angemessen berücksichtigt werden. Dabei sind Pompeius' Leben wie seine Einschätzung und Resonanz nur dann umfassend zu würdigen, wenn auch dieser Bereich in eine Darstellung miteinbezogen wird. Zunächst sei noch einmal daran erinnert, daß Pompeius fünf Ehen einging, die überwiegend aus politischen Gründen geschlossen wurden, so wie dies in der Führungsschicht der Römischen Republik üblich war.

Antistia, Pompeius' erste Frau, war die Tochter jenes P. Antistius, dem der Sohn Strabos seinen Freispruch verdankte. Die 86 v. Chr. geschlossene Ehe wurde jedoch schon 82 v. Chr. auf Drängen Sullas geschieden. Dessen Wunsch entsprechend, verband sich Pompeius mit Aemilia, Sullas Stieftochter, die der Ehe der Caecilia Metella mit M. Aemilius Scaurus entstammte. Obwohl Aemilia damals schwanger war, mußte sie sich von ihrem Mann, Manius Glabrio, trennen und Pompeius heiraten. Aemilia starb indessen schon bald nach der Geburt des Kindes.

Wahrscheinlich schon wenig später schloß Pompeius dann eine neue Ehe mit Mucia, die auch Tertia benannt worden war, einer Tochter des Konsulars Q. Mucius Scaevola. Sie schenkte Pompeius drei Kinder, die Tochter Pompeia und die beiden Söhne Gnaeus und Sextus. Dennoch sah sich Magnus gezwungen, die Ehe mit der Mutter seiner Kinder noch vor seiner Rückkehr aus dem Osten aufzukündigen, da die junge Frau während der langen Abwesenheit ihres Mannes ein sehr freizügiges Leben geführt hatte. Auch C. Iulius Caesar gewährte sie ihre Gunst.

Es war deshalb schon überraschend, daß Pompeius dann im Jahre 59 v. Chr., wiederum primär politisch bedingt, die Tochter des Ehebrechers heiratete. Die Verbindung entwickelte sich jedoch besonders harmonisch und wurde zu Pompeius' glücklichster Ehe. Wie bereits erwähnt worden ist, war Iulia auch bei der Bevölkerung Roms besonders beliebt.

Entgegen Caesars Wünschen heiratete Pompeius nach Iulias frühem Tod im Jahre 52 v. Chr. Cornelia, die Tochter des Q. Metellus Pius Scipio, des Konsuls jenes Jahres. Sie war zuvor Gattin des P. Crassus, des Sohnes des Triumvirn, gewesen, eines hoffnungsvollen jungen Mannes, der zusammen mit seinem Vater bei Carrhae den Tod fand.

Es versteht sich von selbst, daß auch die Kinder des Pompeius schon früh in das gesellschaftliche und politische Spannungsfeld der Zeit verstrickt wurden. So war Pompeius' Tochter mit Sullas Sohn Faustus verheiratet worden und hatte diesen dann auch im Bürgerkrieg gegen Caesar begleitet. Nach dessen Untergang ging sie eine zweite Ehe mit Caesars Schwager L. Cornelius Cinna ein, folgte indessen später ihrem Bruder Sextus Pompeius nach Sizilien.

Wesentlich wichtiger wurde das Wirken von Pompeius' Söhnen. Der ältere Gnaeus, der wohl zwischen 80 und 76 v. Chr. geboren wurde, nahm von Anfang an in herausgehobener Funktion am Bürgerkrieg gegen Caesar teil. Nach Syrien und Ägypten entsandt, konnte er dort die Gestellung von Hilfstruppen, darunter 500 Reitern, für seinen Vater erwirken sowie eine Flottille von 50 größeren Kriegsschiffen zur Verstärkung von dessen Seestreitkräften erhalten und, was nicht weniger wichtig war, einen beträchtlichen Beitrag zur Getreideversorgung von Pompeius' Heer organisieren.

Mit seiner Flottille wurde Gnaeus in der Adria eingesetzt, wo er bei Oricum und Lissus kleinere Erfolge errang. Zur Zeit der Schlacht von Pharsalos befand er sich auf Korkyra und trat dort leidenschaftlich für die Fortsetzung des Krieges ein. Dabei kam es zu einer erregten Auseinandersetzung mit Cicero, der natürlich ein Ende der Kämpfe forderte und lediglich durch das Einschreiten Catos vor dem auf ihn eindringenden Gnaeus gerettet wurde.

Im Jahre 47 v. Chr. hielt sich Gnaeus dann einige Zeit in Nordafrika auf, besetzte von dort aus an der Spitze eines kleinen Geschwaders die Balearen, wo er längere Zeit krank darniederlag, bis er sich im Sommer 46 v. Chr. in Spanien in den dortigen großen Aufstand gegen Caesar einschalten konnte. Gestützt auf die alte Klientel seines Vaters, entfachte er einen wahren Flächenbrand und verfügte schließlich über 13, allerdings schwache und wenig kampfstarke Legionen, mit denen er wiederholt eindeutige Siege errang.

Das Blatt wendete sich in Spanien erst, als Caesar selbst im Winter 46/45 v. Chr. auf dem Kriegsschauplatz eingriff. In der von beiden Seiten erbittert geführten Entscheidungsschlacht von Munda (17. März 45 v. Chr.), in der Caesar in größte Gefahr geriet und Labienus den Tod fand, wurde Gnaeus schließlich geschlagen und selbst schwer verwundet. Nach einer dramatischen Flucht, in der man ihn in einer Sänfte ins Landesinnere bringen wollte, ist er gestellt und erschlagen worden. Um keine Zweifel aufkommen zu lassen, ließ Caesar den abgehauenen Kopf des Gnaeus am 12. April in Hispalis ausstellen.

Gnaeus war offensichtlich ein passionierter und auch brutaler Caesargegner. Er versuchte durch geradezu terrorisierende Maßnahmen die treue Anhängerschaft seines Vaters ebenso wie die letzten versprengten republikanischen Kräfte zu fanatischem Widerstand anzutreiben. Seine Organisationsgabe, seine militärische Tüchtigkeit und seine Meisterung maritimer Aufgaben entsprachen durchaus der Familientradition. Noch weitaus stärker sollte sich dies jedoch bei seinem jüngeren Bruder Sextus Pompeius Magnus zeigen.

Der wohl zwischen 76 und 70 v. Chr. geborene Sextus hatte das Ende des Bürgerkriegs zusammen mit seiner Stiefmutter Cornelia in Mytilene auf Lesbos erlebt, an Pompeius' Flucht

Rs. eines Aureus, der ca. 42 v. Chr. von Sextus Pompeius geprägt wurde. L. der Vater Cn. Pompeius Magnus, r. der ältere Bruder des Sextus. Im Felde links lituus, *rechts Dreifuß. – PRAEF(ectus) CLAS(sis) ET ORAE MARIT(imae) EX S(enatus) C(onsulto)*

nach Pelusion teilgenommen und dort die Ermordung seines Vaters mit eigenen Augen gesehen. Der Schock dieser Erfahrung sollte für sein weiteres Leben bestimmend werden. Wie sein Bruder ging auch er über Nordafrika nach Spanien, wo er 46 v. Chr. Corduba erfolgreich gegen Caesar verteidigte. Nach der Niederlage von Munda konnte er sich zunächst zu den Lacetani im Süden der Pyrenäen durchschlagen, nach Caesars Abzug dann ein Heer von mehreren Legionen aufstellen, mit dem er schließlich auch den Süden und Südosten Spaniens beherrschte. Die unter C. Carrinas und C. Asinius Pollio stehenden Verbände Caesars wurden geschlagen, nach Caesars Ermordung auch Massilia besetzt.

Nach dem Scheitern eines ersten Verständigungsversuches mit Antonius wurde Sextus vom Senat zum Befehlshaber der Flotte und der Meeresküste (*praefectus classis et orae maritimae*) ernannt, 43 v. Chr. dann jedoch von den neuen Triumvirn (Antonius, Oktavian und Lepidus) geächtet und proskribiert. Währenddessen hatte Sextus mit großer Energie und Umsicht eine starke Flotte aufgebaut: Er mußte zwar Massilia aufgeben, konnte sich jedoch bald Sizilien als Basis seiner erfolgreichen Angriffe auf die italische Küste und seiner Kaperfahrten sichern. Gleichzeitig wurde die Insel zum Zufluchtsraum aller Besiegten des neuen Bürgerkriegs.

Rasch konsolidierte sich Sextus' Macht; erste Offensiven der Triumvirn gegen ihn zur See scheiterten. Deren Kontroversen wurden von Sextus geschickt ausgenutzt. Die nun mehrere Hundert Schiffe umfassende Flotte, die von erfahrenen Freigelassenen seines Vaters, wie Menodoros und Menekrates, befehligt wurde, begann mit einer bald wirksamen Blockade Italiens, die zu Hungerunruhen führte. Auch Korsika und Sardinien fielen nun in die Hände der Pompeianer. Die Triumvirn hatten schließlich keine andere Wahl, als im Frühjahr 39 v. Chr. in Misenum einen sehr weitgehenden Vertrag mit Sextus abzuschließen, der dessen Stellung und Macht für längere Zeit zu verrechtlichen schien.

Die von Sextus besetzten Inseln, aber auch Achaia, wurden ihm als Machtbereich zugewiesen, als Entschädigung für den beschlagnahmten Besitz seines Vaters sollte er den Betrag von 17 ½ Millionen Drachmen erhalten, auch erneut als Augur bestätigt werden. Er selbst hatte demgegenüber die von ihm in Italien besetzten Brückenköpfe zu räumen, die Kaperfahrten einzustellen sowie für die ordnungsgemäße Zufuhr jener Getreidemengen zu sorgen, die aus den von ihm besetzten Gebieten nach Rom zu liefern waren, somit die Ursachen der Hungersnot zu beseitigen. Ferner durfte er keine entlaufenen Sklaven mehr aufnehmen.

Daneben wurden auch seine Anhänger großenteils wieder in ihre früheren Rechte und in ihren Besitz eingesetzt, den unter Sextus dienenden Sklaven die Freiheit, seinen Truppen bei Entlassung dieselben Entlohnungen zugesichert wie den Soldaten der Triumvirn. Da Sextus auch ein Konsulat in Aussicht gestellt wurde, durften nicht nur er persönlich, sondern auch seine Anhänger als rehabilitiert erscheinen.

Der 27jährige, der zunächst lediglich die Basis der Pompeianer in Spanien ausgebaut hatte, stand jetzt auf dem Höhepunkt seiner Macht. Er war zu einem vollberechtigten Partner der Triumvirn geworden, beherrschte faktisch das Mittelmeer und besaß ein herausragendes Prestige. Die Sache der Pompeianer schien erneut gefestigt zu sein.

Doch ebenso rasch wie dieser große militärische und politische Erfolg errungen wurde, brach er zusammen, als Oktavian seit 38 v. Chr. mit neuen Offensiven gegen Sextus begann, der gleichzeitig durch den Verrat des Menodoros Korsika und Sardinien verlor.

Es folgten langwierige, wechselvolle und verlustreiche Kämpfe um Sizilien, in denen sich Sextus lange behaupten konnte, bis er schließlich 36 v. Chr. von M. Vipsanius Agrippa, Oktavians wichtigstem militärischen Befehlshaber und Admiral, bei Naulochos entscheidend geschlagen wurde. Es wird dabei oft übersehen, daß Sextus seinen Gegnern einen Seekrieg aufgezwungen hatte, der sie zu wiederholten Aufstellungen und zum Einsatz großer Flotten nötigte, zu einer Seemacht, die fünf Jahre später die Voraussetzung für Oktavians Sieg über Antonius bei Actium bilden sollte.

Mit nur schwachen Kräften konnte Sextus nach Osten entkommen. Er nahm sowohl mit Antonius wie mit den Parthern Verbindung auf und eröffnete eine überraschende Offensive gegen Städte in der Troas und in Bithynien. Doch angesichts der erfolgreichen Gegenangriffe des Antonius löste sich sein Heer auf; er selbst geriet in Gefangenschaft und wurde im Sommer 35 v. Chr. auf Befehl des Legaten M. Titius in Milet getötet. In Rom war die Resonanz dieser Entscheidung alles andere als positiv: Titius erntete stärksten Haß der Bevölkerung; selbst Oktavian sah sich schließlich zur Verurteilung der Hinrichtung veranlaßt.

In der Historiographie des Principats konnte Sextus Pompeius keine angemessene Würdigung finden. Der Gegner Oktavians, der diesen an den Rand der Katastrophe getrieben hatte, ist als Piratenführer und als Befehlshaber von Sklaven, Flüchtlingen, Verbannten, mit einem Wort von Gesindel, diskreditiert worden. Seine offensichtlich großen organisatorischen und maritimen Qualifikationen wurden ebensowenig anerkannt wie sein zäher und zunächst auch durchaus erfolgreicher Einsatz, der primär von der *pietas* gegenüber dem Vater und der Familie bestimmt war.

Das kompromißlos verfolgte Ziel einer materiellen und ideellen Restitution führte schließlich zu einer kaum vorauszusehenden Eskalation, die Sextus mit allen Mitteln betrieb. In vielen Einzelheiten, so in den Legenden und Bildern seiner Münzprägung, rivalisierte er durchaus mit dem annähernd gleichaltrigen Oktavian, so zum Beispiel in seinem Selbstverständnis als Sohn Neptuns. Die zahlreichen Parallelen zu seinem Vater sind evident. Es mag zutreffen, daß er – wie Franz Miltner meinte – nach der Katastrophe von Naulochos ebenso gebrochen war wie sein Vater nach Pharsalos.

Die Leistungen der Familie des Pompeius sprechen für sich selbst. Die erstaunlich raschen Aufstellungen von Bürgerkriegsarmeen und Flotten beweisen nicht nur die ungewöhnlichen organisatorischen Fähigkeiten dieses Hauses, das drei Bürgerkriegsgenerationen hindurch im Mittelpunkt der römischen Geschichte stand, sondern auch die Popularität von dessen Angehörigen – ausgenommen Strabo. In den Dimensionen seines Handelns überragte Pompeius Magnus alle seine Gegner. Sie umfaßten schon zur Zeit seines dritten Triumphes den weiten Raum zwischen Spanien und dem Kaspischen Meer, Nordafrika und Norditalien. In der Organisation dieses Machtbereichs wie in der Intensivierung der imperialen

Administration wurde er von niemandem übertroffen, auch nicht im Verständnis für Ausbau und Einsätze der Flotten.

Pompeius Magnus personifiziert gleichsam die Strukturprobleme der späten Römischen Republik. Er ist identisch mit dem letzten Versuch, die imperialen Aufgaben des römischen Reichsregiments innerhalb der traditionellen spätrepublikanischen Verfassung und der bestehenden Normen zu lösen. So blieb er denn eine problematische Größe, ein Mensch mit seinen Vorzügen, Grenzen und Fehlern, gewiß kein Idol, keine geniale und mitreißende Persönlichkeit, ein umstrittener «Großer» – und doch eine zentrale Gestalt der Epoche der Römischen Revolution.

ANHANG

ZEITTAFEL

146 v. Chr.	Zerstörung Karthagos und Korinths – Provinz Africa
138	Geburt des L. Cornelius Sulla
136–132	1. Sizilischer Sklavenkrieg
133	Volkstribunat des Tiberius Gracchus – Einnahme Numantias
132–129	Aristonikosaufstand
129	Provinz Asia
123–122	Tribunat des Gaius Gracchus
121	Gaius Gracchus erschlagen – Provinz Gallia Narbonensis
120–63	Herrschaft des Mithridates VI. von Pontus
113–101	Kämpfe gegen Kimbern und Teutonen
111–105	Jugurthinischer Krieg
107	Marius Konsul und Befehlshaber in Numidien – Sulla Quaestor in dessen Armee
106	Januar: Geburt Ciceros; 29. September Geburt des Cn. Pompeius Magnus
104–100	Marius Konsul II–VI
100	Wirren um Servilius Glaucia und Appuleius Saturninus – Juli: Geburt Caesars
91	Ermordung des M. Livius Drusus
91–88	Bundesgenossenkrieg
89	Cn. Pompeius Strabo, der Vater des Magnus, Konsul, nimmt Asculum – Magnus dient in seinem Heer bis 87 – Dezember: Triumph Strabos
88	Sulla Konsul – Nach dessen Absetzung als Oberbefehlshaber im Krieg gegen Mithridates VI.: Sullas 1. Marsch auf Rom – «Vesper» von Ephesos
87	Cinna Konsul – Rückkehr des Marius – Terror nach Einnahme Roms – Tod des Cn. Pompeius Strabo – Sullas Landung in Griechenland
86	Marius stirbt zu Beginn seines 7. Konsulats – 1. März: Sulla nimmt Athen ein – Siege bei Chaironeia und Orchomenos – Pompeius Magnus heiratet Antistia
85	Friedensschluß Sullas mit Mithridates VI. in Dardanos
85–84	Reorganisation von Asia und Griechenland

84 Cinna wird in seinem 4. Konsulat von Meuterern erschlagen.
83 Sullas Landung in Brundisium – Bürgerkrieg – Pompeius mobilisiert in Picenum Truppen, kämpft erfolgreich gegen Populare, unterstellt sich Sulla – «Imperator»
82 Sullas Sieg an der Porta Collina – Massaker – Fall von Praeneste – Terror in Rom – Beginn der Proskriptionen – Pompeius kämpft erfolgreich in Picenum und Umbrien – Auf Sullas Wunsch Trennung von Antistia und Ehe mit Sullas Stieftochter Aemilia – Tod der Aemilia
82–79 Sulla *dictator legibus scribundis et rei publicae constituendae*
82–81 Pompeius gewinnt für Sulla mit proprätorischem Imperium Sizilien und Nordafrika.
80 ? Pompeius heiratet Mucia (Tertia)
79 12. März: 1. Triumph des Pompeius
78 Tod Sullas – Agitation des Lepidus
78–77 Pompeius kämpft im Auftrage des Senats gegen Lepidus.
76–71 Prokonsularisches Imperium des Pompeius zur Niederwerfung des Sertorius in Spanien
74–63 3. Mithridatischer Krieg
73–71 Spartacusaufstand
71 Pompeius zerschlägt letzte Gruppen aufständischer Sklaven in Norditalien – 29. Dezember: 2. Triumph
70 1. Konsulat mit Crassus
69 Invasion des Lucullus in Armenien – Einnahme von Tigranokerta
67–66 Aufgrund der lex Gabinia *imperium* für Pompeius zum Seeräuberkrieg
66 Aufgrund der lex Manilia erhält Pompeius den Oberbefehl im Krieg gegen Mithridates VI.
65–62 Neuordnung Kleinasiens und des Nahen Ostens durch Pompeius
63 Catilinarische Verschwörung
62 Rückkehr des Pompeius – Trennung von Mucia – Entlassung des Heeres in Brundisium
61 28./29. September: 3. Triumph des Pompeius – Widerstand des Senats gegen Pompeius' Forderungen
60 1. Triumvirat: Caesar, Crassus, Pompeius
59 1. Konsulat Caesars – Pompeius' und Crassus' Forderungen durchgesetzt – Caesar erhält 5jähriges *imperium* in Gallien und Illyricum – Pompeius heiratet Caesars Tochter Iulia.
58 Ciceros Verbannung – Annäherung Pompeius' an den Senat

57	Ciceros Rückkehr – Pompeius *curator annonae*
56	Konferenz von Luca – Erneuerung des Triumvirats
55	2. Konsulat des Pompeius und Crassus – 5jährige Imperien für Pompeius (Spanien) und Crassus (Syrien) – 5jährige Verlängerung von Caesars Imperium in Gallien
54	Tod von Pompeius' Gemahlin Iulia
54–53	Anarchie in Rom
53	Untergang des Crassus bei Carrhae
52	Ermordung des Clodius – Anarchie – Pompeius *consul sine collega* – Cornelia wird Pompeius' fünfte Ehefrau – Caesar wirft den Vercingetorixaufstand nieder.
51/50	Versuche, Caesar abzuberufen
50	Erkrankung des Pompeius
50/49	Verhandlungen des Pompeius mit Caesar
49	Januar: Caesar überschreitet den Rubikon – Ausbruch des Bürgerkriegs – 17. Januar: Pompeius gibt Rom auf – 17. März: Räumung Italiens – Niederlagen der Armee des Pompeius in Spanien
49/48	Kämpfe auf der Balkanhalbinsel
48	April–Juni: Dyrrhachion – 9. August: Niederlage des Pompeius bei Pharsalos – Flucht nach Ägypten – 29. September: Ermordung
48	Flucht der Pompeiussöhne Gnaeus und Sextus nach Nordafrika
46	Erhebung gegen Caesar in Spanien – Gnaeus stellt 13 Legionen auf, beherrscht Südspanien – Sextus schließt sich dem Bruder an, verteidigt Corduba.
45	17. März: Niederlage der Pompeianer bei Munda, Gnaeus wird auf der Flucht getötet – Sextus baut nach Caesars Heimkehr 7 Legionen auf, beherrscht Südspanien.
44	15. März: Caesars Ermordung – Sextus gewinnt Massilia – wird vom Senat in dessen Kampf gegen Antonius zum *praefectus classis et orae maritimae* ernannt.
43	Herbst: Ächtung des Sextus Pompeius
42	Sextus gewinnt Sizilien – Seeherrschaft über Teile des westlichen Mittelmeers – «Sohn Neptuns»
40	Sextus tritt auf die Seite des Antonius, erobert Korsika, Einfälle in Bruttium, Störung des Seehandels, Hungersnot in Teilen Italiens
39	Vertrag von Misenum anerkennt Pompeius' Herrschaft in Sizilien, Sardinien, Korsika, Achaia.
38	Verlust der Seeherrschaft trotz Seesiegen über Oktavian

36 Seesieg bei Mylae über Agrippa – Niederlage bei Naulochos

35 Flucht nach Lesbos – Angriffe auf Städte in der Troas und in Bithynien – Flucht nach Armenien, Gefangennahme, Sommer: Hinrichtung in Milet

BIBLIOGRAPHIE

Die folgenden Angaben erfassen lediglich jene Titel, die für einen größeren Leserkreis grundlegend sind. Umfassendere Zusammenstellungen der Spezialliteratur finden sich in The Cambridge Ancient History, Second Edition. IX. Cambridge 1994, 799–877, sowie in der von E. Herrmann-Otto bearbeiteten Auswahlbibliographie in: M. Gelzer, Pompeius. Lebensbild eines Römers. Stuttgart 1984[4], 251–261.

Abkürzungen

AdW. Akademie der Wissenschaften
ANRW. Aufstieg und Niedergang der Römischen Welt
JNG. Jahrbuch für Numismatik und Geldgeschichte
RE. Realencyclopädie der classischen Altertumswissenschaft

A. Alföldi, Caesar in 44 v. Chr. I. Bonn 1985
W. S. Anderson, Pompey, his friends and the literature of the first century B. C. Berkeley 1963, 1–88 (University of California Publications in Classical Philology, 19, 1)
A. Bachofen, Caesars und Lucans Bellum Civile. Diss. Zürich 1972
E. Baltrusch, Die Juden und das Römische Reich. Darmstadt 2002
Ders., Auf dem Weg zum Prinzipat: Die Entwicklung der republikanischen Herrschaftspolitik von Sulla bis Pompeius (88–62 v. Chr.), in: J. Spielvogel (Hrsg.), Res publica reperta. Stuttgart 2002, 245–262
Ders., Caesar und Pompeius. Darmstadt 2004
K. Barwick, Caesars Bellum Civile. Berlin 1951
Ch. Battenberg, Pompeius und Caesar: Persönlichkeit und Programm in ihrer Münzprägung. Diss. Marburg 1980
H. Benner, Die Politik des P. Clodius Pulcher. Stuttgart 1987
J. Bleicken, Geschichte der Römischen Republik. München 1999[5]
Ders., Die Verfassung der römischen Republik. Paderborn 1995[7]
H. Botermann, Denkmodelle am Vorabend des Bürgerkrieges (Cic. Att. 7,9): Handlungsspielraum oder unausweichliche Notwendigkeit?, Historia 38, 1989, 410–430
K. Bringmann, Geschichte der Römischen Republik. München 2002

H. Bruhns, Caesar und die römische Oberschicht in den Jahren 49–44 v. Chr. Göttingen 1978
P. A. Brunt, The Fall of the Roman Republic and Related Essays. Oxford 1988
A. Burns, Pompey's strategy and Domitius' stand at Corfinium, Historia 15, 1966, 74–95
V. Burr, Rom und Judaea im 1. Jahrhundert v. Chr. (Pompeius und die Juden), ANRW I, 1. Berlin 1972, 875–886
H. Castritius, Zum Aureus mit dem Triumph des Pompeius, JNG. 21, 1971, 25–35
K. Christ, Römische Geschichte. Darmstadt 1994[5]
Ders., Caesar. Annäherungen an einen Diktator. München 1994
Ders., Krise und Untergang der Römischen Republik. Darmstadt 2000[4]
Ders., Sulla. München 2003[2]
F. Coarelli, Il complesso pompeiano del Campo Marzio e la sua decorazione sculpturea, Rendiconti della Pontificia Accademia 44, 1971/2, 99–122
M. H. Crawford, Roman Republican Coinage. 2 Bde. Cambridge 1974
Ders., Coinage and Money under the Roman Republic. London 1985
W. Dahlheim, Gnaeus Pompeius Magnus – «immer der erste zu sein und die anderen überragend», in: K.-J. Hölkeskamp – E. Stein-Hölkeskamp (Hrsg.), Von Romulus zu Augustus. München 2000, 230–249
J. M. David – W. Nippel (Hrsg.), Die späte römische Republik. Rom 1997
H. Delbrück, Geschichte der Kriegskunst im Rahmen der politischen Geschichte. 1. Das Altertum. Berlin 1920[3]. NDr. des NDrs. von 1964. Berlin 2000
M. H. Dettenhofer, Perdita iuventus. München 1992
A. Dreizehnter, Pompeius als Städtegründer, Chiron 5, 1975, 213–245
W. Drumann – P. Groebe, Geschichte Roms in seinem Übergange von der republikanischen zur monarchischen Verfassung oder Pompeius, Caesar, Cicero und ihre Zeitgenossen nach Geschlechtern und mit genealogischen Tabellen. 6 Bde. Berlin–Leipzig 1899–1929[2]. NDr. Hildesheim 1964
A. Dupont-Sommer, Pompée le Grand et les Romains dans les manuscrits de la mer morte, Mélanges d'Archéologie et d'Histoire de l'École Française de Rome 84, 1972, 879–901
K. von Fritz, Pompey's Policy before and after the Outbreak of the Civil War of 49 B. C., Transactions of the American Philological Association 73, 1942, 145–180
M. Fuhrmann, Cicero und die römische Republik. München 1990[2]
E. Gabba, Appiano e la storia delle guerre civili. Florenz 1956
Ders., Republican Rome, the army and the allies. Oxford 1976

Ders., Dallo stato-città allo stato municipale, in: G. Clemente u. a. (Hrsg.), Storia di Roma. II, 1. Torino 1990, 697–714

Ders. – D. Magnino, Appiano. La Storia Romana. Libri XII–XVII. Le guerre civili. Torino 2001

M. Gelzer, Cn. Pompeius Strabo und der Aufstieg seines Sohnes Magnus. Abh. Preuß. AdW., Phil.-hist. Kl. Berlin 1941, 14

Ders., Das erste Konsulat des Pompeius und die Übertragung der großen Imperien, a. O. 1943, 1

Ders., Pompeius. Lebensbild eines Römers. Hrsg. von E. Herrmann-Otto. Stuttgart 1984[4]

H. Gesche, Die quinquennale Dauer und der Endtermin der gallischen Imperien Caesars, Chiron 3, 1973, 179–220

P. Greenhalgh, Pompey. The Roman Alexander. London 1980

Ders., Pompey. The Roman Prince. London 1981

E. S. Gruen, Pompey, the Roman aristocracy and the conference of Luca, Historia 18, 1969, 71–108

Ders., The last generation of the Roman Republic. Berkeley 1974

Ders., The Hellenistic World and the Coming of Rome. 2 Bde. Berkeley 1984

A. Guarino (Hrsg.), La Rivoluzione Romana. Inchiesta tra gli Antichisti. Napoli 1982

Chr. Habicht, Cicero der Politiker. München 1990

U. Hackl u. a., Quellen zur Geschichte der Nabatäer. Freiburg–Göttingen 2003

A. Heuß, Das Zeitalter der Revolution, in: Propyläen Weltgeschichte. IV. Berlin 1963, 175–316

Ders., Römische Geschichte. (1960). Neuedition von J. Bleicken u. a. Paderborn 2001[8]

W. Hoben, Untersuchungen zur Stellung kleinasiatischer Dynasten in den Machtkämpfen der ausgehenden römischen Republik. Diss. Mainz 1969

V. L. Holiday, Pompey in Cicero's correspondence and Lucan's bellum civile. Paris 1969

P. Jal, La guerre civile à Rome. Paris 1963

S. Jameson, Pompey's Imperium in 67: Some constitutional fictions, Historia 19, 1970, 539–560

E. J. Jonkers, Social and economic commentary on Cicero's ‹de imperio Cn. Pompei›. Leiden 1959

A. Keaveney, Lucullus. A life. London 1992

M. Kern – A. Ebenbauer (Hrsg.), Lexikon der antiken Gestalten in den deutschen Texten des Mitttelalters. Berlin 2003

E. Kornemann, Der Prinzipat des Pompeius und der Genius Senatus. SB. AdW. München, Phil.-hist. Kl. München 1947, 1

K. Kraft, Taten des Pompeius auf Münzen, JNG. 18, 1968, 7–24
W. K. Lacey, Cicero and the end of the Roman Republic. London 1978
A. La Penna, Tendenze e arte del Bellum civile di Cesare, Maia 5, 1952, 191–233
J. Leach, Pompey the Great. London 1978
Y. Le Bohec, César, Chef de Guerre. Paris 2001
M. Lovano, The Age of Cinna: Crucible of Late Republican Rome. Stuttgart 2002
E. Luppino Manes – A. Marcone, Plutarco, Vite parallele, Agesilao–Pompeo. Milano 1996
D. Magie, Roman Rule in Asia Minor to the end of the third Century after Christ. 2 Bde. Princeton 1950
G. Mansuelli, La politica di Cn. Pompeo Magno. Bologna 1959
A. Mastrocinque, Studi sulle guerre Mitridatiche. Stuttgart 1999
Chr. Meier, Pompeius' Rückkehr aus dem Mithridatischen Kriege und die catilinarische Verschwörung, Athenaeum 40, 1962, 103–125
Ders., Caesars Bürgerkrieg, in: Ders., Die Entstehung des Begriffs «Demokratie». Frankfurt 1970, 70–150
Ders., Res Publica Amissa. Wiesbaden 1980[2]
B. Meißner, A Belated Nation: Sources on Ancient Iberia and Iberian Kingship, Archäologische Mitteilungen aus Iran und Turan 32, 2000, 177–206
Ed. Meyer, Caesars Monarchie und das Principat des Pompejus. Stuttgart 1923[3]. NDr. Darmstadt 1963
D. Michel, Alexander als Vorbild für Pompeius, Caesar und Marcus Antonius. Brüssel 1967
F. Millar, The Crowd in the Late Republic. Ann Arbor 1998
Fr. Miltner, RE. XXI, 2062–2211 s. v. Cn. Pompeius Magnus (1952)
Ders., RE. XXI, 2213–2250 s. v. Sex. Pompeius Magnus (1952)
Ders., RE. XXI, 2254–2262 s. v. Cn. Pompeius Strabo (1952)
Th. Mommsen, Römische Geschichte. III. Berlin 1904[9]
E. M. Moormann – W. Uitterhoeve, Lexikon der antiken Gestalten mit ihrem Fortleben in Kunst, Dichtung und Musik. Stuttgart 1995
A. C. Müller, Untersuchungen zu Caesars italischem Feldzug 49 v. Chr.: Chronologie und Quellen. Diss. München 1973
H. Nimtz, Römische Innenpolitik vom Beginn des Konflikts zwischen Caesar und Pompeius bis zur Schlacht von Mutina. Diss. Heidelberg 1954
W. Nippel, Aufruhr und Polizei in der römischen Republik. Stuttgart 1988
J. van Ooteghem, Pompée le Grand. Bâtisseur d'Empire. Brüssel 1954
Ders., Lucius Licinius Lucullus. Brüssel 1959
H.-M. Ottmer, Die Rubikon-Legende. Untersuchungen zu Caesars und

Pompeius' Strategie vor und nach Ausbruch des Bürgerkrieges. Boppard 1979

C. B. R. Pelling, Pharsalus, Historia 22, 1973, 249–259

K. Raaflaub, Dignitatis contentio. Studien zur Motivation und politischen Taktik im Bürgerkrieg zwischen Caesar und Pompeius. München 1974

Ders., Caesar und die Friedensverhandlungen zu Beginn des Bürgerkrieges von 49 v. Chr., Chiron 5, 1975, 247–300

M. Rambaud, Le soleil de Pharsale, Historia 3, 1955, 346–378

L. von Ranke, Weltgeschichte. II. München 1922[5]

B. Rawson, The Politics of Friendship: Pompey and Cicero. Sydney 1978

G. Rickman, The corn suppley of ancient Rome. Oxford 1980

R. T. Ridley, The extraordinary commands of the late republic: a matter of definition, Historia 30, 1981, 280–297

H. W. Ritter, Rom und Numidien. Lüneburg 1987

F. P. Rizzo, Le fonti per la storia della conquista Pompeiana della Siria. Palermo 1963

W. Rutz (Hrsg.), Lucan. Darmstadt 1971

B. Scardigli, Sertorio: problemi cronologici, Athenaeum 49, 1971, 229–270

H. Schneider, Die Entstehung der römischen Militärdiktatur. Köln 1977

R. Seager (Hrsg.), The Crisis of the Roman Republic. Cambridge 1969

Ders., Pompey. A Political Biography. Oxford 1979

F. Senatore, Sesto Pompeo tra Antonio e Ottaviano nella tradizione storiografica antica, Athenaeum 69, 1991, 103–139

D. R. Shackleton Bailey, Ciceros' Letters to Atticus. 7 Bde. Cambridge 1965–1970

Ders., Cicero, Epistulae ad Familiares. 2 Bde. Cambridge 1977

A. N. Sherwin-White, Roman Foreign Policy in the East, 168 B. C. to A. D. 1. London 1983

G. R. Stanton, Why Did Caesar Cross the Rubicon?, Historia 52, 2003, 67–94

R. Syme, The Roman Revolution. Oxford 1939 (Neueste deutsche Ausgabe: R. Syme, Die Römische Revolution. Machtkämpfe im antiken Rom. Stuttgart 2003)

E. Tornow, Der Revolutionsbegriff und die späte römische Republik. Eine Studie zur deutschen Geschichtsschreibung im 19. und 20. Jahrhundert. Diss. Freiburg 1977

B. Twyman, The Metelli, Pompeius and prosopography, ANRW. I, 1. Berlin 1972, 816–874

W. B. Tyrell, Military and political career of T. Labienus. Diss. Washington 1970

Ders., Labienus' departure from Caesar in January 49 B. C., Historia 21, 1972, 424–440

J. Vogt, Die Römische Republik. Freiburg 1975[6]

J. Wagner, Die Neuordnung des Orients von Pompeius bis Augustus. (67 v. Chr.–14 n. Chr.). 1983 (Tübinger Atlas des Vorderen Oriens BV7)

O. Weippert, Alexander-Imitatio und römische Politik in republikanischer Zeit. Diss. Würzburg 1972

W. Will, Der römische Mob. Soziale Konflikte in der späten Republik. Darmstadt 1991

Ders., Pompeius Magnus, Cn. Der Gegner Caesars, Der Neue Pauly 10, 2001, 99–107

G. Wirth, Pompeius-Armenien-Parther. Mutmaßungen zur Bewältigung einer Krisensituation, Bonner Jahrbücher 183, 1983, 1–60

ABBILDUNGSNACHWEIS

Berlin, akg-images: *S. 123, 166*

München, Hirmer Verlag: *S. 212, 220*

Rom, Deutsches Archäologisches Institut, Inst. Neg. 72 262: *S. 106*

Stuttgart, J. B. Metzlersche Verlagsbuchhandlung und Carl Ernst Poeschel Verlag GmbH 2002. Aus: Der Neue Pauly. Enzyklopädie der Antike, Bd. 12/1, hrsg. von H. Cancik und H. Schneider, Sp. 275 f.: *S. 125*

Die Karten wurden von Angelika Solibieda, cartomedia, Karlsruhe, gefertigt.

STAMMTAFEL DER POMPEII

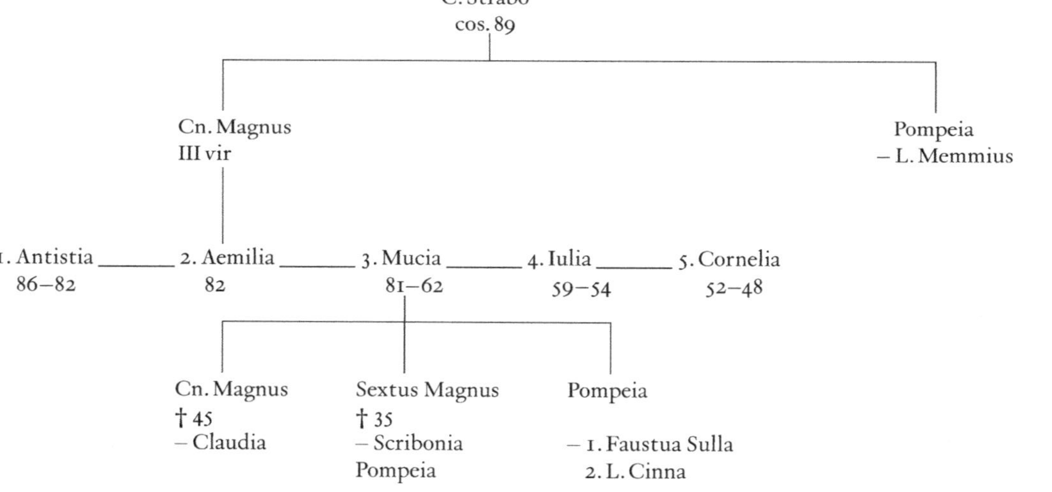

Nach Drumann-Groebe. IV. 1964, 311

REGISTER

Caesar, *Cicero*, *Italien*, *Pompeius* und *Rom* wurden aufgrund ihrer häufigen Erwähnung im Text nicht ins Register aufgenommen.